缓刑适用实质要件研究

赵兴洪 著

SUBSTANTIVE CONDITIONS FOR APPLICATION OF PROBATION

人民出版社

责任编辑：李媛媛
版式设计：严淑芬
责任校对：陈艳华

图书在版编目（CIP）数据

缓刑适用实质要件研究／赵兴洪　著 . — 北京：人民出版社，2019.6
ISBN 978 - 7 - 01 - 020792 - 6

I. ①缓… 　 II. ①赵… 　 III. ①缓刑 - 研究 　 IV. ① D914.1

中国版本图书馆 CIP 数据核字（2019）第 086179 号

缓刑适用实质要件研究

HUANXING SHIYONG SHIZHI YAOJIAN YANJIU

赵兴洪　著

人民出版社 出版发行
（100706　北京市东城区隆福寺街 99 号）

北京新华印刷有限公司印刷　新华书店经销

2019 年 6 月第 1 版　2019 年 6 月北京第 1 次印刷
开本：710 毫米 × 1000 毫米 1/16　印张：16.75
字数：239 千字

ISBN 978 - 7 - 01 - 020792 - 6　定价：53.00 元

邮购地址 100706　北京市东城区隆福寺街 99 号
人民东方图书销售中心　电话（010）65250042　65289539

序

　　赵兴洪的博士论文即将在人民出版社出版，作为他的导师和本书最早的读者，我很乐意将本书介绍给大家。

　　缓刑制度本来是舶来品，但在我国也算发扬光大了。根据最新的司法统计数据，我国近些年每年都有 30 万左右的人被宣告缓刑。但如果我告诉您宣告缓刑其实并没有一个相对靠谱的标准，您会作何感想？"刑法是一门精确的学问"，宣告缓刑自然不能只"跟着感觉走"。本书的主题是缓刑适用实质要件，将这个问题研究清楚了，缓刑适用的精确性自然会得到提升。从这个意义上讲，本书研究了一个重要的主题。

　　应该说，与已有研究成果相比，本书的不少观点和发现都颇有新意。在缓刑之上这个层面，作者将缓刑界定为刑罚、保安处分之外的"第三支柱"，提出缓刑正当根据的"两阶段论"，看起来落入中庸俗套，实际上更加平衡而精准。在缓刑之内这个层面，通过巧妙解释缓刑适用实质条件的四个要素，厘清了"没有再犯罪的危险"与"确实不致再危害社会"的关系，上承缓刑之法律性质、正当根据，下接缓刑适用之规律，缓刑适用的规范性和科学性得以勾连。在缓刑之下这个层面，以缓刑实质要件四要素为操作化框架，以上百万中国裁判文书大数据为基础，研发出缓刑适用量表和预测模型两种工具，实现了缓刑实质要件操作化这一飞跃。在缓刑之外这个层面，通过对缓刑犯再犯率和再犯结构的考察，让我们对中国法官适用缓刑的宏观效果有了更生动的认识；对影响法官适用缓刑的实然因素进行统计分析，并与缓刑适用理论预测模型进行对比，进而发现我国缓刑适用的潜规则，让缓刑适用的庐山真面目一览无余。我相信这些观点和发现，对本领域的研究和缓刑司法、社区矫正实践都会有借鉴和示范意义。此外，本书的研究方法也值得肯定：以问题出发但不忘关照体系，注重规范与事实的沟通，融教义学与实证研究于一体但又不刻意追求方法的独特，顺意而为，不着痕迹，可谓践行刑事一体化的崭新范例。当然，这些话由我来讲，多少有违"程序正义"，容易误导潜在读者"自由心证"，因此，本书的学术成色，还是留给读者诸君和时间来检验。

根据"民间法"，老师给学生写序，主要是讲些好听的话，但我觉得介绍一本书，既要看到它的好，更应该关注它存在哪些不足，在哪些方面还值得进一步研究、发展。只有这样，才可能发展学术，也才会满足作者真正的期待。就本书而言，有些不足或者风险也需要提请读者注意。比如，作者选用的方法有些不走寻常路。缓刑实质要件操作化的核心在于科学评估再犯罪的危险，而要评估再犯罪的危险，就必须准确找出影响再犯的因素。再犯研究的标准做法往往要选定实验组和对照组进行比较，进而找出影响再犯的因素。具体到缓刑再犯危险，就可以选择在矫缓刑犯，根据是否再犯自然形成实验组和对照组进行统计分析。不过受制于研究条件，作者没有按照标准模式来开展研究，而是转换思维，运用裁判文书大数据，以再犯（累犯）作为因变量进行回归分析，进而找出影响再犯的因素。这是一个创造性的想法，也是一次充满风险的研究实践，因为这可能使得无关要素、不可比要素难以控制。再如，以裁判文书数据开展缓刑犯再犯研究，本身也存在不足。因为裁判文书没有记载诸多案外因素（如被告人的婚姻、家庭、经济情况、社会关系等个人信息，被害人个人信息，社区情况等），有些信息本来记载了但公开时被省略了（如年龄、学历等），有些信息还可能被文书制作者"剪裁"了。这显然会影响统计结果的精确性。又如，研制再犯评估工具必须进行信度、效度检验，但是本书在这方面着力不够。当然，这些不足受研究条件限制较大，是"戴着镣铐跳舞"情形下的较优选择，但我们也不能视而不见。

本书也留下了一些有待重复验证、深化完善的学术增长点。比如，到底该如何科学设定缓刑的目的？缓刑目的与刑罚目的的共性与区别到底在哪里？作者对缓刑实质要件的解释方案是否合理？是否有更好的解释方案？缓刑再犯与假释再犯以及一般再犯的规律有无差别？发现缓刑再犯规律是不是只能通过缓刑犯样本来进行？能否对缓刑犯、轻刑犯进行大规模的追踪研究、同期群研究？如何解决再犯危险评估作为一般概率预测与缓刑适用作为个案判断之间的矛盾？对于缓刑再犯评估工具，如何有效进行信度和效度检验？……这些问题，都有待作者和学界同仁来作出进一步的回答。

总之，本书作出了一些贡献，也存在一些不足，还留下了一些问题。以历史的眼光来看待，不足和未完待续才是常态，任何一部作品都只不过是"科学环"中的一环。因此，本书的不足反而体现了它的价值——它证实了研究的"真"和"实"；本书的未完待续更是预示着后续突破的希望——它既鼓励作者继续前进，也为学术同仁提供了借鉴。

是为序。

白建军

二〇一九年五月

目 录

第一章 引 论

一、论题界定与篇章结构

2011 年通过的《刑法修正案（八）》对我国的一般缓刑制度①进行了修正，因为"各方面认为，应当进一步明确缓刑适用条件，以利于操作"。②那么修正以后，缓刑适用条件是否更加明确、更加具有操作性了？《刑法修正案（八）》已施行多年，实际效果如何？

对这个问题，法官们显然最有发言权。不过他们的反馈恐怕要让立法者们失望了。山东省德州中院 2015 年的调研报告认为："法律规定过于原则和抽象。首先，刑法修正案（八）对缓刑适用的实质条件进行了细化，但仍过于原则和抽象……"③宁夏回族自治区中卫市中院 2015 年的调研报告更是提出要"明确缓刑适用标准，进一步推动量刑工作精细化。一方面要将缓刑适用的条件、范围作出更加具体可操作的规定，明确缓刑适用边界，类比刑法关于累犯和犯罪集团的首要分子不能适用缓刑的规定，不能适用缓刑的范围"。④有基层一线法官特别指出缓刑适用的实质条件难以判断："新规定的

---

① 本书不研究"战时缓刑"制度。

② 《刑法修正案（草案）条文及草案说明》，2010 年 8 月 28 日，见 http://www.npc.gov.cn/huiyi/cwh/1116/2010-08/28/content_1593165.htm。

③ 课题组成员：《科学规范缓刑适用正确发挥刑罚功能——山东省德州中院关于缓刑适用情况的调研报告》，《人民法院报》2015 年 4 月 16 日。

④ 中卫市中级人民法院课题组：《关于中卫市两级法院近三年来缓刑适用情况的调研报告》，2014 年。

缓刑适用的四个实质条件还是不具体明确，还是过于抽象、笼统。何为犯罪情节较轻、有悔罪表现难以具体界定，没有再犯罪的危险更加难以判断，宣告缓刑对所居住的社区没有重大不良影响更加难以保证。……而'没有再犯罪危险'和'社区影响'的主观性更大，缺乏统一的评判标准，完全依赖法官的主观认识。"① 甚至最高人民法院、最高人民检察院也在2015年的《关于刑事案件速裁程序试点情况的中期报告》中提出要"细化……缓刑适用条件"。

立法机关修法是为了让缓刑适用条件更加明确，进而更具有操作性，这个目标并不算高。然而，为何看起来如此简单的立法目的竟难以实现？对比表1-1的四个缓刑立法文本可以看到，缓刑适用的对象条件没有变化，都是被判处拘役、三年以下有期徒刑的犯罪分子，但实质条件却发生了细微变化。具体而言，前三个文本采用了"根据……（认为）……"的语法结构。在这个结构里，"根据"部分是判断材料，重心和结论在"认为"部分。也就是说，前三个文本的缓刑（适用）实质条件其实非常明确，那就是"确实不致再危害社会"或"没有再犯罪的危险"。但是《刑法修正案（八）》的逻辑结构发生了明显改变，"同时符合下列条件"表明立法者对缓刑实质条件采用了并列型完全列举模式，简单地讲就是"一分为四"。于是问题就出现了，犯罪情节、悔罪表现在前三个文本里只是"确实不致再危害社会""没有再犯罪的危险"的判断材料，而在《刑法修正案（八）》里却与"没有再犯罪的危险"相提并论了。特别是"犯罪情节较轻"的表述更是增加了缓刑适用的复杂性。如有调研报告指出，是要把"犯罪情节"理解为犯罪人的犯罪行为对社会造成的危害性，还是理解为犯罪者的主观恶性大小，还是更侧重从具体手段、动机来认识，不同法官可能会有不同的理解。② 显然，如果

---

① 张春平：《基层法院缓刑适用问题研究——以江西省F县人民法院2009—2014年缓刑适用数据为例》，硕士学位论文，江西财经大学，2016年。
② 参见袁华锋：《海南一中院辖区基层法院缓刑适用及执行情况的调研》，《特区法坛》2015年第10期。

这里的"犯罪情节"是指定罪情节、责任刑情节、社会危害性情节，则说明《刑法修正案（八）》给缓刑实质条件增加了报应要求。如果这里的"犯罪情节"仅指人身危险性、再犯危险性情节，那么修正后的缓刑实质条件仍然是注重预防的。如此看来，《刑法修正案（八）》不但没有实现缓刑实质条件的明确化、操作化，反而在缓刑适用条件上"搅了浑水"——立法者的初衷无法实现也就可以理解了。

表1-1 缓刑适用条件立法文本

立法或立法 文件名称	缓刑适用条件规定
1979 年刑法	对于被判处拘役、三年以下有期徒刑的犯罪分子，根据犯罪分子的犯罪情节和悔罪表现，认为适用缓刑确实不致再危害社会的，可以宣告缓刑。
1997 年刑法	对于被判处拘役、三年以下有期徒刑的犯罪分子，根据犯罪分子的犯罪情节和悔罪表现，适用缓刑确实不致再危害社会的，可以宣告缓刑。
刑法修正案 （八）草案	对于被判处拘役、三年以下有期徒刑的犯罪分子，根据犯罪分子的犯罪情节和悔罪表现，人民法院认为其没有再犯罪的危险的，可以宣告缓刑，对其中不满十八周岁和已满七十五周岁的，应当宣告缓刑。对犯罪分子决定宣告缓刑，应当考虑其缓刑后对所居住社区的影响以及是否具备有效监管的条件。
刑法修正案（八）	对于被判处拘役、三年以下有期徒刑的犯罪分子，同时符合下列条件的，可以宣告缓刑，对其中不满十八周岁的人、怀孕的妇女和已满七十五周岁的人，应当宣告缓刑：（一）犯罪情节较轻；（二）有悔罪表现；（三）没有再犯罪的危险；（四）宣告缓刑对所居住社区没有重大不良影响。

事实上，在《刑法修正案（八）》之前，缓刑实质条件非常明确——"确实不致再危害社会"，只不过如何判断"确实不致再危害社会"缺乏实施细则，即没有将"确实不致再危害社会"操作化。操作化（operationalization）是社会科学研究术语，是指将无法直接测量的变量找到对应的可以直接测量的变量的过程，[①] 是一步步从抽象层次（概念）下降到经验层次（指标）进而

---

① 参见张小天：《论操作化》，《社会学研究》1994 年第 1 期。

使概念成为可观察事物的实践过程。① 可见，明确性和操作性是两回事，可惜司法实务部门、立法机关误将缺乏操作性当成缺乏明确性。于是经过《刑法修正案（八）》的修正，缓刑实质要件反而比修法前更模糊了——不光部分实质要件要素的含义含混不清，而且缓刑适用的正当化根据也不清晰了，即缓刑适用到底是报应、预防并重，还是以报应为主、预防为辅，抑或以预防为主、报应为辅，② 刑法条文"搅了浑水"。而这个问题又恰恰十分关键，既决定了如何解释实质条件，也决定了如何解释缓刑制度的其他方面，甚至可以说决定了中国缓刑的基本品格和整体气质。

笔者对刑事法律人的访谈、调研③ 都表明，缓刑适用要件特别是实质要件的明确化、操作化问题是困扰缓刑司法的最主要问题。"犯罪情节较轻"到底是什么意思？"犯罪情节较轻""有悔罪表现"与"没有再犯罪的危险"是什么关系？"宣告缓刑对所居住的社区没有重大不良影响"到底有无实际意义？……笔者还发现，几乎所有研究缓刑问题的文献，最后提出的解决方案都包括诸如"进一步明确缓刑适用条件""细化缓刑适用条件"这类表述。显然，缓刑实质要件、操作标准就是缓刑司法领域的核心问题，是一个真问题，而且是一个尚待解决的问题。这个问题可以体现在多个层面：

---

① 参见胡仕勇、叶海波：《操作化流程及其在社会研究中的应用探讨》，《武汉理工大学学报（社会科学版）》2003 年第 5 期。

② 据张明楷教授考察，世界各国都没有将"预防为主、报应为辅"作为刑罚的正当性根据。（参见张明楷：《责任刑与预防刑》，北京大学出版社 2015 年版，第一章、第二章）

③ 针对"您认为我国缓刑领域存在的主要问题是什么"这个开放性问题，许多法官都提到了缓刑适用条件问题，如："再犯罪可能无法评价""社区调查评估""随意性大""标准模糊，配套不足""缓刑适用标准不明确""缓刑适用没有明确的标准，致使部分案件适用标准不一，同类案件裁判法院和法官的不同，导致案件实体处理不一""法律规定模糊""量化不够细""影响判断的因素多""适用标准难统一""对是否再犯罪的把握缺乏具体明确的标准""人情关系案较多""人身危险评估标准不细致客观，不便操作""自由裁量大，标准不透明""适用标准不统一，差异较大""适用标准不明确，特别是在交通肇事案件中，可能出现刑罚倒挂现象"。

在价值层面，体现为缓刑法律性质、正当性根据等问题；

在规范层面，体现为缓刑实质要件的解释问题；

在实施层面，体现为缓刑实质要件的操作化问题；

在事实层面，体现为缓刑实质要件的实践评估问题。

总之，缓刑实质条件既是缓刑正当性的体现，更是缓刑适用准绳，还是司法实践的评估标准。有鉴于此，笔者将在刑事一体化、关系犯罪观甚至更宽泛的交叉学科研究的视野下，对缓刑实质要件展开全方位研究。

具体地说，本书将围绕缓刑实质要件这个主题，开展以下五个方面的研究：

1.缓刑基础理论研究。主要围绕缓刑的法律性质、本质、正当化根据和适用基底等方面展开研究。其中，对部分国家的缓刑实质条件进行了考察。研究这些问题，主要为后文解释缓刑实质要件打下理论基础，确定理论基调，提出理论指引。

2.缓刑实质要件教义学研究。对于缓刑实质要件，学界至今未能形成一个权威性的解释方案，更确切地说，缓刑实质要件至今都"说不清"且争论不休。本书将在缓刑法律性质、正当根据的指引下，对缓刑实质要件进行条分缕析。除了综合运用文义解释、体系解释、立法解释、历史解释等解释技术、手段外，还将解释方案与法官访谈、指导案例、刑事法律人调查结果、大数据统计分析结果等进行交互印证。

3.缓刑实质要件操作化研究。司法实务部门之所以一直抱怨缓刑适用条件不明确，适用标准不统一，根源就在于没有实现实质要件的操作化。更具体地说，是因为缺乏再犯危险评估工具。本书将示范性地研制出两种再犯危险评估工具。

4.缓刑实质要件实践效果研究。尽管司法实务部门认为缓刑适用条件不明确，但法官们的缓刑司法实践从来没有停止过，他们也一直都在按照自己的经验和直觉进行再犯危险判断。那么，我国缓刑司法的实践效果如何？存在哪些问题？本书将从宏观、微观两个层面展开评估。

5.缓刑实质要件的体系思考和刑事政策考量。笔者认为，不能孤立地研究缓刑实质要件，而必须将其放在整个缓刑适用要件体系内来加以审视，放在刑事政策的视野下来斟酌考量。

本书一共分为六章。第一章是引论，主要涉及论题分解、篇章结构、研究方法与数据来源。第二章是"缓刑之上的研究"，主要讨论缓刑的法律性质、正当根据和适用基底。第三章是"缓刑之内的研究"，主要对缓刑实质要件进行解释。第四章是"缓刑之下的研究"，主要是对实质要件予以操作化。第五章是"缓刑之外的研究"。一方面，从宏观角度考察缓刑考验期内的再犯率和再犯结构；另一方面，从微观角度对法官们的再犯危险判断进行评估。第六章是"体系内外结合研究"，即在体系性的视野下，结合刑事政策来讨论实质要件和缓刑适用问题。当然，这只是一个粗略的框架性划分，在实际行文中，各个层面的研究也会互相交织。从整体上讲，本书的逻辑线索大体是：基础理论—规范解释—操作工具—实践评估—体系政策。更简略地说，本书就是对"确实不致再危害社会"的研究："确实不致再危害社会"之解释—"确实不致再危害社会"之操作化—"确实不致再危害社会"之司法实践评估。

引论	缓刑之上的研究	缓刑之内的研究	缓刑之下的研究	缓刑之外的研究	体系内外结合研究
问题	基础理论	规范解释	操作工具	实践评估	要件体系
方法					刑事政策

图1-1 本书逻辑结构示意图

本书企图解决的问题是：缓刑的本质到底是什么？其正当性何在？缓刑适用的逻辑出发点和载体（适用基底）是什么？如何合理解释缓刑实质要件？如何实现实质要件的操作化？法官们是如何进行再犯危险判断的？中国缓刑适用实效如何？……笔者希望通过这项研究，一方面啃掉困扰缓刑司法的"硬骨头"，为缓刑司法提供智力支持；另一方面也勾勒出一幅粗略却也提纲挈领、宏观但不失通幽洞微的中国缓刑适用图景。本书是解释性、描述性的，但也不回避价值判断和理论建构；是面向过去和现在的，也是展望未来的；它不求毕其功于一役，唯愿能在理论和实践上稍有进益。

二、研究方法与数据采集

（一）研究方法

研究方法没有高下之分，研究方法必须为研究内容服务。因此，针对不同的研究对象，选用最合适的研究方法即可；为了避免盲人摸象，或为了打开新的视角，针对同一研究对象，也可以使用多种研究方法。因此，本书并不刻意强调某种研究方法的使用。得益于北京大学刑事法学科的熏陶，本书也将遵循"刑事一体化"的学术传统。此外，本书部分内容还可以通过跨学科的视角来加以解释，因此，本书也不排斥其他学科的研究方法或分析框架。

（二）数据采集

本书实证研究涉及的数据，主要有四个来源。

第一类是中国法院裁判文书数据。该数据库由北京法意科技有限公司① 提供，系根据人民法院公布的一百余万份刑事裁判文书提取而成。该数据库有案、人、罪三个层次的分析单位，由于我们主要研究缓刑适用，故应以人为分析单位。该数据库共涉及 1310024 名被告人。裁判年度纵跨 1993 年至 2015 年，其中 2012 年前的占 25.9%，另有 30.6% 的案例裁判年度缺失，其余全部系 2012 年之后的案例。其中，被判处三年以下有期徒刑、拘役的罪犯共 1013254 人；被判处三年以下有期徒刑

---

① 该公司系"中国裁判文书网"服务提供商。

的罪犯共 743796 人，占 73.4%；被判处拘役的罪犯共 269458 人，占 26.6%。① 尽管本数据库案例不是人民法院裁判的全部案例，但由于其数量如此巨大，基本可以反映中国缓刑适用的现状②。当然，根据研究对象和研究需要，本书在部分章节将使用本数据的子数据库。

第二类是中国官方司法统计数据。官方统计数据主要是司法机关的统计数据、统计年鉴数据等。如本书涉及的全国缓刑适用数据主要来源于最高人民法院历年的"刑事被告人处理情况表""刑事罪犯情况统计表"，其中部分数据尚未公开发布，具有较大资料价值。

第三类是作者调研、搜集的数据。笔者于 2016 年 5 月通过 Qualtrics 网络调研平台③对数百名刑事法律人(指从事刑事侦查、刑事司法、刑事辩护、刑事执行、刑事立法、刑事法学研究等刑事相关工作的人员④)开展了问卷调查(问卷内容见"附录 A　中国缓刑适用调查问卷")，获得有效问卷 430 份。⑤ 笔者还对部分刑事法律人进行了实地或电话访谈。这些调研数据既有

---

① 案件审理法院分布在全国 31 个省(自治区、直辖市)，具体比例如下：安徽，1.9%；北京，1.7%；福建，3.6%；甘肃，1.4%；广东，6%；广西，3.6%；贵州，1%；海南，0.9%；河北，1.7%；河南，16.4%；黑龙江，0.6%；湖北，2.2%；湖南，6.4%；吉林，0.6%；江苏，6.5%；江西，0.5%；辽宁，1.3%；内蒙古，0.6%；宁夏，0.2%；青海，0.1%；山东，3%；山西，0.4%；陕西，2.3%；上海，13%；四川，2.4%；天津，0.2%；西藏，0.03%；新疆，0.03%；云南，0.5%；浙江，13.8%；重庆，1.9%；地区不详，5.6%。此外，最高人民法院审理的案件占 0.04%。

② 参见白建军：《大数据对法学研究的些许影响》，《中外法学》2015 年第 1 期。

③ 系全球领先的调研平台，网址为 https://www.qualtrics.com。

④ 有效问卷提交者职业情况如下：刑事侦查，28 人，占 6.51%；刑事检察，79 人，占 18.37%；刑事辩护(含法律援助)，80 人，占 18.6%；刑事审判，74 人，占 17.21%；刑事执行(含社区矫正)，80 人，占 18.6%；刑事立法，1 人，占 0.23%；刑事法学研究，26 人，占 6.05%；其他刑事相关工作，62 人，占 14.42%。

⑤ 有效问卷提交人分布在 27 省(自治区、直辖市)，分布比例如下：安徽，3.02%；北京，10.7%；重庆，29.3%；福建，4.65%；广东，3.49%；广西，1.16%；贵州，0.7%；海南，0.23%；河北，0.93%；河南，2.79%；湖北，4.88%；湖南，1.86%；江苏，4.19%；江西，3.72%；吉林，0.47%；辽宁，1.16%；宁夏，0.47%；山东，2.56%；上海，5.58%；山西，0.47%；陕西，1.86%；四川，10.23%；天津，0.47%；新疆，1.86%；西藏，0.23%；云南，0.7%；浙江，2.33%。

助于了解刑事法律人对缓刑制度的主观态度，也有助于了解缓刑司法的大致情况，还能帮助发现问题，与其他经验研究结果进行比对。此外，笔者还搜集了北京市 C 区 543 名、重庆市 B 区 273 名社区矫正人员信息。这些数据不仅丰富了笔者对缓刑人再犯危险的感性认识，而且可以用于再犯危险评估量表的检验。

第四类是其他数据。包括公开文献提供的数据，国际组织、国际会议、研究机构公布的数据，以及其他国家、地区的统计数据。

由于第一、二类数据非常权威，且能够反映全国情况，因此，本书主要以第一、二类数据为基础开展研究，第三、四类数据仅作为辅助性、印证性资料使用。

第二章　缓刑制度基础理论

随着我国刑事立法的完善和刑法学研究的发达，立法论研究与司法论研究已然泾渭分明，学者们于此也越来越展现出高度的学术自觉。毫无疑问，立法论研究与司法论研究在思维模式、研究内容、研究方法等方面存在明显差异，① 然而两者从来没有将来也不会分道扬镳。就本书研究的主题而言，缓刑规范的解释问题、缓刑适用的实践、实务问题，当然主要属于司法论研究。不过只要我们审视缓刑立法文本，观察缓刑司法实践，就会发现当立法文本抽象模糊或存在歧义时，对缓刑适用条件的解释必然众说纷纭，而缓刑适用的司法标准也必然无所适从。诚然，每一种解释都不是最终的，也无法保证是正确的；从学术研究的角度讲，"百花齐放才是春"。但是从司法适用的角度讲，"对任何人犯罪，在适用法律上一律平等"才好。因此，我们必须要在某种程度上达成共识，进而才能保证某个历史阶段司法适用的统一。每个人心中都有一个哈姆雷特，每个法律人都有一套解释方案。哈姆雷特不需要分出高下，解释方案却需要分出，事实上也存在优劣（中性意义上使用）。然而，我们为何要推崇、实施此种而非彼种解释方案？我们为何要选择此种而非彼种解释方法、理据？显然，我们必须回到（或者找到）一个理论原点或假设前提。刑法解释离不开价值判断，② 而价值判断又必然建立在充足的理论基础之上。这就是本章需要解决的问题。

---

① 参见陈兴良：《教义刑法学》，中国人民大学出版社 2010 年版，第 2 页。

② 参见周光权：《价值判断与中国刑法学知识转型》，《中国社会科学》2013 年第 4 期。

一、缓刑的法律性质："第三支柱"？

（一）学说概述及评价

缓刑的法律性质是指缓刑区别于其他法律制度的本质属性。关于缓刑的法律性质，我国刑法学界可谓众说纷纭。截至目前，大致有以下七种观点：[①]

1.刑罚裁量制度说。这是我国刑法学界的通说。高铭暄、马克昌教授主编的统编教材即将缓刑制度纳入刑罚裁量制度一章讨论。[②] 该说的主要依据在于：量刑活动包括"在查清犯罪事实，认定构成犯罪的基础上，决定是否判刑，如果需要判刑的话，判什么刑，以及所判之刑是否须立即执行"。[③]"刑罚的裁量主要解决的问题是犯罪人是否需要判处刑罚、判处何种刑罚以及判处多重刑罚，并决定是否适用某种刑罚制度的审判活动。"[④] 笔者认为，这种观点多少有些循环论证的味道：先将决定是否立即执行纳入大前提，再将缓刑认定为决定是否需要立即执行的情形，最后得出结论缓刑属于量刑制度。但是在这个三段论里，大小前提都是十分可疑的，特别是缓刑制度的实质内容显然不只是决定是否需要立即执行（缓刑宣告）这么单一，否则缓刑真是像人们抱怨的那样"一放了之"了。总之，这种观点过于形式化，没有结合缓刑制度的具体内容讨论，也没有抓住缓刑制度的主要方面，说服力不够。

2.刑罚执行制度说。这种学说的主要理由在于：缓刑的适用产生于刑罚

---

① 这七种观点的具体内容，相关论著已有详细叙述，故笔者仅做简要介绍。参见左坚卫：《缓刑制度的理论与实务》，中国人民公安大学出版社 2012 年版，第 18 页；屈耀伦：《我国缓刑制度的理论与实务》，中国政法大学出版社 2012 年版，第 96 页。

② 参见高铭暄、马克昌主编：《刑法学》，北京大学出版社 2014 年版，第 282 页。

③ 高铭暄主编：《刑法学原理》（第 3 卷），中国人民大学出版社 1993 年版，第 199 页。

④ 赵秉志主编：《刑法总论》，中国人民大学出版社 2007 年版，第 476 页。

裁量活动之后，其是以明确的刑罚裁量结果为前提；缓刑所解决的就是已量定的刑罚如何执行的问题；缓刑的着眼点与最主要内容都是缓刑考察，属于刑罚执行范畴。① 笔者认为，缓刑确实包含刑罚执行的成分，但是前述理由并不成立。首先，量刑结束后可以再次量刑，数罪并罚就存在这种情形，所以不能笼统地认为量刑后就只能是执行；其次，缓刑考察本身不是在执行刑罚，否则刑法第七十六条"如果没有本法第七十七条规定的情形，缓刑考验期满，原判的刑罚就不再执行"的规定就难以理解。笔者认为，缓刑可以归属于刑罚执行制度，仅仅在于其属于原判刑罚附条件地不执行——不执行也是执行的一种方式。只有从这个意义上理解，缓刑才属于刑罚执行制度。由于没有正确理解缓刑考察的性质，因此该观点也不全面。

3. "裁量 + 执行"说，即将前两种学说加以综合。张明楷教授指出，"从裁量是否执行所判刑罚的意义上说，缓刑是量刑制度；从刑罚执行的意义上说，缓刑也可谓刑罚执行制度"。② 这种观点显然比前两种观点全面，但前两种观点的不足，这种学说也没有解决。

4. 独立刑种说。这种观点是一种纯立法论观点，即认为缓刑应当成为独立的制裁措施。这种学说无法解释缓刑对有期徒刑、拘役的依附，而且会导致一事二罚，因此实不可取。③

5. 有条件赦免说。该观点认为，既然缓刑是在刑罚已经宣告后，有条件地不执行刑罚，其效果便与赦免一致，即都表现为免除刑罚的执行，因而，从本质上看，缓刑是一种赦免制度。④ 这种观点既与全球实践不符，⑤ 也与

---

① 参见屈耀伦：《我国缓刑制度的理论与实务》，中国政法大学出版社 2012 年版，第 98 页。

② 张明楷：《刑法学》，法律出版社 2016 年版，第 613 页。

③ 参见佘博通：《我国缓刑适用研究》，博士学位论文，吉林大学，2014 年，第 6 页。

④ 参见梁恒昌：《缓刑制度之商榷》，载刁荣华主编：《现代法学论文精选集》，（中国台湾）汉苑出版社 1976 年版，第 131 页。转引自左坚卫：《缓刑制度的理论与实务》，中国人民公安大学出版社 2012 年版，第 19 页。

⑤ 从国际视野来看，缓刑也不是"赦免"（Pardon）。See Department of Social Affairs, *Probation and Related Measures*, New York: United Nations, 1951, p.8.

我国法律规定和赦免实践不符。尽管我国法律没有规定明确的特赦程序，但是宪法和法律还是有明确的权限划分。根据宪法第六十七条第十八项的规定，"决定特赦"属于全国人民代表大会常务委员会的职权；根据《香港特别行政区基本法》《澳门特别行政区基本法》，"（依法）赦免或减轻刑事罪犯的刑罚"属于行政长官的职权。2015 年 8 月 29 日，全国人大常委会表决通过了关于特赦部分服刑罪犯的决定。显然，缓刑不同于赦免。

6. 刑罚消灭制度说。这是左坚卫教授的观点。他的主要理由是，缓刑是一种不执行所判刑罚的制度，正是在这一点上，它与作为刑罚执行制度之一的假释制度在法律性质上区别开来，而与作为刑罚消灭制度的具体内容之一的赦免制度成为同类。① 这种观点其实是第五种观点的变种。笔者认为，从不执行原判刑罚的角度讲，缓刑属于刑罚消灭制度，但这种观点同样没有回答缓刑考察的性质，没有看到执行原判刑罚的可能性，因此，也是不全面的。

7. 刑事责任说。这种观点的主要理由在于：缓刑属于刑罚的替代措施，替代刑罚来更好地完成教育和改造犯罪人的任务，而缓刑不同于刑罚，故应从上位概念中寻找两者的一致性。刑罚的上位概念是刑事责任，因此作为刑罚的替代措施且不等同于刑罚的缓刑也应该属于刑事责任的范畴，即缓刑的性质是一种刑事责任的承担方式。② 有学者进一步提出，缓刑制度是本着对犯罪人教育、矫正的目的，通过轻缓化、社会化的手段实现刑事责任目的与要求的一系列法律制度总和。③ 在目前的几种学说中，这种观点抽象程度最高。笔者认为，相对而言，这种观点最合理。但是这种观点的不足仍然是没有突出缓刑制度的特点，没有对缓刑考察的性质作出合理的解释，抽象有余，具体不足。

总体来看，除了第 4、5 两种观点明显与法律抵触，其余观点从某一个方面看都有一定的合理性，但又不准确、不全面。对于一个法律制度的属性

---

① 参见左坚卫：《缓刑制度的理论与实务》，中国人民公安大学出版社 2012 年版，第 23 页。
② 参见屈耀伦：《我国缓刑制度的理论与实务》，中国政法大学出版社 2012 年版，第 113 页。
③ 参见佘博通：《我国缓刑适用研究》，博士学位论文，吉林大学，2014 年，第 10 页。

出现如此多的解说，显然不是学者们过于无聊或需要不断"创新"所致。学说的层出不穷本身就说明了问题：缓刑在我国刑法中定位不明确；该制度本身可能具有高度的庞杂性、非典型性。

（二）"什么是"与"是什么"

讨论缓刑的本质属性，我们当然可以先验地言之凿凿地说"缓刑（应该）是什么"，但是这样的论证本身并不会增加它的说服力。因此，本部分将反其道而行之：既然对"缓刑（应该）是什么"暂时难以达成一致，那么我们何不先来看"什么是缓刑"，进而从"什么是缓刑"反观"缓刑（应该）是什么"？当然，要讨论"什么是缓刑"不能只局限于某一个国家，[①] 而要对代表性国家的缓刑制度进行比较研究，并且最好是进行功能性比较。[②] 因为只有各国缓刑制度共通的部分，才最具超越性、普遍性，进而更具应然性。否则，机械的比较就可能掉进名同实异或名异实同的陷阱，进而对"缓刑（应该）是什么"作出错误回答。

1.比较视野下的缓刑

世界各国的缓刑存在不同的种类，如有学者归纳为刑罚暂缓宣告（广义缓刑、宣告犹豫）、刑罚暂缓执行（狭义缓刑、执行犹豫）、缓予起诉（起诉

---

① 冯全博士认为，讨论缓刑的法律性质必须注意两个前提：（1）必须以某一国家的法律规定为基准；（2）必须明确讨论的是哪一类缓刑。（参见冯全：《中国缓刑制度研究》，博士学位论文，中国政法大学，2009 年，第 4 页）对第二个前提笔者完全赞同。对第一个前提，笔者稍有补充。学者们之所以对我国缓刑的法律性质产生了疑问，原因就在于法律缺乏明确性，而缓刑制度本身又具有不典型性。如果仅仅根据本国法律来探究其性质，终究难免说各话或出现"不识庐山真面目，只缘身在此山中"的局面。因此，在本国法律规定的基础上，结合各国缓刑制度的共通之处来反观我国缓刑的法律性质，可能会看得更加清楚和准确。

② 坚持功能比较的学者认为，在法律上可比的只有那些实现相同功能的事物。（参见沈宗灵：《比较法学的方法论》，《法制与社会发展》1996 年第 3 期）

犹豫）三种；① 同一种类的缓刑也可能存在内容差异，而且可能随着时代发展而变化。因此，不要说抽象地讨论缓刑的本质，就是找出缓刑的共同（通）内容也并不是一件容易的事情。好在笔者找到了一份值得信赖的联合国文献。该文献系联合国社会事务部（Department of Social Affairs）主持的一项全球缓刑比较研究的成果。全世界数十个国家的学者、专家参与了该项目，研究报告也经过各国政府、相关国际国内组织的专家评议，权威性非常高。不夸张地说，该书的论述当属"国际共识""国际通说"。那么该书是如何描述（实然）而非界定（应然）缓刑制度的呢？

该书指出，严格意义因而也是最典型的缓刑包含四个基本要素：②

（1）缓刑是关于"犯罪人"（offenders）的措施。毫无疑问，被定罪的人是最典型的犯罪人，但根据上下文，这里的犯罪人也包含被暂缓宣告刑罚的被告人、被暂缓起诉的被告人。这个要素界定了缓刑的适用对象。需要注意的是，该书特别指出，缓刑的治疗和监督方法已经扩张适用于其他非法律意义上的犯罪人了，如忽视或不受家庭管教而有犯罪危险的人，或者那些需要特别照顾、引导和监督的人。也就是说，适用于缓刑的手段实际上也是预防越轨者（如虞犯少年）和康复失常者（maladjusted person，如精神病患者）的手段。该书进一步指出，尽管预防越轨者和康复失常者与缓刑在法律性质上不同——前者属于所谓保安（护）处分范畴，但从用刑罚惩罚犯罪人到对犯罪人进行社会和心理治疗的渐进转变，使得两者的法律区别越来越没有实际意义。这实际上说，缓刑与保安处分的部分手段并无实质区别。

（2）缓刑是一种基于选择性而适用（applied on a selective basis）的措施。该书指出，缓刑是一种根本性的先进刑事政策——处遇个别化原则（principle of individualization of treatment）——的具体化。根据这项原则，司法当局需要研究具体的犯罪人而不只是他（她）的罪行，并且要让处遇措施适合犯罪

---

① 参见高铭暄主编：《刑法学原理》（第 3 卷），中国人民大学出版社 1993 年版，第 444 页。

② See Department of Social Affairs, *Probation and Related Measures*, New York: United Nations, 1951, pp.4–7.

人，而不是像刑罚那样去适应罪行。这个要素也意味着，法庭拥有广泛的自由裁量权。不过实践中，立法往往从年龄、前科记录、罪行的性质和严重程度等方面作出限制。该书进一步指出，基于选择性原则适用缓刑建立在这个假定之上：某些犯罪人比其他犯罪人更适合这种措施。实际的选择则基于对罪犯个人特质（personal traits）及其所处社会环境（social circumstances）的仔细筛查。显然，这个要素告诉我们：缓刑适用应主要关注"罪人"而不是"罪行"，与犯罪人有关的情节应是缓刑适用的决定性因素；与此同时，法庭有相当大的自由裁量权。

（3）缓刑涉及刑罚的附条件暂停（conditional suspension of punishment）。其形式包括：暂停刑事程序、暂停正式定罪与科刑、暂停科刑、暂停执行已经科处的刑罚。该书特别强调，缓刑并非一放了之（let-off），原有的罪行在整个缓刑期间都是可罚的，而且犯罪人一旦违反缓刑命令或实施新罪，就会受到刑罚。缓刑不是一种强制的措施，其执行本质上取决于缓刑人自愿接受被施加的条件。因此，这些措施成功的关键在于缓刑人不去实施违法活动并与缓刑监督官合作，而不在于法庭施加的条件。该书指出，从历史的角度来讲，缓刑是作为监禁刑的替代措施出现的，但它也可以合逻辑地作为任何一种刑罚的替代措施。因此，没有理由将缓刑的适用仅仅限制在受监禁刑威胁的犯罪上。该书还指出，缓刑是针对犯罪人的社区治疗模式。与禁闭（institutionalization）相比，缓刑可以提供更正常的社会体验。它不会打断犯罪人和家庭、朋友、异性、职业的联系。缓刑旨在通过犯罪人的自我康复使其成为一个自立和守法的社区成员。

（4）缓刑涉及监督与治疗（supervision and treatment）。有了这个要素，缓刑就不只是给了犯罪人另外一次机会，并且给了他（她）系统性的帮助，让他（她）成为一个对社会有用的守法公民。而从社会的角度来说，犯罪人未来的合法行为就是缓刑制度的主要目标，因为犯罪人的自我康复于社会而言就等于预防了未来的犯罪。该书指出，缓刑"监督"具有特别的含义。警察的监督只是为了维护法律与秩序，而缓刑监督则意味着缓刑人和缓刑监督官之间的个人关系。从消极的一面讲，缓刑监督是运用法律权力防止缓刑人不明智地行使自由，因而是一种威权的、限制性和规训的手段；但从积极的一面讲，缓刑监督主要是涉及个别化的指导和帮助，因此具有教育性、治疗性和康复性特征。缓刑"治疗"也有许多种类，涵盖宗教辅导（religious counselling）、志愿者帮助以及专业性社会服务工作（social case work）甚至心理治疗。缓刑越来越被视为将现代的、科学的社会服务工作运用于禁闭场所之外的犯罪人。当然，缓刑治疗并没有教条的标准，但一般认为应涉及缓刑官与缓刑人的个人关系，并且以缓刑人的康复为目标。

以上四个要素，从适用对象、适用程序与方法、与刑罚的关系以及执行内容等四个方面对全世界的缓刑制度进行了提炼式、归纳性描述。尽管这四个要素是描述性的、实然性的，但实际上已经触及了缓刑制度的本质特征、核心内容，因此，我们几乎不用过多推理，就能够大致总结出缓刑制度的法律特性：从适用对象的角度来看，缓刑主要是针对罪犯的手段；从适用方法来看，缓刑是围绕犯罪人个人特质为核心的筛选；从缓刑与刑罚的关系来看，缓刑是刑罚的替代物，因此它本身不是刑罚，而仅仅有"刑"之名；从执行内容来看，缓刑强调在缓刑官和其他人员的监督、帮助下，促使犯罪人实现自我康复进而达到预防犯罪的目的。简单地说，缓刑就是刑罚替代物、罪犯康复机、社会安全阀。

2.我国缓刑制度的构成要素

尽管前文已经从全球视野的角度对缓刑的共同（通）要素进行了阐述，下文仍有必要对我国缓刑制度的要素进行简要描述，因为我国的缓刑可能与前述"标准模型"不同。

（1）缓刑之对象。刑法第七十二条规定，可以适用缓刑的是"被判处拘役、三年以下有期徒刑的犯罪分子"。可见，我国缓刑适用对象也是犯罪人，而且有明确的刑种、刑期限制。

（2）缓刑之程序。刑法第七十二条规定，"对于被判处拘役、三年以下有期徒刑的犯罪分子，同时符合下列条件的，可以宣告缓刑……"《社区矫正实施办法》第四条规定："受委托的司法行政机关应当根据委托机关的要求，对被告人或者罪犯的居所情况、家庭和社会关系、一贯表现、犯罪行为的后果和影响、居住地村（居）民委员会和被害人意见、拟禁止的事项等进行调查了解，形成评估意见，及时提交委托机关。"这些规定表明，我国缓刑也是基于选择性的基础而宣告的，法官有相当大的自由裁量权；我国的缓刑程序也是处遇个别化的体现，是围绕"犯罪分子"展开的选择程序，要重点关注犯罪分子本身而不仅仅是其实施的罪行。

（3）刑罚之暂停。我国的一般缓刑制度只包含一种形式，即暂缓执行已经科处的刑罚。与其他国家一样，如果缓刑人违反相关规定，或在考验期内重新犯罪、发现漏罪，也会导致刑罚被实际执行。

（4）缓刑之执行内容。这是缓刑制度的核心内容和实施载体。我国刑法有两个条文对此加以规定。第七十五条规定被宣告缓刑的犯罪分子应当遵守法律法规，服从监督，并对报告活动情况、会客、离开居住地或迁居作了明确规定。第七十六条规定，对宣告缓刑的犯罪分子，在缓刑考验期限内，依法实行社区矫正。可以看出，第七十五条主要体现了"监督"，第七十六条主要体现了"康复"。《社区矫正实施办法》第三条也规定，县级司法行政机关社区矫正机构对社区矫正人员进行监督管理和教育帮助。根据《社区矫正实施办法》，矫正的内容包括但不限于：参加公共道德、法律常识、时事政策等教育学习活动；参加社区服务，修复社会关系，培养社会责任感、集体观念和纪律意识；进行个别教育和心理辅导，矫正其违法犯罪心理，提高其适应社会能力；开展职业培训和就业指导，帮助落实社会保障措施。总之，监督和矫正（与联合国研究所谓"治疗"是一个意思）是我国缓刑执行的两个主题，与其他国家的内容并无二致。同样的，缓刑在我国也主要不是一种强制措施，不强调监督机关积极主动地施加监督、监控、控制，而是强调缓刑人员自觉、主动地接受监督，并在矫正人员的

帮助下，通过自身的努力实现自我康复，成为自食其力的守法公民。弱强
制，强矫正，以及以自我康复为主，以指导帮助为辅，是我国缓刑措施的
特点。

从以上四个方面的对比考察可以发现，与其他国家的缓刑制度相比，
我国的缓刑制度并无根本性不同。甚至可以说，我国的缓刑制度几乎与前
述缓刑共通要素高度吻合。从这个意义上讲，我们就没有理由对我国缓刑
制度的本质属性、法律性质、正当根据作出与国际共识不一样的解释和
界定。

（三）刑罚与保安处分之结合体

从国际公认的缓刑要素、内容，我们可以发现缓刑的实质是：使用保安
处分的方法来替代刑罚的执行以实现罪犯自我康复和保卫社会的目的。换句
话说，缓刑是刑罚和保安处分的结合体。这就是笔者界定的缓刑的法律属性。

根据笔者有限的考察，之前也有学者从与刑罚、保安处分或"非刑罚措
施"之间关系的角度来界定缓刑的性质、地位。如翁腾环先生明确将"受缓
刑人"纳入保安处分适用对象讨论，[1] 不过他并未强调缓刑之刑罚属性这一
面。林山田教授尽管认为缓刑是刑罚、保安处分之外的"第三支柱"[2]，但仍
将缓刑视为"自由刑中的一个重要制度"[3]，其论述颇多暧昧抵牾之处。冯全
博士认为，我国的缓刑是既不同于刑罚措施，也不同于非刑罚措施的一种中
间性的刑事责任实现方式。[4] 遗憾的是，他并未点名这"中间性方式"的准

---

① 参见翁腾环：《世界刑法保安处分比较学》，商务印书馆 2014 年版，第 331、344 页。

② 耶塞克和魏根特教授所著刑法教科书里即有"第三支柱"的提法，不过他们是将附条件
判决称为刑罚和保安处分之外的第三支柱。附条件判决涵盖的范围要比缓刑更广，但其
核心主要跟缓刑有关。（参见 [德] 耶塞克、魏根特：《德国刑法教科书（上）》，徐久生译，
中国法制出版社 2017 年版，第 112 页）

③ 林山田：《刑罚学》，（中国台湾）商务印书馆 1983 年版，第 207 页。

④ 参见冯全：《中国缓刑制度研究》，博士学位论文，中国政法大学，2009 年，第 4 页。

确性质。

笔者认为，如果将保安处分视为独立的制度，如大陆法系国家的做法，则刑罚、保安处分与缓刑（假释）宜三分天下（"三轨制"）；如果将保安处分定义为一种手段，如英美法系之做法，则缓刑、假释及其他防卫性措施宜与死刑、监禁刑等惩罚性措施并列（"一体两面"）。由于我国刑法已有保安处分之规定，且我国采用了二元主义，[①] 故将缓刑（假释）界定为刑罚与保安处分的结合体较为妥当和具体。

从缓刑的构成要素中，我们可以清晰地看到缓刑的刑罚属性和保安处分属性。

1. 缓刑之刑罚性

缓刑是作为刑罚替代物的面目出现的，因此，从属性上讲它肯定不等同于刑罚。但是它本身仍然包含刑罚的属性或者特征，否则就很难说缓刑是刑罚与保安处分的结合体了。

（1）缓刑适用的前提是科处了刑罚。与保安处分不同，缓刑适用的对象自始至终都是罪犯。对于不构成犯罪的人，自然不能适用缓刑。对于构成犯罪但免予刑事处罚的人，同样不能适用缓刑。有学者认为，可以免予刑事处罚的情形，一般也符合宣告缓刑的条件。[②] 这种观点明显混淆了刑法第三十七条的"犯罪情节轻微"与刑法第七十二条的"犯罪情节较轻"。

（2）缓刑保留了刑罚执行可能性。执行刑罚本身不是缓刑的内容，但刑罚执行的可能性就像达摩克利斯之剑始终悬挂在缓刑人头上，对缓刑人的自我更新起到威慑和督促作用。这种执行可能性，也是缓刑不同于单纯保安处分的显著特点之一。

---

① 参见张明楷：《刑法学》，法律出版社 2016 年版，第 638 页。

② 参见赖正直：《细化缓刑适用条件的若干思考——〈刑法修正案（八）〉对缓刑适用条件的修改及其展开》，《时代法学》2011 年第 5 期。

2. 缓刑之保安处分性

缓刑虽然有"刑"之名，但其保安处分属性更强。本书在最广义上使用保安处分一词，① 即以行为人人身危险性和外在环境因素为根据的，采用刑罚之外的教育性、矫治性等非惩罚性手段以达到社会防卫目的的处遇措施均视为保安处分。据此，缓刑的保安处分性体现在以下方面：

（1）目的之保安性。从缓刑人的角度讲，缓刑在于给他（她）一个机会，让他（她）实现自我康复，更好更快地融入社会，成为自食其力的守法公民；从社会的角度讲，缓刑在于通过更具适应性的积极或消极矫正手段，让罪犯不会危害被害人和社区，预防其再次犯罪，进而实现保卫社会的目的。

（2）手段之保安性。缓刑强调缓刑官与缓刑人的私人关系，强调对他们的柔性关怀、帮助、引导，强调缓刑人的自我康复。这些手段与保安处分措施完全一致。

（3）程序之保安性。缓刑适用强调选择，即将那些通过矫治能够自我康复的人挑选出来。这个程序是围绕行为人的特性展开的，着眼于其改善可能性以及再犯危险性。这和保安处分关注人身危险性的理念是完全一致的。只不过保安处分是关注所有（犯罪和未犯罪的）具有人身危险性的人，而缓刑关注的是人身危险性较小且构成犯罪的人。

3. 作为"第三支柱"的缓刑

对缓刑是刑罚和保安处分结合体这个界定的可能疑问是：凭什么说这些

---

① 关于不同语境下的保安处分定义，可参见徐久生：《保安处分新论》，中国方正出版社2006年版，第6页。我国学者赵冠男提出应区分"保安处分措施"与"具有保安处分性质的措施"。（赵冠男：《德国保安处分制度研究》，硕士学位论文，湖南师范大学，2011年）时延安教授则使用了"保安性措施"一词，并将其界定为：法律规定的、针对具有实施严重危害社会行为的人员适用的、以限制人身自由和财产利益为内容的、具有预防功能的强制性措施。（参见时延安：《保安处分的刑事法律化——论刑法典规定保安性措施的必要性及类型》，《中国人民大学学报》2013年第2期）本书虽然在最广义上使用保安处分一词，但与时延安教授的"保安性措施"仍有所不同，本书更加强调保安处分的非（弱）惩罚性、非（弱）剥夺性。

方法是保安处分措施？其次，为什么说缓刑是刑罚与保安处分的结合体，而不是保安处分从缓刑分离出来？

就第一个问题而言，可以从以下三个方面来回答：

首先，缓刑监督考察的方法属于保安处分的核心措施。尽管保安处分措施多种多样，而且有些还与刑罚相似，比如保安监禁，① 但每种制度毕竟有其核心措施。缓刑的执行内容一方面在于监督，一方面在于矫正，其内容与保安处分之保护观察几乎一致。而保护观察在大陆法系国家属于典型的保安处分措施。我国台湾学者房传钰指出："由各国缓刑制度之形态观之，可以得见此一制度之于观护处遇②，不仅目的与作用相同，且此两种制度与形态及执行方法上，亦有类似之特点。故论者常将此两种制度，或合并论之，或等同视之，甚或即做一谈者亦所在多有。"③

其次，有立法例明确规定缓刑监督考察措施属于保安处分措施。如我国台湾地区"刑法"第十二章为"保安处分"，该章下之第92条规定了"保护管束"的保安处分措施，紧接着第93条规定，"受缓刑之宣告者……得于缓刑期间付保护管束。"日本学者也指出，缓刑、假释中的保护观察属于保安处分措施。④ 德国刑法典虽然没有明确规定缓刑监督考察措施属于保安处分，但从内容上看也是保安处分措施。特别是第56条C（3）规定，法院在征得被判决人同意的情况下可以指示其接受与侵害身体相联系的治疗或戒除瘾癖的治疗，或者收容于适当的教养院或者其他执行机构。⑤ 而这两类措施属于德国刑法典中的保安处分措施。需要说明的是，在普通法系国家，刑事法里并没有独立的保安处分

---

① 保安监禁在保安处分措施里也属于边缘手段，适用较少，广受质疑，日渐式微。

② 保护观察、观护处遇、保护管束、保护监视等系同义词。

③ 房传钰：《现代观护制度之理论与实践》，（中国台湾）三民书局1977年版，第131页。转引自冯全：《中国缓刑制度研究》，博士学位论文，中国政法大学，2009年，第9页。

④ 参见［日］大谷实：《刑事政策学》，黎宏译，法律出版社2000年版，第154页。

⑤ 参见徐久生、庄敬华译：《德国刑法典》，中国方正出版社2004年版，第22页。

制度，① 刑罚（死刑、监禁、罚金）之外的替代措施（包括缓刑、假释以及其他保安处分性质的措施）都被归为同一种类。因此在英美法系国家，缓刑与保安处分也是同类。

最后，从词源上讲，缓刑监督考察措施也与保安处分具有"亲缘性"。保安处分的德文为 Maßregeln der Besserung und Sicherung，其英文直译可以是 protective measures，但在法律法学文献里往往翻译为 "Measures of Rehabilitation and Incapacitation"② 或 "Rehabilitative Measures"③。在英文法学著作里，Rehabilitation 的含义比较广泛，但缓刑肯定属于 Rehabilitative Measures 之一。④ 苏明月博士更是明确指出，日语中的"保护观察"一词，是作为英语 probation（缓刑）、surveillance（监视、监督）以及德语 Schutzaufsicht（监督）等的翻译语引进日本刑法理论的。⑤ 而英语的 probation 又来源于拉丁文 probare，意为证明、考验，确实与"保护观察"

① 林山田教授认为英美法系国家维持的是单轨制。(林山田：《刑罚学》,（中国台湾）商务印书馆 1983 年版，第 240 页）这种说法并不完全准确。在早期，由于很多习癖性行为，如醉酒、卖淫，本身构成犯罪，因此保安处分与刑罚事实上合二为一了。但是在现代，也出现了分离趋势，比如因精神疾病而免罪的人会被送入专门的机构治疗（如州精神病院、非隔离医院、刑罚执行场所、专门机构等），而这些措施并不属于"刑罚"。(See Wei-hofen H, "Institutional Treatment of Persons Acquitted by Reason of Insanity", *Tex. L. Rev.*, 1959, 38, p.849）此外，美国还一直存在"非刑事性收容"（Civil Commitment—civil 可与 criminal 对应，但不仅指"民事的"）或"非自愿性收容"（Involuntary Commitment）制度，其适用对象主要是未犯罪但对自己或他人具有危险性的精神病人。(See Testa M, West S G, "Civil Commitment in the United States", *Psychiatry*, 2010, 7（10）:30–40; Remington M J, "Lessard v. Schmidt and Its Implications for Involuntary Civil Commitment in Wisconsin", *Marq. L. Rev.*, 1973, 57, p.65）

② Michael Bohlander, *The German Criminal Code: A Modern English Translation*, Oxford & Portland:Hart Publishing, 2008, p.60.

③ 我国台湾地区"刑法"官方英译，见 http://law.moj.gov.tw/Eng/LawClass/LawParaDeatil. aspx?Pcode=C0000001&LCNOS=% 20% 2086% 20% 20% 20&LCC=2。

④ See Robinson G, Crow I D, *Offender Rehabilitation: Theory, Research and Practice*, London:Sage, 2009, pp.1–14.

⑤ 参见苏明月：《日本保护观察制度的品格与功能》,《厦门大学法律评论》第十四辑，厦门大学出版社 2007 年版，第 175 页。

含义相近。

总之，从以上三个方面来看，缓刑的执行内容，即在缓刑官或其他人的监督、帮助下，采用治疗性手段实现犯罪人的自我康复，进而实现保卫社会的目标，与保安处分措施完全一致。

至于第二个问题，也可以从三个方面来回答。

第一，笔者的分类是功能性的而非历时性的。即便认为正式的缓刑制度先于正式的保安处分制度产生，也不影响笔者的界定。因为从制度的典型性上讲，刑罚和保安处分各自位于两个极端。① 刑罚是以国家对犯罪的谴责为根据而科处的痛苦和损害，其本质是报应。保安处分是以行为人所具有的再度犯罪的可能性为基础，出于保护社会之目的而对行为人本人所实施的，以隔离、改造或治疗为内容的国家处分，它主要是为了实现特别预防，作为刑罚的补充或代替手段而科处的强制处分。② 显然，刑罚主要是立足于已然犯罪的惩罚，保安处分主要是立足于未然犯罪的预防；刑罚主要针对行为，保安处分主要针对行为人。③ 而缓刑以刑罚的存在为前提，以保安处分作为执行内容，其属性显然位于两者之间。因此，从制度属性的角度，可以认为缓刑是两者的结合体。需要特别说明的是，目前在部分国家有所谓"中间刑罚"（intermediate punishments）、"中间制裁"（intermediate sanctions）的提法，这里的"中间"是就该种措施的严厉性程度而言的，因此，在监禁与缓刑之间还可能存在其他措施。④ 而笔者讨论的是法律制度的性质，因而划分的根据是措施的性质、功能而非其严厉性程度。

---

① 从法律制度确立的先后顺序看，刑罚最先产生，缓刑、假释次之，独立性保安处分最后确立。这其实与人类不断深化对犯罪、刑罚的认识过程相吻合，也反映了人类为改进刑罚效果的改革进程。缓刑、假释先于保安处分确立恰恰表明其是过渡阶段的产物，而保安处分更具有典型性、独立性。

② 参见［日］大谷实：《刑事政策学》，黎宏译，法律出版社 2000 年版，第 97 页。

③ 参见刘仁文：《劳教制度的改革方向应为保安处分》，《法学》2013 年第 2 期。

④ See Morris N, Tonry M, *Between Prison and Probation: Intermediate Punishments in a Rational Sentencing System*, Oxford:Oxford University Press, 1991, p.3.

第二，制度本身的独立性程度也会影响其性质。缓刑是刑罚的替代物，所以它不是刑罚；但是缓刑显然无法脱离刑罚，其特点也在于保留刑罚的执行可能性。从这个角度讲，缓刑具有依附性，其独立性程度不那么高。而保安处分则具有完全的独立性，并不依附于刑罚，也不会依附于缓刑，尽管保安处分可以和刑罚、缓刑、假释并存。

表 2-1 刑罚、保安处分、缓刑、假释适用范围

		再犯危险	
		大	小
罪责	大	刑罚 + 保安处分	刑罚 +（假释、保安处分）
	小	刑罚 + 保安处分	刑罚或缓刑 +（保安处分）
	无	保安处分	

第三，"缓刑"的最初实践，用现代眼光来看，其实质更像保安处分而非缓刑。"第一位缓刑官"奥古斯特（Augustus①）在波士顿的主要救助对象绝大多数是"酒鬼"（common drunkard②）。根据英国法、殖民地法和麻省法（Province law），醉酒（drunkenness）或过量饮酒（excessive drinking）本身即构成犯罪。但根据当时的州法，以下三种人未在特许的地方饮酒才构成轻罪：（1）酒鬼；（2）过量饮酒严重危害或危及自身健康的人；（3）过量饮酒导致财产减少并受逮捕或指控者。③ 当时美国的禁酒运动（temperance movement）正开展得如火如荼，Augustus 也是"华盛顿人戒酒协会"

---

① 许多著作称其为"现代缓刑之父"，这是不准确的。现有研究表明，Augustus 只是缓刑早期实践的一个突出代表。缓刑思想并不来源于他，同时期或更早时期，还有其他人做了和他相同的工作。See Moreland D W, "John Augustus and His Successors", *YB*, 1941, p.1.

② 当时马萨诸塞州的制定法并未明确定义酒鬼，但同时期的判例表明，酒鬼主要是习惯性醉酒的人（habitual drunkard）。See *Com. v. Whitney*, 5 Gray 85（1855）；Hall J, "Drunkenness as a Criminal Offense", *Journal of Criminal Law and Criminology*, 1941, 32（3），p.302.

③ Massachusetts Temperance Society, *Report of the Board of Counsel to the Massachusetts Society for the Suppression of Intemperance*, Boston:Printed by Sewell Phelps, 1820, p.5.

（Washingtonian Total Abstinence Society①）的成员。该协会成员不光以身作则，而且相信通过理解、仁爱和劝解而非执行刑罚可以让那些酒精滥用者得到拯救。正是在这样的背景下，Augustus 和波士顿警察法庭合作，开展了救助酒鬼的"实验"。1841 年 8 月的一天，Augustus 担保了第一个酒鬼。该酒鬼被要求三周后到法庭听候判决。三周后，曾经的酒鬼已经戒酒成功，在 Augustus 的陪伴下出现在法官面前。让在场人吃惊的是，这个曾经的酒鬼容颜举止已经大变。当然，他也就不用被投入州矫正所（House of Correction，相当于看守所）了，而只是被象征性地罚款一分。② 此后，Augustus 一直从事这份志愿"缓刑官"工作，直至去世。他救助的对象除了酒鬼，还有犯罪的未成年人、卖淫妇女或幼女、无家可归的妇女；③ 他救助的方法是在"定罪后、判刑前"给他们提供担保；他选择罪犯的方法是"个人中心""家庭中心"的，犯罪人的性格、年龄以及可能影响他们的人、地点、事情都会被纳入考虑，特别是有无康复的家庭环境——在不具备家庭条件下，他会将缓刑人安排在自己或朋友家里，或者其他"集中安置点"。④ 可以看到，不管是适用对象、方法还是目的，当时的缓刑与我们现在所谓保安处分几乎一致。且不论当时缓刑"实验"是否为了"避免短期自由刑的流弊"，可以肯定的是，他救助的绝大多数对象特别是酒精滥用者，在现代社会都不会被视为犯罪，⑤ 而恰恰属于最广义的保安处分对象——最广义保安处分不以行为人实施犯罪为前提。当然，现在的狭义保安处分对象也包括酒精成瘾者，但

① 该协会于 1840 年成立于马里兰州巴尔的摩，在波士顿等地建有分支机构。See Clark G F, *History of the Temperance Reform in Massachusetts, 1813–1883*, Boston: Clarke & Carruth, 1888, p.47.

② See Augustus J, *A Report of the Labors of John Augustus: First Probation Officer, 1784–1859*, Kentucky: American Probation and Parole Association, 1984, p.4.

③ Panzarella R, "Theory and Practice of Probation on Bail in the Report of John Augustus", *Fed. Probation,* 2002, 66:38.

④ See *History of Probation*, http://www.nyc.gov/html/prob/html/about/history.shtml.

⑤ 根据马萨诸塞州现行法典第 111B 章第 8 节之规定，在公共场所醉酒的人不构成犯罪，但是警察会采取保护性羁押措施（protective custody）直至其酒醒。

一般同时要求其实施了犯罪（不法）行为，德国刑法典、我国台湾地区"刑法"典就采此立法例。① 更进一步地，如果我们再把目光投向 Augustus 之前的时代就会发现，英国和北美的预防性司法（preventive justice）实践，就是现代缓刑制度的思想和制度渊源。② 这些预防性司法实践包括暂缓量刑、具结保证（recognizance for peace and good behaviour）、慈善人士和机构对前罪犯和少年犯的"友好"监督，等等。这些做法的精神内核仍然与现代的保安处分高度一致，而且同属于更宽泛的社会防卫思想的产物。

如果结合我国刑法的规定，还有两个方面的理由可以增加进来。一是关于未满 18 周岁的人应当宣告缓刑的规定。实证研究表明，18 周岁以下的犯罪人更可能再次实施犯罪，③ 因此，18 周岁以下本身属于再犯危险判断的负面因子之一。但是刑法仍然规定"应当宣告缓刑"，原因何在？这其实就是针对青少年的"保护处分"思想的体现。二是关于实质要件指导思想的规定。1997 年刑法规定的是"适用缓刑确实不致再危害社会的"，修改后的规定是"没有再犯罪的危险"，这都与保安处分的目的一致。

综上所述，缓刑确实是刑罚与保安处分的结合体。而且其刑罚属性主要是外壳，保安处分属性才是内核。缓刑是对刑罚、保安处分扬长避短的结果：缓刑吸收了刑罚的威慑作用，避免了短期自由刑的无效以及监狱内的交叉感染。与此同时，缓刑又吸收了保安处分在教育、治疗、挽救越轨者方面

---

① 德国刑法典第 64 条（1）规定："如果某人有过量服用含酒精饮料或其他麻醉剂的瘾癖，且其在昏醉中实施的或者归因于瘾癖的违法行为而被判处有罪；或仅仅因为他被证实无责任能力或未被排除无责任能力而未被判处有罪，那么，如果仍然存在由于其瘾癖而实施严重违法犯罪的危险，法院可命令将其收容于戒除瘾癖的机构。"我国台湾地区"刑法"第 89 条规定："因酗酒而犯罪，足认其已酗酒成瘾并有再犯之虞者，于刑之执行前，令入相当处所，施以禁戒。"

② Vanstone M, *Supervising Offenders in the Community: A History of Probation Theory and Practice*, Aldershot:Ashgate Publishing Ltd, 2007, p.4.

③ 研究发现，刑释人员被捕时年龄越小，其释放后重新犯罪的可能性越大；刑释人员释放时年龄越小，其释放后重新犯罪的可能性越大。（参见邬庆祥：《刑释人员人身危险性的测评研究》，《心理科学》2005 年第 1 期）

的优势，避免了保安处分在适用对象、适用期限上的恣意性。

需要顺便指出的是，刑罚和保安处分也在互相借鉴。比如，在我国属于刑罚的驱逐出境在其他国家往往被视为保安处分措施，而保安处分措施里又有所谓保安监禁的类型。笔者认为，我们一方面应看到两者互相借鉴的趋势，但另一方面仍应重视两者的不同。比如我国主刑之管制，几无惩罚性质，在其他国家和地区也被视为典型的保安处分措施。将管制规定为主刑，就完全混淆了刑罚和保安处分的属性。其在司法实践中的尴尬地位，也就不难理解了。笔者认为，即便管制不作为保安处分，即功能也完全可以被缓刑覆盖，而且缓刑比管制能更好地实现预防功能。

二、缓刑的正当根据：超越报应与预防？

在讨论缓刑正当性根据的时候，一种做法是直接套用刑罚的正当根据。如我国学者郑高键指出："刑罚权作为国家运用刑罚惩罚犯罪的权力，应当有其整体正当性理论根据，缓刑作为一种代替监禁刑的具体刑罚制度也必须要有其合理存在的正当性理论根据，且其正当性理论根据应当在刑罚整体正当性理论根据的基础上产生，并与刑罚整体正当性理论根据息息相关。"他进一步指出，"从社会发展的理念来看，缓刑在集中体现特殊预防论的同时，仍然能够体现刑罚的报应理论，与我国刑罚整体的正当性根据是一致的，即预防刑相对报应刑论仍然可以成为缓刑的正当性理论根据。但从缓刑制度的本质来看，特殊预防是缓刑正当性的主要根据，报应只是预防犯罪的手段，因而只是缓刑正当性的次要根据。"[1] 前述论证看起来四平八稳、面面俱到，实际上存在逻辑漏洞。首先，缓刑有"刑"之名，但本质上不是刑罚，因此，即便不认同缓刑是刑罚与保安处分的结合体，也

---

[1] 郑高键：《缓刑的正当性理论根据》，《政法学刊》2006年第2期。

不能完全套用刑罚的正当性根据。缓刑与刑罚是不同的制度，为什么会与刑罚的正当根据一模一样呢？其次，如果不考虑缓刑不同于刑罚的特别属性、特别内容，既可能无法正确适用缓刑，也可能无法正确执行缓刑，进而无法实现缓刑的特别目的。

与直接套用刑罚正当根据不同，我国学者还从缓刑的功能、价值等角度论证了缓刑的正当根据。如冯全博士从缓刑制度的功能、刑事处遇的发展趋势、我国现行刑事政策三个角度论证了缓刑的正当根据。① 屈耀伦教授则从缓刑的功能与地位、缓刑与现代刑法理念的契合、权利本位刑法观、犯罪原因与控制、教育刑论、刑罚个别化理论、宽严相济刑事政策等七个方面论证了缓刑的正当化根据。② 与第一种进路不同，这种进路不但抓住了缓刑的特征展开论证，而且论证十分全面，几乎所有能够支持缓刑正当性的内容均被囊括其中。不过这也正是这种进路的局限：既无法突出重点，可能也混淆了论题。比如与某种刑事政策契合可能无法说明缓刑的正当性，因为该刑事政策本身不一定正当。此外，当互相冲突的根据放在一起，也需要进行调和。

笔者认为，所谓正当根据，就是说某种事物、制度因何是正义的而不是恶的。之所以要讨论刑罚的正当根据，是因为刑罚要剥夺人的生命、自由等权益，刑罚本身也是一种"恶害"。于是学者们用报应论、预防论、并合论、综合论等学说来解说为什么这种"恶害"是正当的。但是这样的论证其实已经陷入循环论证。报应和预防本身是刑罚的功能，我们又用报应和预防来论证刑罚的正当性，这不是自己证明自己吗？况且，就算可以将报应、预防作为刑罚的正当根据，人们还会进一步追问：为什么报应和预防就是正当的？恐怕又得进一步求诸自然法、求诸哲学、求诸道德甚至求诸宗教。比如一种解说就是："法律的道德基础在于共同善。法律通过设

---

① 参见冯全：《中国缓刑制度研究》，博士学位论文，中国政法大学，2009 年，第 29 页。

② 参见屈耀伦：《我国缓刑制度的理论与实务》，中国政法大学出版社 2012 年版，第二章。

置一个制度性框架让社会成员可以追求和实现共同善，而刑法是以强制方式保护社会成员的共同善实践机制的特殊规范。刑法通过将某些行为规定为犯罪，反映了这些行为对共同善的不尊重。共同善的本质决定了国家将犯罪者驱离共同善之外是内在回应性的，这支持了刑罚报应主义的合理性。"① 然而这样的解说与其说是论证，不如说是进一步提供了一个假说。笔者认为，所有有关社会制度、法律制度正当性根据的论证，从根本上讲是用人类世界或某国某地区某些广受认可（并不一定是最占优势地位）的主流价值观念去对接、提炼和解读。王世洲教授也指出，"刑罚的正当性，是一种以社会公认的规范与价值为基础作出的评价，宣告着刑罚的规定与使用的方式为这个社会所接受和所遵循"。② 也因此，不同的人、不同时代的人，会从不同视角、不同层次利用主流价值观进行个性化解读，进而出现"远近高低各不同"的学说争鸣局面。这些不同的解读在理论市场上不断竞争，往往会自然形成权威学说，进而逐渐成为"社会公理"。于是人们不再刨根问底，而是视之为理所当然，视之如同自然科学领域的"不需证明的自明之理"。也正是从这个角度上讲，报应与预防作为刑罚正当根据获得了广泛认可。

　　不过对于缓刑的正当性根据，权威学说和"社会公理"尚未形成，笔者也因此有了"盲人摸象"的机会。笔者认为，讨论缓刑的正当根据，既要重视缓刑与刑罚相同的部分，更要重视缓刑不能够被刑罚替代的部分，或者说缓刑不同于刑罚的部分，否则难免顾此失彼甚至因小失大。事实上从性质和内容上来看，缓刑与刑罚异大于同。缓刑在哪些方面不同于刑罚？显然主要在于缓刑的社会化执行方式，在于缓刑的非惩罚性内容，在于缓刑可以避免短期监禁的流弊，在于缓刑是在缓刑官的监督下主要通过缓刑人自身努力实现自我更新，在于缓刑执行与回归社会的合二为一……正如日本学者小河滋

---

① 郑玉双：《犯罪的本质与刑罚的证成：基于共同善的重构》，《比较法研究》2016 年第 5 期。
② 王世洲：《现代刑法学（总论）》，北京大学出版社 2011 年版，第 18 页。

次郎所言:"无保护观察之缓刑,实毫无意义。"① 总之,考察缓刑的正当性根据,必须着重挖掘缓刑实质内容的正当性。据此,笔者认为,讨论缓刑正当根据,一要分程序阶段,二要分处遇内容。一般情形下,程序阶段的内容是单一的,但也可能存在例外。比如正常的缓刑执行阶段,其主要内容自然是监督和矫正,但如果缓刑人因犯新罪、发现漏罪或违反监督考察规定被撤销缓刑,则缓刑的内容就如同恢复到缓刑宣告之前一样——执行实刑。基于分程序阶段、分处遇内容的原则,笔者提出"两阶段论"和"社会防卫论"来解读缓刑的正当根据。

(一) 缓刑正当根据"两阶段论"

如前所述,缓刑无法独立于刑罚,缓刑从性质上讲也具有杂糅性,但是,在不同的阶段,其内容是相对单一的,其属性也是清晰的,因而不同阶段可以确立不同的正当根据。所谓"两阶段论",是指缓刑制度大体上可以分为两个不同的程序阶段,两个阶段可以分别确立不同的正当根据。简单地说,在"刑罚属性阶段",可以和刑罚共享正当根据;在"保安处分属性阶段",则应另寻正当根据。

需要指出的是,这里的程序阶段既是存在论上的阶段,更是规范论上的阶段,因此,两个阶段在时间上并非前后接续。所谓"刑罚属性阶段",是指主要体现缓刑刑罚属性的阶段。缓刑适用以行为人构成犯罪并被科处实刑为前提。在这个前提性阶段,定罪量刑完全遵循刑罚运作规律,体现的也是刑罚属性。此外,宣告缓刑后的缓刑考验期内,如果缓刑人再犯新罪、发现漏罪或违反监督考察规定,也会被撤销缓刑,重新执行实刑。撤销缓刑后执行实刑与一般刑罚执行并无任何不同,但毕竟属于撤销缓刑的效果,是缓刑

---

① 房传钰:《现代观护制度之理论与实践》,(中国台湾) 三民书局 1977 年版,第 61 页。转引自冯全:《中国缓刑制度研究》,博士学位论文,中国政法大学,2009 年,第 9 页。

具有威慑效果的法律后盾，因此，也可视为缓刑的一个程序阶段。前提性阶段和撤销缓刑执行实刑阶段共同构成缓刑的刑罚属性阶段。在这个阶段内，缓刑完全可以共享刑罚的正当根据，比如坚持以报应刑为基础兼顾预防刑的并合主义 ① 或者选择"以预防为基础的综合理论"②。所谓"保安处分属性阶段"，是指主要体现缓刑保安处分属性的阶段。缓刑实质要件判断、缓刑考察监督，都是体现缓刑保安处分属性的阶段。这也是缓刑不同于刑罚的主要阶段。这个阶段的正当根据，必须结合缓刑的保安处分属性即作为社会防卫措施来探寻。

（二）缓刑是社会防卫思想的产物并因其获得正当性

社会防卫的理念古已有之。马克·安塞尔（Marc Ancel）在《社会防卫：刑事问题的现代进路》一书中就将西方古代的社会防卫理念追溯至柏拉图那里。他指出：柏拉图是最早理解防卫理念的哲人，并且提出刑罚的目的不是对过去不正义的报复，而应该是防止犯罪人及目睹受刑的人再次实施犯罪。柏拉图还认识到了通过反对危险的犯罪人来保卫社会的理念。他将犯罪分子分为可以治疗和不可治疗两种。根据他的设想，那些不可治疗的，应关押在荒郊野外或沙漠中的监狱；而那些可以治疗的，则会被安置在"悔改院"（sopbronisterion，the house of repentance），并会像病人一样得到悉心照顾。③安塞尔认为中国古代也有朴素的社会防卫思想，如西周时代的"嘉石之制"就含有社会防卫因素。④

社会防卫思想的发展并非一帆风顺。早期，社会防卫被等同于社会保

---

① 参见张明楷：《责任刑与预防刑》，北京大学出版社 2015 年版，第 72 页。

② 王世洲：《现代刑罚目的理论与中国的选择》，《法学研究》2003 年第 3 期。

③ Marc Ancel, *Social Defence: A Modern Approach to Criminal Problems*, London: Routledge & Kegan Paul, 1965, p.28.

④ Marc Ancel, *Social Defence: A Modern Approach to Criminal Problems*, London: Routledge & Kegan Paul, 1965, p.29.

护，即通过惩罚、打击犯罪来保护社会免受犯罪侵害。这种意义上的社会防卫是建立在严刑峻法基础上的，会对个人权利和自由构成威胁。1930 年的意大利刑法典和 1935 年经希特勒修改的德国刑法典就滥用了"社会防卫"的旗号。19 世纪末期以后，随着人文科学和刑罚学的发达，社会防卫的真正内涵得到了巩固和发展。刑法学家、犯罪学家们逐渐认识到，要使社会得到切实有效的保护以免遭犯罪侵害，刑罚并不是唯一途径。新的社会防卫思想反对报复性的刑事惩罚制度，提倡更加人道化的社会处遇措施，主张保护个人权利和自由，保卫人类并提高人的价值。[1] 德国刑法学家李斯特就是社会防卫思想的集大成者，他指出："刑事政策要求，社会防卫，尤其是作为目的刑的刑罚在刑种和刑度上均应适合犯罪人的特点，这样才能防卫其将来继续实施犯罪行为。"[2]"在与犯罪作斗争中，刑罚既非唯一的，也非最安全的措施。对刑法的效能必须批判性地进行评估。出于这一原因，除刑罚制度外，还需要建立一套保安处分制度。"[3]他还结合犯罪人类学的研究成果，将犯罪人分为三类并提出针对性的处遇措施："（1）矫正可以矫正和有矫正必要的犯罪人；（2）威慑没有矫正必要的犯罪人；（3）使不能矫正的犯罪人不再危害社会（使之不能犯）。"[4]可以看到，早期的社会防卫思想没有跳出"犯罪—刑罚"的框架，[5]注重目的正当却容易忽略手段正当；后期的社会防卫思想则跳出了"犯罪—刑罚"的框架，特别重视犯罪反应手段的人道化、个别化、科学化，更倾向于采用非报复性、非监禁性、非（弱）惩罚性、非（弱）剥夺性的处遇措施来实现保卫社会的目的。

缓刑制度滥觞于英美两国。英美两国尽管没有掀起形式意义上的社会防

---

[1]　参见卢建平：《社会防卫思想》，载高铭暄、赵秉志主编：《刑法论丛》第 1 卷，法律出版社 1998 年版，第 139—140 页。

[2]　[德] 李斯特：《德国刑法教科书》，徐久生译，法律出版社 2000 年版，第 13 页。

[3]　[德] 李斯特：《德国刑法教科书》，徐久生译，法律出版社 2000 年版，第 22 页。

[4]　[德] 李斯特：《论犯罪、刑罚与刑事政策》，徐久生译，北京大学出版社 2016 年版，第 31 页。

[5]　参见康树华：《新社会防卫论评析》，《当代法学》1991 年第 4 期。

卫运动，但实质性的社会防卫运动却是存在的。权威观点认为，缓刑作为一项矫治罪犯的崭新方式，根植于当时的社会和文化发展趋势。缓刑以及类缓刑措施的发展是一般性的社会、文化运动的重要组成部分。这场运动抛弃了传统的惩罚性、镇压性（repressive）进路，对一般预防和报应进行了人道化和功利化的改造。这种新趋势与通过提高社会条件、发展社会服务来预防犯罪的尝试不谋而合。更重要的是，它的特点在于，将罪犯个人的社会性康复（social rehabilitation）作为刑事政策的主要目标，并通过理性选择和有效手段来实现这个目标。[①] 显然，缓刑及类缓刑措施的发展仍然是一场实质性的社会防卫运动的结果。

　　总体来看，社会防卫理念、思想、运动、措施有如下特点：（1）强调刑罚不是应对犯罪的唯一方式；（2）认为处遇措施的目的在于预防罪犯再次实施危害社会的行为而不是报复其过去的违法犯罪行为；（3）强调处遇措施个别化、科学化，围绕犯罪人而不仅仅是犯罪作出反应；（4）强调处遇措施的人道化，对于能够矫正的罪犯，应主要通过非报复性、非（弱）惩罚性、非（弱）剥夺性的措施来教育、矫正；（5）通过改善、矫正罪犯来实现保护社会的目的。不难看出，不管是手段还是目的，社会防卫思想、手段都具有充分的正当性。[②] 而缓刑制度正是社会防卫思想的产物，是社会防卫措施的载体。李斯特就积极倡导在德国建立缓刑制度，缓刑在手段和目的上的正当性也就不言自明了。总之，缓刑当属对犯罪和犯罪人的"合理（节制）而有效的反应"。

---

① Department of Social Affairs, *Probation and Related Measures*, New York: United Nations, 1951, p.15.

② 梁根林教授认为，现代刑事政策包含以下几项基本原则：法治原则、谦抑原则、人道原则、科学原则、教育改善原则。（参见梁根林：《刑事政策：立场与范畴》，法律出版社2005年版，第96页以下）法治原则的确立主要是古典学派的贡献，社会防卫思想同样坚持；后四项原则的确立则都与社会防卫运动息息相关，也构成了社会防卫思想的核心内容。

1. 缓刑的节制和无害

缓刑的执行内容主要是监督和考察，是典型的社会防卫性（保安处分性）处遇措施。不管是与刑罚这种"必要的恶"相比，还是单纯从处遇措施内容来看，它都是节制和无害的。

（1）相对与绝对

从与刑罚的比较来看，缓刑是节制和无害的。全世界各国，缓刑适用的对象都是犯罪的人。犯罪人本应接受刑罚的惩罚，但是法律给了他（她）改过自新的机会，不再施加惩罚，而是给予仁慈。从这个角度来讲，缓刑是"以德报怨"，不但对缓刑人无害，而且对其有利。

从缓刑自身来说，缓刑也是节制和无害的。尽管缓刑产生以后内容不断发生变化，但万变不离其宗。就我国这种缓执行类型的缓刑而言，其执行的内容主要就是两方面：监督和矫正。监督并不剥夺人身自由；矫正也主要不依靠外部强力，而主要依靠缓刑人的自我努力。况且缓刑人一直在开放的环境里接受监督、指导、治疗，缓刑人不会与家人、朋友、社区完全隔离。甚至可以说，除了稍有不便，执行缓刑几乎不会对缓刑人的正常生活、工作、学习形成障碍。可以认为，缓刑执行内容基本没有报应成分；缓刑的惩罚性也主要表现在对缓刑人的否定性评价上。①

（2）消极与积极

从消极的意义上讲，是指缓刑用之得当，不会对缓刑人、被害人、社区、社会、国家造成再次损害。对缓刑人而言，即便没有改得更好，也不至于像在监狱里一样，由于交叉感染而增加再犯可能性。对被害人和社区而言，由于将危险性较大的罪犯排除在缓刑之外，执行缓刑对被害人和社区几无影响。对社会和国家而言也是同样的道理。

从积极的意义上讲，缓刑可以"使缓刑人无害"，让其成为自食其力的守法公民，进而达到保卫社会的目的。缓刑不但可以实现缓刑人的自我康

---

① 参见刘延和：《缓刑适用实证研究》，《中国刑事法杂志》2007 年第 3 期。

复，而且保证了家庭生活的完整性。缓刑提供了修复加害被害关系的机会，缓刑人也可以为社区提供志愿服务来弥补自己的过错。缓刑人不脱离社会，可以正常工作、学习，使其有机会为社会和国家作出贡献。缓刑人脱离犯罪生涯，减少了社会犯罪，有利于实现社会的安全稳定。此外，缓刑还有利于减少执行监禁的高昂成本。①

2.“社会防卫措施”优于“预防刑”

缓刑不但是节制和无害的，而且有其功利效果。一方面，缓刑可以弥补刑罚矫正功能之不足，抑制其副作用；另一方面，缓刑在罪犯社会化矫正上具有天然优势。

在现代社会，缓刑是以刑罚替代措施的面目出现的。②刑罚为什么需要替代措施？刑罚昂贵、不人道、已经被滥用等都是理由。但最重要的理由还在于：就矫正罪犯特别是短期罪犯而言，刑罚有所不足，甚至适得其反。这是由刑罚本身的局限决定的。“就刑罚的性质而言，它是否适合教育还是值得怀疑的。刑罚教育是一种强制教育，而强制就会产生对抗，现代的监狱建筑，防止越狱的堡垒，以及对犯人处处设防的囚牢，这都构成了教育的障碍，而教育本身只能在信任的气氛中进行。”③诚然，执行刑罚能够起到一般预防与特殊预防的作用，但刑罚的最核心本质仍在于惩罚。而惩罚终究是一种治标性预防措施，不是治本性预防措施。就

---

① 如在美国田纳西州，缓刑、假释的日均成本为 2.56 美元，监禁的日均成本是 57.33 美元。（Abadinsky H, *Probation and parole: Theory and Practice*, New Jersey:Pearson & Prentice-Hall, 2009, p.17）巴西司法部的报告显示：囚犯的平均花费为每月 800 巴西雷亚尔，而公立学校学生平均每月花费为 75 巴西雷亚尔；囚犯的平均建筑成本为 12000 巴西雷亚尔（中等安全设施）或 19000 巴西雷亚尔（高安全设施），而为穷人建房的平均成本为 4000—7000 巴西雷亚尔。（Van Zyl Smit D, *Handbook of Basic Principles and Promising Practices on Alternatives to Imprisonment*, New York: United Nations, 2007, p.5）

② Van Zyl Smit D, *Handbook of Basic Principles and Promising Practices on Alternatives to Imprisonment*, New York: United Nations, 2007.

③ ［德］拉德布鲁赫：《法学导论》，米健译，中国大百科全书出版社 1997 年版，第 88 页。

好比癌症患者疼痛无比，医生于是给他打止痛针，疼痛倒是暂时解决了，但肿瘤依然还在。因此，刑罚无法有效预防再犯就不值得惊奇了。刑罚在矫正犯罪人、预防再犯方面的无效、低效已经为多项实证研究所证明。如一项关于"监禁与再犯研究的研究"指出：绝大多数研究表明，监狱经历对此后的再犯没有作用或有犯因性效应（criminogenic effect）。其中 5 项研究发现，监禁要么对防止再犯无用，要么成了一个犯因性因素；32 项控制配对变量或以倾向测试为基础的研究表明，监禁有增加犯罪的趋势；在 31 项回归研究中，22 项预测支持监禁是犯因性因素的结论；只有 7 项支持监禁具有减少犯罪的效果；剩下的研究得出的结论是分裂的。这至少提醒我们警醒一种论调——监禁对于降低犯罪有明显的作用。[1] 另一项研究也表明，与非监禁措施相比，监禁对再犯具有犯因性效应。[2] 这些研究都可以说明，就预防再犯而言，以监禁为代表的刑罚可谓"尺有所短"，而且副作用明显。

尽管通过刑事实证学派的努力，在社会防卫思想的影响下，现代监狱行刑已经将矫正受刑人的犯罪人格并使之重新复归社会作为基本目标，但监狱内封闭性、他律性和强制性的小环境与社会自由、开放和多元的大环境之间显然存在着严重的脱节，监狱行刑处遇的过程与目标之间存在着无法完全消解的悖论。这一悖论从根本上制约了监狱行刑处遇复归社会的成效。[3] 而以治疗、教育、帮扶等为特征的社会防卫性、保安处分性措施则不存在这个障碍，其社会化的执行方式将矫正与复归合二为一了——在矫治中复归，在复归中矫治。事实上缓刑以及其他社会防卫性措施在预防再犯、帮助罪犯回归

---

[1]　Nagin D S, Cullen F T, Jonson C L, "Imprisonment and Reoffending", *Crime and Justice*, 2009, 38（1）, pp.115–200.

[2]　Bales W D, Piquero A R, "Assessing the Impact of Imprisonment on Recidivism", *Journal of Experimental Criminology*, 2012, 8（1），pp.71–101.

[3]　参见梁根林：《刑事制裁：方式与选择》，法律出版社 2006 年版，第 232 页。

方面已经取得了丰硕的成就。① 英国司法部对监禁与社区刑罚的比较研究也发现，在控制了犯罪和犯罪人特征（如年龄、性别、种族、犯罪前科次数、最新犯罪类型等）的前提下，被判处 12 个月以下监禁罪犯的"一年再犯率"（one year re-offending rate）② 比配对的社区命令（community order）罪犯高 6.4%，比"缓判决命令"（suspended sentence order）罪犯高 8.6%。③

　　需要说明的是，以往的缓刑研究有一种"本能冲动"：为了强调缓刑的"有效"，乐于鼓吹缓刑的矫正效果，特别是与监禁刑比较的效果。笔者不认同这种思路。笔者认为，应该客观看待刑罚、缓刑以及其他社会防卫措施的矫正效果及各自发挥效力的范围。第一，不管是刑罚还是缓刑，在部分犯罪人身上，矫正效果均不理想，这意味着可能确实存在"不能矫正的罪犯"；第二，对于不能矫正的罪犯特别是"长刑犯"④，监禁刑至少可以发挥隔离效果；第三，对于"短刑犯"以及可以矫正的"长刑犯"，缓刑可能更有用武之地；第四，监禁的犯因性效果已经被证实，而缓刑不具有犯因性效果；第五，就经济性而言，缓刑显然具有优势；第六，缓刑在人道性、开放性以及手段的个别化、科学化、多样化等方面具有优势，且进一步发展的潜力、空间较大。总之，即便缓刑和监禁刑一样矫正效果不佳——实际并非如此，缓刑至少也不会增加犯因性效果。也就是说，论证缓刑的正当性，必须认识到缓刑能够发挥作用的最佳范围，不宜片面地强调缓刑在防止再犯上的作用，否则缓刑实质要件要求没有再犯罪的危险也难以理解。

---

① 这方面的研究成果比比皆是。See Bonta J, Andrews D A, "Risk-need-responsivity Model for Offender Assessment and Rehabilitation", *Rehabilitation,* 2007, 6, pp.1–22; MacKenzie D L, "First Do No Harm: A Look at Correctional Policies and Programs Today", *Journal of Experimental Criminology,* 2013, 9（1）, pp.1–17.

② 指判决（未关押罪犯）或释放（关押罪犯）后一年内再次犯罪的比例。

③ Ministry of Justice, U K, "2013 Compendium of Re-offending Statistics and Analysis", 2013 年 7 月 11 日，见 https://www.gov.uk/government/statistics/2013-compendium-of-re-offending-statistics-and-analysis。

④ 重刑犯可能引起歧义。长刑不等于重罪，长刑也不等于严重的人身危险性，而仅仅指刑期较长。

事实上因为英、美两国缓刑的矫正效果不佳，在 20 世纪末还曾发生了缓刑的"正当性危机"（crisis of legitimacy）。尽管这场正当性危机后来被证明有危言耸听的成分——缓刑不但依然存在，而且比以往更加强盛了——但缓刑以及社区刑罚（Community Sanctions and Measures，CSM，欧洲委员会官方表述）制度本身确实在不断发展以回应正当性质疑。其中一个显著特征就是，缓刑越来越被风险管理战略所主导。① 人们越来越接受这样的理念："犯罪是一种平常的社会现象：一种需要管理的风险而不是一个需要消灭的社会问题。"（crime as a "normal social fact"：a risk to be managed rather than a social problem to be eliminated）② 在此过程中，"新刑罚学"（The new penology）理念得以确立：既不是惩罚，也不是康复，而在于筛选出并管理好那些难以驾驭的群体（unruly groups）或者说危险群体。其目标不在于消灭犯罪，而在于通过系统性的协调，将犯罪控制在可以容忍的范围内；不追求使罪犯正常化，而是力图管理他们。再犯（率）仍然重要，但其重要性已大不如从前。概率和风险这类话语逐渐替代了临床诊断和报应判断；精算式的危险评估技术得以运用；危险群体而不是单个罪犯更受关注。总之，新刑罚学认为最紧迫的任务在于用最小的成本实现对危险人群的管理。③"新刑罚学"与"风险刑法""预防刑法"④ 在某些方面存在相似之处，但两者仍存在诸多区别，如风险刑法是针对风险社会而言，新刑罚学仍关注犯罪人的危险性而且主要是再犯危险性。新刑罚学是否会成为主流目前还不得而知，但是其加强风险管理的理念确实有助于增加缓刑的正当性，英美法系各国的缓刑适用规模在新

---

① See Robinson G, McNeill F, Maruna S, "Punishment in Society: The Improbable Persistence of Probation and Other Community Sanctions and Measures", in *The SAGE Handbook of Punishment and Society,* Jonathan Simon & Richard Sparks（eds），London: SAGE Publications Ltd, 2012, p.321.

② See Garland D, "The Limits of the Sovereign State Strategies of Crime Control in Contemporary Society", *British Journal of Criminology,* 1996, 36（4），pp.445–471.

③ See Feeley M M, Simon J, "The New Penology: Notes on the Emerging Strategy of Corrections and Its Implications", *Criminology,* 1992, 30（4），pp.449–474.

④ 参见劳东燕：《风险社会与变动中的刑法理论》，《中外法学》2014 年第 1 期。

世纪也因此进一步膨胀了。与之相关的另一个现象就是，刑满释放后的"监督"越来越成为一种潮流。美国多个州都建立了释放后监督（Postrelease Supervision）项目。根据 2013 年的改革法案，英格兰和威尔士所有刑满释放的罪犯都将接受 12 个月的社区监督。[①] 加拿大的"危险犯"（Dangerous Offenders）[②]、"长期犯"（Long-Term Offenders）[③] 制度更是其中的突出代表。所谓"危险犯""长期犯"就是指构成列举于加拿大刑法典 752 条的特定犯罪且有再犯可能进而威胁他人生命、安全或身体、精神健康（constitutesa threat to the life, safety or physical or mental well-being of other persons）的罪犯。一旦被认定为"危险犯"，根据加拿大刑法典 753（4）之规定，该罪犯将被科处不定期监禁刑，或者不低于 2 年的监禁且接受不超过 10 年的长期监督（long-term supervision）。一旦被认定为"长期犯"，根据加拿大刑法典 753.1（3），该罪犯将被判处不低于 2 年的监禁且接受不超过 10 年的长期监督。这种刑罚执行完毕后的长期监督与缓刑均属于同一性质的社会防卫性措施。这些社会防卫性新举措，充分体现了刑法理念从"危险消灭"到"风险管理"的转向。

三、缓刑的适用基底：行为还是行为人？

（一）行为刑法与行为人刑法

根据罗克辛教授的描述，在行为刑法思想下，刑事可罚性是与犯罪构成

---

① Ministry of Justice and The Rt Hon Chris Grayling MP, *12 months supervision for all prisoners on release*, 2013 年 5 月 9 日，见 https://www.gov.uk/government/news/12-months-supervision-for-all-prisoners-on-release。

② 参见加拿大刑法典 753（1）。

③ 参见加拿大刑法典 753.1（2）。我国学者也翻译为"长刑犯"（参见翟中东：《国际视域下的重新犯罪防治政策》，北京大学出版社 2010 年版，第 200 页），笔者认为该翻译欠妥。因为这里的"长期"是指实施犯罪的长期性、常习性，而不是指判处刑期的长短。

限定的单一或多个行为相联系的，惩罚仅仅表现为对单个或多个行为的反应，而不是表现为对行为人整体生活导向的反应，更不是表现为对一种行为人所期待的未来危险的反应。而在行为人思想下，刑罚是与行为人的人格性相联系的，刑罚由行为人对社会的危害及其程度决定。① 罗克辛教授进一步指出，由于行为刑法与法治国原则更协调，因而行为刑法更受青睐，但行为人刑法确实对行为刑法产生了影响。陈兴良教授赞同这种看法，认为行为刑法应当是基本的理论框架，行为人刑法只能对行为刑法起到一种补充的作用。② 车浩教授也认为，无论在理论还是实践的历史中，行为人刑法几乎从未取代行为刑法的主角地位。③ 应当说，这个结论基本是正确的，但这个结论也有前提限制，那就是必须将抗制犯罪的反应手段限定在刑罚范围内。如果将抗制犯罪的手段不只是局限在刑罚范围内，而是放在刑事政策甚至更广阔的社会政策的视野下，比如将其他社会防卫性措施纳入，结论可能就会稍微有些不同。笔者认同李斯特的观点，"处罚的对象不是犯罪（行为），而是行为人"。行为人因犯罪行为而受罚，这既是一个规范命题，也是一个事实命题。犯罪行为是没有必要惩罚的，也无法被惩罚；惩罚的对象只能是犯罪人。犯罪行为是犯罪人危险性的极端表现之一，国家通过对犯罪行为作出反应进而企图实现对犯罪人的改善以求保卫社会。"无犯罪则无刑罚"的合理性在于，一是因为有犯罪行为，行为人的危险性才能够被更准确探知；二是因为犯罪行为是人身危险性严重的表现，因此要给予最严厉的回应。但这并不等于说，没有犯罪行为就没有人身危险性，也不等于没有犯罪行为就不可以施加刑罚之外的其他社会防卫性措施。这跟治疗疾病的原理一样：有些疾病很快发作，而有些疾病的潜伏期却很长，甚至一辈子不发作；你不确知它

① 参见［德］罗克辛：《德国刑法学总论》（第1卷），王世洲译，法律出版社2005年版，第105页。
② 参见陈兴良：《人格刑法学：以犯罪论体系为视角的分析》，《华东政法大学学报》2009年第6期。
③ 参见车浩：《"扒窃"入刑：贴身禁忌与行为人刑法》，《中国法学》2013年第1期。

哪天会发作，所以还得治疗或者打预防针。反过来说，有人身危险性就可以而且应该有对应的反应措施，但不一定是刑罚措施；通过犯罪行为体现的人身危险性可以启动刑罚以及非刑罚措施应对，没有通过犯罪行为体现的人身危险性，可以通过刑罚之外的社会防卫措施应对；人身危险性高且可能损害的法益越重大，反应措施可以越强烈；人身危险性越低且可能损害的法益越轻微，反应措施就应该越柔和。这是科学的立场，也是理性的立场。人类现阶段——以后估计也如此——无法准确测量人身危险性，但是无法准确测量，并不等于它不存在；无法准确测量，也不等于无法测量、不能测量；无法准确测量，更不等于要把作为本质性的人身危险性替换为作为外在表现的社会危害性。事实上量刑从来就不是精确的科学活动，但刑罚却一直在施行。测不准，但也要有所为——这就是笔者对人身危险性的态度。

在"行为刑罚"与"行为人刑罚"的对垒中，"行为刑罚"毫无疑问处于主导地位；但在"行为处遇"与"行为人处遇"的对垒中，两者其实并未实质性交锋，因为两者尚处于各自为政阶段。笔者认为，刑罚也是广义的社会防卫性措施，而且是社会防卫性措施中的极端手段。所谓"刑罚保安处分化"或"保安处分刑罚化"，体现的恰恰是两者的貌离神合。罪刑法定原则在于避免国家刑罚权力的滥用，行为刑法在于防止刑罚的大棒打错对象。但这并不是说，已经成为过去的犯罪行为本身是危险的，也不是要用行为实害性去替代行为人危险性。行为是壳，人身危险性是实质；行为刑法是表现，行为人刑法是内核。与其说行为刑法与行为人刑法是对立的，不如说行为刑法是对行为人刑法的局部修正——行为人刑法仍然是底色，行为刑法只是为了限制行为人刑法可能的恣意而施加的外在束缚。以往的观点倾向于认为，行为刑法是比行为人刑法更高级和进步的理念、制度，行为人刑法往往被贴上愚昧、残暴、权力滥用、刑法家长主义、惩罚思想等各式标签。笔者认为，这样的理解可能并不准确。事实上行为刑法也存在滥用的风险。① 根据

---

① 参见张文：《行为刑法危机与人格刑法构想》，《井冈山大学学报》2014 年第 5 期。

危害社会行为与人身危险性的关系，存在四种组合：（1）有危害社会行为且有人身危险性；（2）有危害社会行为但没有人身危险性；（3）没有危害社会行为但有人身危险性；（4）没有危害社会行为也没有人身危险性。行为刑法在第（2）种情形下就可能被滥用，在第（3）种情形下则无法实现防卫社会之目的。

应当承认，由于无法准确测量人身危险性，如果没有外在的限制，人身危险性可能成为权力滥用的遮羞布。因此，一方面，行为人刑法要有意放弃一部分领地，即在犯罪行为之外，不施加刑罚（即用"行为刑罚"来限制"行为人刑罚"）；另一方面，行为人刑法依然要坚守阵地，采用节制的、非（弱）惩罚性、非（弱）剥夺性的手段来保护个人、保卫社会。这些社会防卫性措施有很多，如家庭的教养、学校的教育、不良行为的改善、精神疾病的治疗、酒精和毒品瘾癖的戒除、性犯罪人登记、被害人救助、犯罪预防设施的建立等，都在这个范围之内。保安处分只是社会防卫性措施的一部分，是以国家名义实施的正式的社会防卫措施。此外，前文提到的刑法理念从"危险消灭"到"风险管理"的转型，从强调隔离到强调监督，从注重矫治到注重管理，都是行为人刑法理念在新时期的有益实践。

总之，行为人刑法、行为人处遇不是洪水猛兽。"行为人刑罚"之所以要让位于"行为刑罚"，不是因为行为刑法更科学，更符合事物的本来面目，而应是行为人刑法在刑罚领域的主动退缩。但在刑罚领域之外，行为人刑法应该勇于担当、守土有责。作为行为人刑法体现的社会防卫措施、保安处分应该对具有人身危险性的犯罪人、越轨者作出更积极主动的反应。

本书并非专门研讨行为人刑法或社会防卫措施、保安处分问题，但由于缓刑是社会防卫思想的产物并因其获得正当性，缓刑的性质主要是社会防卫措施、保安处分，因此笔者还是要顺便指出，国家正式的社会防卫性措施或者说保安处分的发展方向，应该是与法治国思想相结合，在两个方面加以改进。①

一是适用范围的节制。理论上讲，所有具有人身危险性的人都是保安处分的适用对象，但由于人类认识能力的局限，也为了避免造成人权灾难，可以将保安处分的适用对象局限在两类人身上：一类是犯罪人。包括：仅仅通过刑罚尚不足以矫正其再犯危险的犯罪人（如累犯、职业犯等）；无法或不需要实际执行（全部）刑罚的犯罪人（如不承担刑事责任的犯罪人、缓刑人、假释人）。另一类是不良习癖者或社会不适应者。主要可包括吸毒成瘾者、精神病人等，具体范围应以法律划定。

二是适用手段的节制。保安处分应以矫治为终极目的，以非（弱）惩罚性、非（弱）剥夺性、人道化的手段为主——如果矫治目的无法实现，可以监督为手段来防范危险群体的风险。特别是与犯罪无关的保安处分，不得使用惩罚性措施。在迫不得已的情形下要剥夺、限制人身自由（如精神病、戒毒治疗）应有严格的法律和诊断程序。事实上针对精神病人，英美等国也出现了所谓"去机构化"的倾向，如英国的"社区照顾"（Community Care）、美国的"以社区为中心的服务"（Community-centered Service）。② 根据新的《禁毒法》，社区戒毒也成为我国的主要戒毒措施之一。

如果实现了以上两点，作为"行为人刑法""行为人处遇"载体的社会防卫性措施、保安处分就能扬长避短，更好地实现保护个人和保卫社会的目标。也正是从这个意义上讲，带有保安处分属性的缓刑制度就没有理由脱离行为人刑法的轨道，就没有理由不以行为人为核心。

---

① 更详细的讨论可参见梁根林：《保安处分制度的中国命运——兼论劳动教养的出路》，《中外法学》2001 年第 6 期。

② 参见赵环：《从"关闭病院"到"社区康复"——美国精神卫生领域"去机构化运动"反思及启示》，《社会福利》2009 年第 7 期。

（二）行为基底与行为人基底

1. 缓刑适用是以行为人为基底的选择

缓刑是社会防卫思想的产物并因其获得正当性，缓刑的执行内容与行为人处遇暗合，缓刑适用自然只能是以行为人为基底的选择。所谓以行为人为基底，是说行为人是缓刑适用活动的出发点、逻辑线索、考察核心。因此，缓刑适用条件的设定和解释、判断材料的搜集、监督手段和矫治措施都应以行为人为中心，体现处遇个别化原则。以行为人为基底，既有实际载体，更是一种思维模式。

现代缓刑从产生之初就是以行为人为基底进行筛选的。关于如何选择缓刑人，Augustus 写道："要明确罪犯是否是有希望的对象必须仔细考察，为了实现这个目标，有必要将这个人之前的特征、年龄以及他将来可能受周遭环境的影响纳入考虑。"[1] 事实上他也是这样做的。Augustus 曾报告，他在审判前和罪犯谈话时会看罪犯的眼睛。Augustus 总是询问罪犯的家庭情况，以便确认他有无一个钟爱他的负责任的妻子以及其妻子是否也是酒鬼。他从没担保过未婚和没有孩子的酒鬼，而他担保的第一个酒鬼恰恰就有钟爱他的负责任的妻子和孩子。[2] 不难看出，Augustus 在决定是否要担保某个罪犯时，关注的重点是这个人而不是他实施的犯罪本身，这显然是一种行为人中心的筛选模式。

据笔者粗略考察，世界上主要国家和地区的缓刑实质条件[3] 都表明，缓刑适用是以行为人为中心的司法自由裁量过程。在现代缓刑发源地和世界头号缓刑大国美国，各州的规定虽不一致，但基本都是围绕行为人展开的。如加利福尼亚州法庭规则 4.414（California Rules of Court, Rule 4.414.

---

[1]　Moreland D W, "John Augustus and His Successors", *YB*, 1941, p.9.

[2]　Panzarella R, "Theory and Practice of Probation on Bail in the Report of John Augustus", *Fed. Probation*, 2002, 66, p.38.

[3]　有些国家和地区的立法未明确规定实质条件，如日本、法国和我国台湾地区。

Criteria affecting probation）规定：影响缓刑适用的条件包括与犯罪有关的事实和与犯罪人有关的事实。其中与犯罪人有关的全部是诸如犯罪前科、悔罪、非监禁对其他人的危险等因素；即便与犯罪有关的事实，也主要是与人身危险性有关的因素。与犯罪有关的事实共有 9 项，分别是：（1）与同一罪名其他案例相比，该罪行的性质、严重程度与情节；（2）被告人是否携带或使用武器；（3）被害人的易受损害性；（4）被告人是否造成身体或精神损害；（5）被害人的财产损失；（6）被告人是积极还是被动参与人；（7）犯罪的实施是否有不寻常、不太可能重复的环境因素，如严重的挑衅；（8）被告人实施犯罪的方式是否体现出世故性或专业性；（9）被告人实施犯罪是否利用了信任优势。不难看出，这 9 项中的大部分条件以及整体的价值取向体现的都是对被告人人身危险性的关注。加拿大刑法典① 第731 条第 1 款规定，法官宣告缓刑命令应该考虑年龄、罪犯的特征、犯罪的性质以及周遭环境。这些重点考虑因素显然属于与罪犯个人情况和犯罪预防有关的因素，跟犯罪有关的仅仅是犯罪性质这个因素。德国刑法典第56 条（1）规定："1.判处 1 年以下自由刑的，如果法院认为所判处的刑罚已对被判刑人起到警告作为，且不执行刑罚被判刑人也不致再犯罪的，可宣告缓刑交付考验。2.法院在宣告缓刑时，应特别考虑被判决人的人身、履历、犯罪情节、事后态度、生活状况以及缓刑对他的影响。"② 第 1 句明确无误地表明被判刑人是考察核心，第 2 句尽管提到犯罪情节，但显然只是作为考察犯罪人危险性的辅助性因素。德国学者也明确指出，允许缓刑的起决定性作用的条件是第 56 条第 1 款第 1 句意义上的对行为人有利的预测。③ 法国刑法典第 131-36-1 第 2 句规定：社会—司法缓刑（socio-judicial probation）使被定罪人有义务在审判法官决定的期限内，在刑罚执

---

① Criminal Code（R.S.C., 1985, c. C–46）.
② 徐久生、庄敬华译：《德国刑法典》，中国方正出版社 2004 年版，第 20 页。
③ 参见［德］耶塞克、魏根特：《德国刑法教科书（总论）》，徐久生译，中国法制出版社2001 年版，第 1002 页。

行法官的监督下接受防止再犯的监督和帮助。这一规定虽未明确缓刑适用条件，但明确指出缓刑措施是为了防止其再犯，仍然是以行为人为中心的思路。

判决前调查报告（Pre-sentence investigation report）的内容同样可以看到缓刑适用是以行为人为中心的选择过程。美国的判决前调查报告主要为法官适用缓刑提供参考，但也可以为法官判决实刑提供参考。其审前报告关注的问题涉及跟犯罪行为有关的内容（如是否使用暴力和武器，是财产犯罪还是人身犯罪，是否导致犯罪对象的伤害，伤害的程度如何，这些问题其实也不只是涉及犯罪行为的纯报应因素），但涉及的绝大多数问题都跟犯罪人的更新、改造有关，如：导致犯罪人犯罪的特定动因是什么？犯罪人的犯罪情况是怎样的？什么样的措施能对改变犯罪人的行为有重要的影响？犯罪人是否有反社会行为的历史？犯罪人是否悔恨或知道自己的责任？犯罪人是否有改变的可能？犯罪人的优点和弱点有哪些？犯罪人是否可以工作或有能力来维持目前的家庭？如何对犯罪人予以精心的管理？犯罪人的问题是否能通过社区的服务来解决？是否能避免犯罪人重新犯罪？如果将犯罪人留在社区，其继续犯罪的可能性如何？是否对他人的安全和幸福有直接的威胁？犯罪人过去犯罪的程度、生活方式、过去对矫正工作的适应性是怎样的？对付这种严重的犯罪除了监禁外是否还有其他的办法？缓刑是否有足够的威慑力？……① 事实上一项国际比较研究也表明，几乎所有国家的判决前调查报告都重点关注与法律无关的变量（non-legal variables）——罪犯个人背景及环境。②

有关缓刑的国际会议决议也确认了这一理念。如1930年在布拉格召开的国际刑罚会议的决议案指出：③

---

① 参见刘强编著：《美国社区矫正的理论与实务》，中国人民公安大学出版社2003年版，第51页。

② Hamai, Koichi, et al（eds），*Probation Round the World*, New York:Routledge, 2005, p.158.

③ 参见翁腾环：《世界刑法保安处分比较学》，商务印书馆2014年版，第335页。

（1）缓刑及假释，仅可施之于适宜此种制度之受刑人，所以施行之时候，应注意受刑人之个性，及其对于社会之危险，分别处理之。

（2）审判官或其他为假释之官署，在缓刑及假释以前，应搜集保护监视团体或官署，关于受刑人生理上、经济上、精神上及道德上情形之详细报告，为缓刑及假释时之参考。

从上述决议案内容，我们可以非常清晰地看到，缓刑之适用是围绕"受刑人"展开的法律适用活动。

前引联合国研究文献同样指出：缓刑是一种基于选择性而适用的措施，是处遇个别化原则的体现。因此，司法当局需要研究具体的犯罪人而不只是他的罪行，并且要让处遇措施适合犯罪人，而不是像刑罚那样去适应罪行。在司法实践中，司法当局在作出最终决定前，都会仔细调查罪犯的个人特质（personal traits）及社会环境（social circumstances）。[1] 这实际上就暗示了缓刑适用的两个默认法则：有些人更适合缓刑这种矫治措施；有些人人身危险性较大，不宜适用这种措施。这显然也是以行为人为中心、为基底的思维模式。

事实上从我国刑法的规定也可以看出这一点。刑法第七十二条第一款规定缓刑的适用条件，主语是"犯罪分子"，因此，考察的中心自然是犯罪分子。1997 年的刑法规定更清楚地表明了这一点。"对于被判处拘役、三年以下有期徒刑的犯罪分子，根据犯罪分子的犯罪情节和悔罪表现，适用缓刑确实不致再危害社会的，可以宣告缓刑。"这个语法结构强调的是犯罪分子确实不致再危害社会，显然犯罪分子的危险性是考察的中心，而犯罪分子自然成为判断基底。这与刑法分则的表述就不一样。"故意杀人的，处死刑、无期徒刑或者十年以上有期徒刑"，在这个结构里，故意杀人这个行为成为判断基底。

---

[1] See Department of Social Affairs, *Probation and Related Measures*, New York: United Nations, 1951, p.5.

2. 行为基底与行为人基底的区别

以行为为基底还是以行为人为基底，对于缓刑适用绝非只有象征意义。以行为为基底的判断与以行为人为基底的判断是两种完全不同的思维模式，其判断结论对缓刑适用具有完全不同的影响。概而言之，两者有如下根本性区别：

第一，判断对象、范围不同。以行为为基底，主要围绕犯罪行为组织判断材料，案件情节至少要与犯罪行为有间接联系；以行为人为基底，则围绕犯罪人组织判断材料，所有与行为人有关的材料、情节均可纳入考察。也正因为如此，行为刑法理念下有所谓"案外情节"的提法。① 为什么存在案外情节？因为定罪量刑是以行为为基底的法律适用，与犯罪行为无关的情节自然无法纳入司法考量。我们很难想象将行为人的人际关系、家庭情况、有无辍学挂科情况、有无"下暴"经历、收入状况等情节纳入定罪量刑情节。但在行为人基底下，这些情节不但不属于"案外情节"，而且恰恰属于重点考察的范围。我国刑法的部分制度以及司法实践就混淆了行为基底与行为人基底，而且这种混淆既无法实现逻辑自洽，也减损了刑罚制度的正当性。我们不妨以立功制度来加以说明。

立功表现包含三类：一是揭发他人犯罪行为，查证属实的，包括共同犯罪案件中的犯罪分子揭发同案犯共同犯罪以外的其他犯罪，经查证属实；二是提供重要线索，从而得以侦破其他案件的；三是其他立功表现，如阻止他人犯罪活动，协助司法机关抓捕其他犯罪嫌疑人（包括同案犯），阻止其他犯罪人逃跑等。② 可以看到，立功行为中只有一种情形与受追诉犯罪行为有关，那就是协助司法机关抓捕同案犯。除此之外的其他情形与犯罪行为有何关系？风马牛不相及。在行为基底和罪责原则下，行为人是因特定犯罪行为成为犯罪人进而受罚，既然立功行为与受追诉行为无关，其从宽处罚正当根

---

① 参见王利荣：《案外情节与人身危险性》，《现代法学》2006 年第 4 期。

② 参见张明楷：《刑法学》，法律出版社 2016 年版，第 569 页。

据何在？王利荣教授认为，立功从宽处罚在于行为人与法律合作的态度是其在社会化的基本要求。① 张明楷教授也承认，立功不能直接说明再犯可能性小。② 笔者认为，立功制度已经脱离了行为刑法和罪责的框架。应当承认，立功制度就是典型的出于功利目的而设置的刑罚奖励制度。立功在一般情形下既没有降低不法程度，也无法体现再犯危险的降低——恰恰相反，它可能说明了犯罪分子为了逃避法律追究的不择手段。对此，贝卡利亚早就精辟地指出：

　　有些法庭对于犯有严重罪行的罪犯，只要他揭发同伙，就不予处罚。这种办法有弊也有利。所谓"弊"，就是国家认可了连罪犯都很憎恶的背叛行为。同勇敢的罪犯相比，卑下的罪犯对一个国家更为有害。因为，勇敢并不是多见的，只要有一种慈善的力量做引导，就能使罪犯为公共福利服务；而怯懦则是比较普遍的、流行的，并总是专门为己的。③

　　贝卡利亚的论述既点明了立功行为与犯罪行为无关，也指出了立功无法表征犯罪人人身危险性的降低。事实上我国司法实践中"假立功"案件层出不穷也表明，立功制度可能恰恰成了人身危险性大的犯罪人的"庇护所"。也就是说，立功既不是责任刑情节，也不是预防性情节。与此类似的是累犯再犯情节，因为累犯再犯也与受追诉行为无关，累犯再犯从重处罚实际上是重复处罚。④ 不过累犯再犯与立功不同的是，其能反映人身危险性。也就是说，累犯再犯是预防性情节，但不是预防刑情节。

　　第二，判断重心和方向不同。行为基底以涉案行为相关事实为判断重心，重视横切面判断；而行为人基底则以行为人相关事实为判断重心，重视

---

① 参见王利荣：《案外情节与人身危险性》，《现代法学》2006 年第 4 期。

② 参见张明楷：《责任刑与预防刑》，北京大学出版社 2015 年版，第 349 页。

③ 参见［意］贝卡利亚：《论犯罪与刑罚》，黄风译，中国方正出版社 2003 年版，第 83 页。

④ 参见樊文：《犯罪控制的惩罚主义及其效果》，《法学研究》2011 年第 3 期。

纵切面判断。行为基底主要是回顾式判断，而行为人基底则是在回顾过去的前提下作出前瞻式判断。

第三，行为与结果的重要性不同。以故意杀人为例，在行为基底思维模式下，杀死人一般比没杀死严重；但是在行为人基底思维模式下，考察再犯危险并不重点关注是否杀死。行为人思维模式更重视通过行为体现出来的人身危险性、再犯危险性，因此，行为特别是行为模式、性质而不是结果才是最重要的。如加拿大刑法典 753（1）（a）界定"危险犯"的特征就强调反复性的行为模式（a pattern of repetitive behaviour）、持续性的攻击行为模式（a pattern of persistent aggressive behaviour）以及残忍性质（brutal nature）且正常情况下难以抑制。

第四，同一要素的意义不同。以行为人年龄为例，在行为基底模式下，其主要的意义在于判断行为人是否具备责任能力；而在行为人基底模式下，其意义则在于判断行为人的犯罪活跃性，判断剩余犯罪生涯的长短。在行为基底思维模式下，20 岁与 40 岁的法律意义基本没有区别；但是在行为人基底思维模式下，20 岁与 40 岁在两个方面有重大不同：（1）由于 25 岁左右可能是累犯高峰，20 岁的罪犯意味着累犯风险非常高。（2）犯罪生涯剩余期限长短不一。假定 50 岁是犯罪生涯的结束年限，则 20 岁罪犯的犯罪生涯剩余期限是 30 年，40 岁罪犯的犯罪生涯剩余期限是 10 年。

第五，判断标准不同。以过失、故意为例，在行为基底模式下，故意以对结果的态度为主要标准展开判断；但是在行为人基底下，故意主要以行为人对行为的态度为标准展开判断。比如驾驶员因超速导致交通事故，在行为基底模式下，这是过失犯罪行为；但在行为人基底模式下，则属于增加再犯危险的"故意"行为。显然，行为人思维下故意过失的判断方法更类似美国刑法中的"要素分析法"。①

---

① See Robinson, Paul H, and Grall Jane A, "Element Analysis in Defining Criminal Liability: The Model Penal Code and Beyond", *Stanford Law Review*, 35（4）, pp.681–762.

第六，是否受禁止重复评价原则的限制不同。以行为基底为基础的判断不能对同一行为、情节进行重复评价；[1] 而以行为人为基底的判断，对以往已经行政、司法处理的行为、事件可以再次纳入，作为评价再犯危险的要素，而且往往属于最重要的判断要素。

第七，单个要素的影响力不同。在行为基底思维下，单个要素可以独立发挥作用，特别是法定情节尤其如此。而在行为人基底思维下，单个要素不能独立决定行为人的人身危险性大小，进而也就不可能独立决定裁判结果。我国缓刑司法实践就没有注意这一问题。如有的基层法院对具有前科的被告人一律排除缓刑适用，[2] 这就是典型的根据单个因素决定缓刑适用的表现。

我国学者正确地指出，犯罪人有无再犯罪的危险，是一个需要综合多方面的考量因素进行整体判断的过程，其一般并不可能在某一种具体情形中就可以得到完整的体现。一旦对可以适用缓刑的具体情形进行明确列举，可能导致法官忽视对影响犯罪人人身危险性的其他因素的考量。[3] 总之，行为人思维模式要求综合评估行为人的人身危险性、再犯可能性。我们不妨以一个案例来观察两种不同的思维模式对缓刑适用的影响。

案例1 "无名氏案"

2014年4月4日，刘某驾车撞伤一名行人。其在现场报警并随急救车至医院支付了抢救费用。后被害人不治身亡。公安机关认定刘某负事故全部责任。由于被害人身份不明，公安机关于4月15日在报纸上刊登寻尸启事。因无人认领，该尸体于6月6日被火化，刘某支付火化

---

[1] 参见陈兴良：《禁止重复评价研究》，《现代法学》1994年第1期；周光权：《论量刑上的禁止不利评价原则》，《政治与法律》2013年第1期。

[2] 参见张春平：《基层法院缓刑适用问题研究——以江西省F县人民法院2009—2014年缓刑适用数据为例》，硕士学位论文，江西财经大学，2016年。

[3] 参见敦宁：《缓刑适用的规范化进路——以制度完善为中心的理论探讨》，《法治研究》2014年第9期。

等费用 13500 元。肇事车辆投保有交强险和第三者责任险。晋源区法院认为：刘某驾驶机动车致一人死亡，负事故全部责任，构成交通肇事罪。刘某有自首情节，主动支付抢救、火化等费用，依法可从轻判处，遂以交通肇事罪判处其有期徒刑一年五个月。刘某提出上诉称，肇事车辆为全险，对本案赔偿有经济保障，愿对死者家属进行赔偿，只因该尸体无人认领而无法赔偿。刘某认为法院应指定赔偿对象或账户，便于其履行赔偿义务，从而对其适用缓刑。太原中院经审理认为，肇事车辆的交强险与第三者责任险共计 42 万元，刘某有赔偿意愿，一审对本案赔偿事实并未查清，故撤销原判，发回重审。但本案重审时，仍未能核实死者身份，也无法确定适格的附带民事诉讼原告，故仅对刑事部分作出了判决。由于重审并未发现新事实、新证据，晋源区法院作出了相同的判决。

晋源区法院工作人员认为，本案之所以未适用缓刑，主要原因在于被告人未赔偿且未取得谅解。该工作人员还指出，"结合目前实务界对属于过失性犯罪的交通肇事罪处理办法，在死者家属获得赔偿，被告人取得谅解的情况下，若被告人非累犯、自愿认罪，是符合缓刑适用条件的"。[1] 我们当然可以批评办案法官过于机械司法，但本案经上级法院发回重审仍然维持原判，足见"赔偿、谅解"情节对缓刑适用的决定性影响。[2] 这个案件也许无法说明，只要采用行为思维模式，单个情节就一定影响案件结果。笔者通过这个案件想说明的是，在行为人思维模式下，单个情节几乎不可能独立影响案件结果。如本案情形，行为人有赔偿意愿且具备赔偿能力，在行为人思维

---

① 王亮：《被害人为无名氏本案交通肇事罪如何更好适用缓刑》，《山西法制报》2015 年 10 月 26 日。

② 赔偿情况本是酌定情节，但在交通肇事、故意伤害等案件几乎成为缓刑适用"标配情节"。（参见徐小萍：《交通肇事案件中民事赔偿能否作为缓刑考量因素》，《江苏法制报》2016 年 1 月 14 日；张春平：《基层法院缓刑适用问题研究——以江西省 F 县人民法院 2009—2014 年缓刑适用数据为例》，硕士学位论文，江西财经大学，2016 年，第 19 页）

模式下，根本不会出现因为找不到被害人家属进而影响人身危险性评估结果的情况。

第八，对待动态要素的态度不同。行为基底思维模式只能以已经存在的静态事实进行判断并作出裁判；而行为人基底思维模式则必然要纳入动态因素，一些可以预见的动态因素都会纳入人身危险性评估范围。

四、小　结

以上三个方面的论证表明：缓刑既具有刑罚属性，也具有保安处分、社会防卫措施属性，而且后者乃其主要属性。缓刑的正当性根据要分阶段考察，在前提条件阶段和撤销缓刑执行实刑阶段，可以"并合论""综合论""二元论"等作为正当根据；在实质条件和缓刑适用、执行阶段，应以社会防卫作为正当根据——缓刑制度是社会防卫思想的产物并因其获得正当性。缓刑适用是以行为人为中心和逻辑起点的司法筛选活动，应坚持行为人思维模式。据此，解释缓刑实质要件，就应该以行为人为中心，以社会防卫必要性为目标指引。张明楷教授曾经指出，"缓刑基本上属于预防刑的裁量问题"[①]。就缓刑实质要件判断不应该围绕报应、责任刑情节展开而言，张明楷教授的判断是正确的；但他的判断仍局限在刑罚范围之内。笔者认为，预防刑考量属于缓刑前提要件阶段的问题，在实质要件阶段，主要考虑的是社会防卫必要性问题。因此，更准确地说，缓刑适用是一个"预防性"问题而不是一个"预防刑"问题。明白这一点，解释缓刑实质要件就有了方向。

---

① 　张明楷：《责任刑与预防刑》，北京大学出版社 2015 年版，第 395 页。

第三章　缓刑实质要件的解释

一、实质要件概述

　　缓刑（适用）实质要件（条件）是一种约定俗成的叫法，学者们在提到实质要件时往往直接指明其内容。如陈兴良教授在《刑法适用总论》一书中将一般缓刑的适用条件分为"对象条件"和"实质条件"两种，并指出："根据犯罪分子的犯罪情节和悔罪表现，适用缓刑确实不致再危害社会，是我国缓刑适用的实质条件。"[①] 笔者认为，这里的"实质"可以从多个角度来理解。一是相对于形式而言的实质。我国刑法规定的缓刑适用前提要件基本属于形式判断，如是否被判处拘役、三年以下有期徒刑，是否属于累犯或犯罪集团的首要分子，法官只需要作形式判断即可，也基本不会存在争议；相对而言，实质条件的内容则需要进行实质性判断。[②] 二是本质意义上的实质。即实质要件是和缓刑本质相联系的，是适用缓刑最具决定性的要件。实质要

[①]　陈兴良：《刑法适用总论》（下卷），法律出版社 1999 年版，第 579 页。

[②]　也有相反观点认为，对"没有再犯罪的危险"仅进行形式判断即可，不必进行实质判断。理由在于："没有再犯罪的危险"已经为刑法的评价体系所包含，在决定刑罚大小时已经进行了再犯罪危险判断；缓刑制度有考验期作为后盾，仅为宣告并不会导致这一制度的滥用；应当扩大缓刑的适用，以免短期监禁刑的弊害。此外，仅进行定性判断即可，不必进行定量判断。理由在于："没有"只有存在和不存在两个维度，因而是一种定性判断；缓刑以"犯罪情节较轻"为前提，仅进行定性判断不会致其被滥用。（参见李开胜：《"再犯罪的危险"罪刑观念问题研究——从缓刑宣告条件切入》，硕士学位论文，华东政法大学，2016 年）

件是体现缓刑制度法律属性、正当性根据、制度目的的要件。从这个意义上讲，实质要件属于适用缓刑的最关键①、最重要的条件。

我国刑法（法律）在不同时期对缓刑实质要件作了不同的规定。按时间顺序，可以概括为三个阶段、三种模式。

第一个阶段可谓"社会危害性模式"。1950 年 5 月 20 日，中央人民政府司法部在《关于假释、缓刑、剥夺公权等问题的解释》中指出，缓刑一般适用于对社会危害性较小的，处刑较短的，且依据具体情况又暂不执行为宜的徒刑。② 这是笔者查到的中华人民共和国时期缓刑制度的最早法源。根据这项规定，缓刑的实质要件似可理解为"社会危害性较小"且"暂不执行为宜"。"为宜"这个词虽然比较模糊，但足以表明包含刑事政策考量。因此，这一规定既强调犯罪的社会危害性，也强调其他不宜执行的政策性事由。1952 年 4 月 18 日，中央人民政府委员会第十四次会议批准的《中华人民共和国惩治贪污条例》（以下简称《惩治贪污条例》）规定了贪污罪的特别缓刑制度。其第五条规定："犯贪污罪而有下列情形之一者，得从轻或减轻处刑，或缓刑，或免刑予以行政处分：一、未被发觉前自动坦白者；二、被发觉后彻底坦白、真诚悔过并自动地尽可能缴出所贪污财物者；三、检举他人犯本条例之罪而立功者；四、年岁较轻或一向廉洁，偶犯贪污罪又愿真诚悔改者。"与《关于假释、缓刑、剥夺公权等问题的解释》不同，本条主要强调坦白、悔过、退赃这类罪后情节，同时涉及年龄、既往表现、偶犯这类情节，政策性考量非常明显。不过该条例第九条又规定："凡收买、盗取国家经济情报以谋取私利者，应按其违法所得的多寡和情节轻重，参酌本条例第三、四、五、八各条治罪。""违法所得的多寡"自然属于社会危害性情节。因此，从整体上来看，贪污罪特别缓刑仍然有社会危害性要求。换句话说，《惩治贪污条例》第五条的规定大致属于"暂不执行为宜"的情形。事

---

① 参见高铭暄主编：《刑法学原理》（第 3 卷），中国人民大学出版社 1993 年版，第 459 页。

② 转引自高铭暄主编：《刑法学原理》（第 3 卷），中国人民大学出版社 1993 年版，第 446 页。

实上 1953 年 12 月 26 日发布的《最高人民法院关于缓刑问题的复函》再次确认了"社会危害性"+"政策性事由"的实质要件："缓刑适用于对社会危害性不大，处刑较轻并因其他具体情况以暂不执行为宜的被告……"该复函还特别指出："按照惩治贪污条例草案的说明，用于贪污罪犯的死刑、无期徒刑和有期徒刑的缓刑，与上列第一点所述对社会危害性不大的一般案件的缓刑也不同。"即解释认为《惩治贪污条例》的缓刑与一般缓刑并不同。毫无疑问，《惩治贪污条例》的缓刑包括死刑、无期徒刑的缓刑，这一点确实不同；而《惩治贪污条例》的有期徒刑缓刑与一般缓刑几无区别，因为"缓刑主要是适用于坦白悔改或有立功表现的犯人。死刑缓刑和无期徒刑缓刑均须实行监禁，在监禁和强制劳动中加以考察，并根据其在缓刑期间的表现，决定执行原判或于缓刑期满时予以减刑改判。有期徒刑的缓刑，可以酌情在缓刑期内不予监禁，而在管制中加以考察"。[1]1954 年发布的《最高人民法院关于对被判处有期徒刑缓刑执行机关管制的贪污犯管制期满后应如何处理问题的函》（法行字第 10966 号）也指出："贪污犯被判处有期徒刑，宣告缓刑，执行机关管制者，管制期满，一般须执行管制的机关首长批准，即可宣布解除管制，并报告同级人民法院备查。被告如在管制期间，坚持错误，不肯悔罪，执行管制的机关认为需要延长管制或应执行徒刑时，得提出意见，送请同级人民法院审查决定。"可见，一般缓刑与《惩治贪污条例》的有期徒刑缓刑基本上是相同的。不过在 1956 年以后，贪污罪有期徒刑缓刑制度被取消了，[2] 两种缓刑制度于是合二为一。综上，在 1979 年刑法通过之前，我国一般缓刑的实质要件强调"社会危害性较小"且"暂不执行为宜"，社会危害性居于突出地位，这也与我国当时坚持的"社会危害性中心论"[3] 相吻合。

第二个阶段可谓"确实不致再危害社会模式"。1979 年刑法第六十七条

① 彭真：《关于中华人民共和国惩治贪污条例草案的说明》，《人民日报》1952 年 4 月 22 日。
② 参见高铭暄主编：《刑法学原理》（第 3 卷），中国人民大学出版社 1993 年版，第 449 页。
③ 参见陈兴良：《社会危害性理论——一个反思性检讨》，《法学研究》2000 年第 1 期。

规定:"对于被判处拘役、三年以下有期徒刑的犯罪分子,根据犯罪分子的犯罪情节和悔罪表现,认为适用缓刑确实不致再危害社会的,可以宣告缓刑。"1997年刑法基本继承了1979年刑法的规定。该法第七十二条规定:"对于被判处拘役、三年以下有期徒刑的犯罪分子,根据犯罪分子的犯罪情节和悔罪表现,适用缓刑确实不致再危害社会的,可以宣告缓刑。"两相对比,后者少了"认为"两字。这是因为有学者认为1979年刑法的表述偏重了审判人员的主观判断,且危害社会的概念过宽不易把握,故主张将"认为"删去。① 笔者认同陈兴良教授的评价,尽管删去了"认为"两字,但两部刑法的规定其实是一样的,即核心都在于"不致再危害社会"。何为"不致再危害社会"? 就是犯罪分子不会再次实施违法犯罪行为,危害社会安全稳定、侵犯公民合法权益。显然,这个阶段的实质要件已经转向罪犯再犯危险性的预测。

第三个阶段可谓"四要素模式"。2011年通过的刑法修正案(八)对缓刑制度作了较大修正。单就实质要件而言,刑法修正案(八)作了四方面的改动:

一是确立了并列四要素的结构。1979年刑法和1997年刑法都采用了"根据……(认为)……"的语法结构。在这个结构里,"根据"部分是判断材料,重心和结论在"认为"部分,即缓刑实质条件就是"确实不致再危害社会"。但是刑法修正案(八)的语法和逻辑结构发生了明显改变,"同时符合下列条件"表明立法者对缓刑实质条件采用了并列模式,即犯罪情节、悔罪表现、再犯罪危险、社区影响并列为缓刑实质要件的四个组成要素。②

二是强调犯罪情节"较轻"。修正案(八)之前并未专门强调犯罪情

---

① 参见周道鸾等主编:《刑法的修改与适用》,人民法院出版社1997年版,第194页。转引自陈兴良:《刑法适用总论》(下卷),法律出版社1999年版,第584页。

② 也有观点将这四个要素统称为"实体条件",而将再犯罪危险、社区影响两个要素称为"实质性条件"。(参见赵秉志主编:《刑法修正案(八)理解与适用》,中国法制出版社2011年版,第115、121页)

节"较轻"，而是强调根据"犯罪情节和悔罪表现"来判断是否"确实不致再危害社会"。这两种规定有无区别？笔者认为区别是非常大的。首先，从逻辑上讲，既然要求根据"犯罪情节"来判断，当然暗含了犯罪情节"较轻"的意思。不过根据之前的规定，犯罪情节和悔罪表现是综合衡量、一体衡量，就可能出现犯罪情节虽然不是较轻，但悔罪表现非常好的情形。根据之前的规定，这种情形完全可能适用缓刑。但是根据修正案（八）的规定，"犯罪情节较轻"必须要进行独立判断，这就排除了前述情形适用缓刑的可能。其次，两者"较轻"的参照点可能会不同。由于之前的规定并未专门强调"犯罪情节较轻"，因此，"较轻"的衡量主要是由法官进行相对性判断，参照点选择就可能比较随机，既可能离"绝对零点"较远，也可能离"绝对零点"较近。而根据修正案（八）的规定，参照点就有可能更加趋近于"绝对零点"。总之，修正案（八）的规定，从字面意义上讲可能会缩小缓刑的适用范围。此外，本要件"犯罪情节"的内涵也不是很清楚，有待厘清。

三是新增了"没有再犯罪的危险"的表述。应该说，"不致再危害社会"和"没有再犯罪的危险"意思比较接近，以至于很多学者认为是用"没有再犯罪的危险"替换了"不致再危害社会"。笔者认为，两者体现的内核并未发生变化，但还是有所不同。首先，再犯罪的危险是个国际通用的专业术语；其次，"再犯罪的危险"的外延要比"再危害社会"小，因为"危害社会"既可能包括"犯罪危险"，也可能包括一般的治安违法行为；最后，从字面上看，"不致再危害社会"与犯罪情节、悔罪表现是"母子关系"，"没有再犯罪的危险"与犯罪情节、悔罪表现是"兄弟关系"。

四是新增了对社区影响的考察。即对犯罪人适用缓刑不会对其所居住社区的安全、秩序和稳定带来重大不良影响。[①] 有学者认为，新增这一要素实际上表明我国采取了一种"无再犯可能性"与"社区公共秩序"的立法模式，

---

① 参见王尚新主编：《中华人民共和国刑法解读》，中国法制出版社 2011 年版，第 100 页。

强调维护社会公共秩序与保障社区居民安宁权。①

综上，从字面规定上看，现行刑法的规定似乎比前两个阶段的规定更加细化、更加具体。不过新规定也增加了新的模糊之处，甚至导致了潜在的逻辑冲突。也正因为如此，在修正案（八）通过数年之后，学术界对缓刑实质条件仍然没有形成清晰的统一观点。而实务界则依然认为缓刑适用条件过于模糊，感到无所适从。

结合三个阶段的不同规定，我们可以看到：在第一阶段，法律对缓刑实质要件的要求是回顾式的，即强调已经造成的社会危害性；在第二个阶段，法律的要求是前瞻式的，即强调罪犯不会再给社会造成危害；而在第三个阶段，法律规定则成了一个大杂烩，实质要件的特点反而被湮没了。笔者认为，单从立法明确性这个角度来讲，现行刑法的规定算是一个退步。本部分的研究，正是企图让我国的缓刑实质要件变得清晰起来。为此，我们既要关注学者们的研究成果，也要总结法官们的集体实践，并在反复关照理论和实践的基础上，进一步挖掘、明晰缓刑实质要件的内涵。

二、犯罪情节较轻

（一）学者眼里的"犯罪情节较轻"

要明确"犯罪情节较轻"的含义，关键就是要厘清"犯罪情节"的范围。不过何为这里的"犯罪情节"，目前尚未有统一的权威说法。

统编教材笼统地指出，情节较轻"是指在符合本罪构成要件事实中不具有该罪较重情节，以及其犯罪前后的表现中，不具有应给予较重否定评

---

① 参见佘博通：《我国缓刑适用研究》，博士学位论文，吉林大学，2014年，第59页。

价的事实"。① 这一论述将犯罪情节与"构成要件事实"相联系，根据该教材主张的四要件体系，犯罪情节自然应该理解为综合性情节，即既包括定罪情节，也包括量刑情节；既包括社会危害性情节，也包括人身危险性情节。这种观点可谓我国学界的传统、主流见解。如左坚卫教授认为，对犯罪情节是否较轻的判断，只能是一种综合评判，评判的根据应当是犯罪事实所体现出的犯罪人的主观恶性及犯罪所具有的客观危害。② 陈兴良教授也曾主张这里的犯罪情节是一个综合性的概念，并从犯罪性质、犯罪动机、犯罪手段、犯罪内容、犯罪对象、损害结果、主体情况等方面予以分析。③ 不过即便坚持"综合情节说"，不同学者之间的观点也有细微差别。喻伟教授根据当时的刑法规定认为，"刑法规定的预测根据是犯罪情节和悔罪表现，这两个方面的内容十分广泛，包括多层次的各种因素，然而，从根本上理解，既然成为实质要件的根据，它的实质的核心内容可以归结到人身危险性或称主观恶性这个问题的焦点上，人身危险小，小到不足以再危害社会，'确实不致再危害社会'才有现实的可能性。因此，我们主张，集合案件的各种情况和主、客观因素，集中考察人身危险性，是判断'确实不致再危害社会'所必要的符合立法精神最本质的基准点，并且是实现正确预测，合乎科学性的最佳途径"。④ 不难看出，喻伟教授坚持"综合条件说"，但并未平等对待各种情节，而是明显偏向于跟人身危险性有关的情节。赵秉志教授主编的《刑法修正案（八）理解与适用》也基本坚持"综合情节说"，认为犯罪情节较轻，"既可以指定罪情节较轻，也可以指量刑情节较轻，是指犯罪构成事实、定罪剩余的犯罪构成事实、犯罪构成事实以外的犯罪事实三个条件中有一个或者几个的程度较轻。犯罪情节较轻可以表现为犯罪行为的手段、造成的结果、社会影响、侵害的法益等

---

① 高铭暄、马克昌主编：《刑法学》，北京大学出版社 2014 年版，第 285 页。
② 参见左坚卫：《缓刑制度的理论与实务》，中国人民公安大学出版社 2012 年版，第 68 页。
③ 参见陈兴良：《刑法适用总论》（下卷），法律出版社 1999 年版，第 581 页以下。
④ 喻伟：《缓刑制度与刑事政策》，《法学评论》1992 年第 3 期。

较轻"。① 这种观点一方面并不要求犯罪情节整体较轻，而只需要"一个或者几个的程度较轻"，另一方面强调表现在手段、结果、社会影响、法益上，即似乎更重视犯罪的客观危害较轻。

带有立法机关官方色彩的《中华人民共和国刑法解读》（以下简称《刑法解读》）则认为，"犯罪情节较轻"是指犯罪人的行为性质不严重、犯罪情节不恶劣。② 这种解读虽然也是惜墨如金，语焉不详，不过仔细斟酌还是可以发现，《刑法解读》似乎倾向于将犯罪情节理解为人身危险性情节、再犯危险性情节，③ 因为其特别强调性质不严重、情节不恶劣。这也可以从《刑法解读》的论证中得到印证："是否可以适用缓刑的关键是看适用缓刑的犯罪分子是否具有社会危害性，只有不予关押不会危害社会的，才能适用缓刑。……是否具有社会危害性，应当根据犯罪分子的犯罪情节、悔罪表现、有无再犯的危险以及宣告缓刑是否会对所居住社区造成重大不良影响四个条件综合加以判断。"④《刑法解读》虽然使用了"社会危害性"一词，但是这里的社会危害性是与犯罪分子而不是犯罪行为相联系的，是与"不予关押"相联系的，所以这里的"社会危害性"实际上是指人身危险性、再犯可能性。

综上，对于何谓"犯罪情节较轻"，我国学界可谓众说纷纭，有的坚持"综合情节说"，有的坚持"人身危险性情节说"。坚持"综合情节说"的学者也存在差异，有的平衡看待各种情节，有的强调人身危险性情节，有的强调客观危害情节。

---

① 赵秉志主编：《刑法修正案（八）理解与适用》，中国法制出版社 2011 年版，第 115 页。

② 参见王尚新主编：《中华人民共和国刑法解读》，中国法制出版社 2011 年版，第 100 页。

③ 人身危险性是一个"危险"而含混的概念。笔者认为，首先要区分作为所谓犯罪本质特征之一的抽象的人身危险性与存在意义上的作为刑罚、保安处分根据的人身危险性；其次，人身危险性要和狭义的犯罪人格相区分，人身危险性的范围大于犯罪人格；最后，人身危险性和再犯危险性也有所不同。本书人身危险性和再犯罪危险性大体在相同意义上使用，但有时候也区别使用。两者的细微区别是：人身危险性可以包含初犯可能性；再犯可能性主要强调再次实施犯罪的概率，而人身危险性还可表示再次实施的违法犯罪行为的危害性大小；再犯可能性与环境因素有关，而人身危险性强调个体要素。

④ 王尚新主编：《中华人民共和国刑法解读》，中国法制出版社 2011 年版，第 100 页。

那么法官们在司法实践中更倾向于作何理解呢?

(二)法官眼里的"犯罪情节较轻"

从为数不多的文献来看,法官们似乎更青睐"综合情节说"。如有法官认为,犯罪情节较轻就是综合考虑案件的定罪情节和量刑情节后,认为犯罪行为人的行为社会危害程度较轻与人身危险性较小。[①] 体现最高法院意志的《刑事审判参考》第 1003 号指导案例 [②] 也持这样的见解。该案裁判理由区分了情节加重犯之"情节"与缓刑适用条件之"情节",并且认为宜将缓刑适用条件的"犯罪情节较轻"界定为立法的特别提示性规定,即"犯罪情节较轻"意在限制缓刑的适用,将一些虽然判处拘役、三年以下有期徒刑,但经整体评价社会危害性大、主观恶性深的罪犯排除在适用缓刑之外。作者进一步指出:

> 评价犯罪分子是否符合缓刑适用条件的"犯罪情节较轻",要综合评价犯罪分子的主观和客观方面,既要考虑刑法分则或者司法解释规定的量刑情节,又要在评价犯罪行为本身情节轻重的基础上,考察个案中是否还存在支撑对其选择较为轻缓的刑罚执行方式的特殊事实依据和理由。具体要从犯罪构成的四个方面进行把握:
>
> ......
>
> (3)关于犯罪客观方面,包括危害行为、危害结果及犯罪对象等方面。对于未造成严重后果、被害人身心受伤害较小或者取得被害人谅解的犯罪可以考虑认定为犯罪情节较轻。而对于犯罪手段残忍、被害人身心受到严重伤害、对老人和儿童等弱势群体实施的犯罪,则不宜认定为

---

① 参见王玮:《对刑法修正后我国缓刑适用条件之理解》,《山东审判》2012 年第 4 期。

② 参见最高人民法院刑事审判第一至五庭:《刑事审判参考》(总第 99 集),法律出版社 2015 年版,第 4 页。

犯罪情节较轻。若犯罪后果未发生，或者已发生但在事后得到完全或者大部分弥补的，也可以认定为犯罪情节较轻，如预备犯、中止犯等。

......

可见，第1003号指导案例传递的信息是：缓刑实质要件中的"犯罪情节"比法律情节的范围更广，甚至包括法律之外的"特殊事实依据和理由"。但不管怎么说，既包括定罪情节，也包括量刑情节；既包括社会危害性情节，也包括人身危险性情节。

那么这种理解是不是全国大多数法官的立场呢？要了解法官们的立场，既要看他们怎么说，也要看他们怎么做。为此，我们做了一个简单的验证。如果大多数法官都坚持"综合情节说"立场，那么，我们就能证实以下假设。

假设1：缓刑犯的平均宣告（实刑）刑期低于非缓刑犯的平均宣告（实刑）刑期。

假设2：与被判处有期徒刑的罪犯相比，拘役犯更可能被宣告缓刑，进而其缓刑适用率①更高。

为什么可以提出这两个假设？因为既然将"犯罪情节较轻"理解为对犯罪情节综合轻重的评价，而宣告刑恰恰是综合考虑所有犯罪情节后的裁量结果，那么宣告刑就可以用来表征犯罪情节的轻重——即便宣告刑包含了预防考量，但责任刑的权重也远远大于预防刑的权重。这种理解与我国刑法的量刑原则完全吻合。我国刑法第六十一条规定："对于犯罪分子决定刑罚的时候，应当根据犯罪的事实、犯罪的性质、情节和对于社会的危害程

---

① 本部分总缓刑适用率为缓刑适用总人数与三年以下有期徒刑、拘役罪犯总数的比率，个罪缓刑适用率为个罪缓刑人数与个罪三年以下有期徒刑、拘役总人数的比率。

度，依照本法的有关规定判处。"另外，最高人民法院《关于常见犯罪的量刑指导意见》（以下简称《量刑指导意见》）也支持这种理解。该意见规定的量刑步骤为：（1）根据基本犯罪构成事实在相应的法定刑幅度内确定量刑起点；（2）根据其他影响犯罪构成的犯罪数额、犯罪次数、犯罪后果等犯罪事实，在量刑起点的基础上增加刑罚量确定基准刑；（3）根据量刑情节调节基准刑，并综合考虑全案情况，依法确定宣告刑。从这个量刑步骤可以看出，尽管宣告刑还会考量其他因素，具有一定的自由裁量空间，但主要还是犯罪情节综合轻重的体现，是对犯罪情节综合评价的结果。此外，缓刑的适用对象既包括被判处三年以下有期徒刑的罪犯，也包括被判处拘役的罪犯。根据前述规则，被判处拘役的罪犯，其犯罪综合情节显然应比被判处有期徒刑的罪犯更轻。

我们以第一章介绍的裁判文书数据库为样本依次对两个假设进行了检验。

首先，我们以是否适用缓刑作为分组标准，对所有判处三年以下有期徒刑、拘役罪犯的宣告刑进行了独立样本 T 检验。由于部分罪犯可能犯有数罪，为了排除数罪对宣告刑的影响，我们还剔除了数罪并罚的案件。结果发现：缓刑犯的平均宣告刑期约为 438 天，非缓刑犯的平均宣告刑期约为 370 天，两者相差约 68 天，统计结果具有显著性。也就是说，恰恰是犯罪情节相对较重的罪犯被适用了缓刑。由于我们的案例包括 2011 年之前的案例，我们又分别对 2011 年之前和 2011 年之后的情况进行了检验。结果依然如此：2011 年之前判决的案件中，缓刑犯的平均宣告刑期约为 500 天，非缓刑犯的平均宣告刑期约为 413 天，两者相差约 87 天。2011 年之后判决的案件中，缓刑犯的平均宣告刑期约为 421 天，非缓刑犯的平均宣告刑期约为 354 天，两者相差约 67 天。为保险起见，我们又分刑种进行了检验。2011 年之前判决的三年以下有期徒刑案件中，缓刑犯的平均宣告刑期约为 558 天，非缓刑犯的平均宣告刑期约为 495 天，两者相差约 63 天。2011 年之前判决的拘役案件中，缓刑犯的平均宣告刑期约为 137 天，非缓刑犯的平均宣告刑期约为 123 天，两者相差约 14 天。2011 年之后判决的三年以下有期徒刑案件中，缓刑犯的平均宣告刑期约为 482 天，非缓刑犯的平均宣告刑期约为 408 天，两者相差约 74 天。2011 年之后判决的拘役案件中，缓刑犯的平均宣告刑期约为 131 天，非缓刑犯的平均宣告刑期约为 129 天，两者相差约 2 天；尽管本类案件中，缓刑犯只比非缓刑犯多两天，但统计结果仍然具有显著性。

其次，我们检验了拘役犯和三年以下有期徒刑犯的缓刑适用率。结果显示：被判处三年以下有期徒刑的罪犯中，宣告缓刑的占 38.5%；而被判处拘役的罪犯中，宣告缓刑的只有 33.6%。

总之，两个角度的检验，结果都惊人的一致：恰恰是"犯罪情节较重"的罪犯反而更容易被宣告缓刑。

这到底是怎么回事？是法官们言不由衷、"说一套做一套"还是更倾向于将"犯罪情节较轻"解释为"人身危险性、再犯危险性情节较轻"？如果是后者，岂不意味着全国大多数法官都不尊重《刑事审判参考》指导案例精神？当然，还有一种可能就是，统计结果背后另有真相。比如部分法官们没有严格按照他们对法律的理解来适用缓刑，大量对高实刑刑期（比如有期徒刑三年）罪犯适用了缓刑，进而拉高了缓刑犯的平均实刑刑期。后一个猜测颇有些"以小人之心度君子之腹"的味道，不过笔者还是对有期徒缓刑犯的实刑刑期做了频次分析，结果表明：在 283191 名有期徒刑缓刑犯中，实刑为 1 年的最多，占 24.3%；实刑为 3 年的居次席，占 17.1%；实刑为半年的居第三，占 13.9%。更重要的是，紧挨着 3 年的其他相对较长的刑期，适用缓刑的数量都不突出。比如，实刑为 2 年 10 个月的只占 0.1%；实刑为 2 年半的只占 1.8%。不难看出，在高刑期阶段，3 年是一个特别受偏爱的数字。

可是法官们为什么要青睐实刑刑期更长的罪犯呢？奥妙或许在于，三年有期徒刑是适用缓刑的"天花板"，高于这个刑期，就无法适用缓刑了。而有些罪犯对应的法定刑档次可能在三年以上，为了让他们获得缓刑宣告，法官只能将他们从轻或减轻处罚至三年有期徒刑这个临界点上来。如一份调查报告就某市法院缓刑适用存在的问题指出："减轻处罚后适用缓刑率较高。2013 年至 2014 年底个别基层法院缓刑案件中有高达 81.9% 的案件是经减轻处罚后适用缓刑的……"① 应当承认，并非所有被判处 3 年实刑进而被宣告缓刑的案例都一定存在"权力寻租"，都是"关系案""人情案"，但至少可以肯定，法官们于此滥用自由裁量权的可能性很大。

与此同时我们还发现，尽管从整体上讲缓刑犯的平均刑期长于非缓刑犯，但从数量上讲，还是"犯罪情节较轻"的缓刑犯更多。在适用数量前十的刑期中，实刑 1 年的占 24.3%，排名第一；实刑 6 个月的占 13.9%，排名第三；实刑 8 个月的占 6.6%，排名第六；实刑 10 个月的占 6.4%，排名第七；实刑 7 个月的占 3.8%，排名第八；实刑 9 个月的占 3.5%，排名第九。如果将有期徒刑 2 年及以下视为"犯罪情节较轻"，则 80.2% 的缓刑犯都在这个范围内；如果再扣除掉 17.1% 被判处 3 年有期徒刑的罪犯，位于 2 年有期徒刑至 3 年有期徒刑这个区间内的罪犯只有 2.7%。如此看来，"犯罪情节较重"的罪犯更容易被宣告缓刑其实只是一个假象，其面纱下面掩藏的是部分法官操纵缓刑前提条件的真相。并且这种操纵从形式上讲并未违反法律的规定，从实质上讲也很难说不合理，但确实违背了他们自己对"犯罪情节较轻"的理解，出现了"自己反对自己"的悖论。也正是针对这种情况，有学者提出了"缓刑适用应受责任刑的制约"的命题，认为因减轻处罚才降至三年有期徒刑之下刑罚的罪犯不得适用缓刑。②

为了进一步确证前述判断，笔者还对刑事法律人进行了调查。为此，笔者在调查问卷中专门设计了两道题目（附录 A 第 12、14 题）。第 12 题（"受虐妇女案"）的题干为："被告人甲长期遭受丈夫虐待。某晚，甲的丈夫又将她打得皮开肉绽，并声称第二天会打死她。甲在丈夫睡觉时将其杀害。

---

① 课题组成员：《科学规范缓刑适用正确发挥刑罚功能——山东省德州中院关于缓刑适用情况的调研报告》，《人民法院报》2015 年 4 月 16 日。

② 参见叶良芳：《缓刑适用应受责任刑的制约——以国内最大基金老鼠仓案为分析重点》，《法学》2014 年第 9 期。

后甲被判处 3 年有期徒刑。假如您是法官，会对甲宣告缓刑吗?"第 14 题
("扒窃案")的题干为:"被告人乙经常搞小偷小摸。某日，乙因扒窃一位
老人 30 元钱被便衣民警当场抓获。后乙被判处拘役 3 个月。假如您是法官，
会对乙宣告缓刑吗?"第 12 题涉及的是社会危害后果特别严重但再犯可能
性小的情形，第 14 题涉及的是社会危害后果较小但再犯可能性大的情形。

表 3-1 "受虐妇女案"调查结果

			受虐妇女案		合计
			会	不会	
职业	刑事立法	计数	0	1	1
		行百分比	0	100	100
	刑事侦查	计数	19	9	28
		行百分比	68	32	100
	刑事检察	计数	30	49	79
		行百分比	38	62	100
	刑事辩护（含法律援助）	计数	41	39	80
		行百分比	51	49	100
	刑事审判	计数	23	51	74
		行百分比	31	69	100
	刑事执行（含社区矫正）	计数	28	52	80
		行百分比	35	65	100
	法学研究	计数	19	7	26
		行百分比	73	27	100
	其他	计数	32	30	62
		行百分比	52	48	100
合计		计数	192	238	430
		行百分比	45	55	100
p=0.00					

从表 3-1 可以看到，74 名刑事法官回答了"受虐妇女案"，其中，23
名回答"会"，占 31%；51 名回答"不会"，占 69%。刑事检察人员的回答
也大致一致，38% 的回答"会"，62% 的回答不会。但是刑事侦查人员、刑

事辩护人员、法学研究人员的回答明显相反，尤其是法学研究人员中，73%的人认为"会"适用缓刑。尽管刑事法官们的立场并不是铁板一块，但三分之二的人选择"不会"适用缓刑，从整体上看，他们确实非常看重案件造成的社会危害结果。

与"受虐妇女案"不同，所有群体在"扒窃案"上的整体立场惊人地保持了一致。其中，74名刑事法官有17名选择"会"，占23%；57名选择"不会"，占77%。即刑事法官和其他群体都认可：缓刑适用应该考虑人身危险性、再犯可能性。不过本题统计结果P值（0.661）过高，表明差别无统计学意义。

表 3-2 "扒窃案"调查结果

			扒窃案		合计
			会	不会	
职业	刑事立法	计数	0	1	1
		行百分比	0	100	100
	刑事侦查	计数	10	18	28
		行百分比	36	64	100
	刑事检察	计数	25	54	79
		行百分比	32	68	100
	刑事辩护（含法律援助）	计数	23	57	80
		行百分比	29	71	100
	刑事审判	计数	17	57	74
		行百分比	23	77	100
	刑事执行（含社区矫正）	计数	22	58	80
		行百分比	28	73	100
	法学研究	计数	11	15	26
		行百分比	42	58	100
	其他	计数	17	45	62
		行百分比	27	73	100
合计		计数	125	305	430
		行百分比	29	71	100
p=0.661					

结合裁判文书数据统计结果和问卷调查统计结果，可以肯定：我国绝大多数法官更倾向于对"犯罪情节较轻"做综合性理解。或者说，他们认为缓刑实质条件既应该考量社会危害性情节、责任刑情节，也应该考量人身危险性情节、预防刑情节。而且奇妙的是，法官们的这种理解还比较稳定，没有受刑法修正案（八）的影响。统计结果同时意味着，在缓刑问题上，我国法官采纳了报应预防兼具的并合主义立场。

（三）"犯罪情节较轻"之体系解释

然而多数法官、学者坚持某种立场，并不意味着这种立场就完全合理。如前所述，并合主义可以作为缓刑制度的正当化根据之一；但采并合主义并不意味着缓刑实质条件也要纳入报应因素。这是对"犯罪情节较轻"进行体系解释的必然结果。

所谓体系解释，是指根据刑法条文在整个刑法中的地位，联系相关法条的含义，阐明其规范意旨的解释方法。[①] 简单地讲，体系解释既要从整体审视局部，也要从局部反观整体，还要求局部之间互相关照。只有进行体系解释，才能保证刑法不同条文之间、不同刑法制度之间、同一条文内部、同一制度内部不会出现冲突和抵牾。刑法典是正义的文字表述，刑法典也是正义的理性表述，我们无法想象立法者会专门制定互相冲突的法律，尤其是在同一规范、同一制度内部。因此，如果根据字面含义理解，刑法条文出现了体系性冲突，那么就需要对导致冲突的条文进行重新解释。

具体到缓刑实质要件之"犯罪情节较轻"，如果将其解释为"犯罪综合情节"较轻，即认为这里的犯罪情节包括社会危害性情节、责任刑情节，不但会造成规范冗余，而且会在缓刑制度内外造成冲突。具体地说，会带来如下体系性冲突。

---

① 参见张明楷：《刑法学》，法律出版社 2016 年版，第 36 页。

第一，将导致"双重报应"。我国的缓刑适用要件体系采用了"前提要件＋实质要件"的递进模式，而在前提要件里，已经纳入了报应考量。自1979年刑法以来，我国缓刑适用的对象一直限定在被判处拘役和三年以下有期徒刑的罪犯这个狭窄范围内，而拘役和三年以下有期徒刑本身即意味着社会危害性情节、责任刑情节较轻。这与其他国家的立法模式明显不同。比如在世界头号缓刑大国美国，各州立法基本未对适用缓刑的刑期作出限定，而主要根据犯罪性质、犯罪前科来限制缓刑适用范围。即便有三个州有刑期限制，刑期范围也非常宽，其中2个州限制在10年以下监禁范围内，1个州限制在5年以下监禁范围内。① 一项缓刑比较研究发现，在全世界范围内，缓刑主要适用于"中层罪犯"（middle-range offenders），但许多国家也允许适用于严重犯罪（serious offences）。② 事实上新中国成立初期的贪污罪缓刑制度也是没有明确刑期限制的。彭真在《关于中华人民共和国惩治贪污条例草案的说明》中指出："对于死刑、无期徒刑和有期徒刑，均得酌情予以缓刑。缓刑主要是适用于坦白悔改或有立功表现的犯人。……有期徒刑的缓刑，可以酌情在缓刑期内不予监禁，而在管制中加以考察。"③ 这说明，贪污罪有期徒刑罪犯都可适用特别缓刑。1953年12月26日发布的《最高人民法院关于缓刑问题的复函》也指出："缓刑适用于对社会危害性不大，处刑较轻并因其他具体情况以暂不执行为宜的被告……"这里只提到处刑较轻，并未限定在某个特定的刑期范围内。因此，在这种模式下，实质要件包含社会危害性情节、责任刑情节是合理的。而现行刑法已明确将缓刑适用对象限制为被判处拘役和三年以下有期徒刑的罪犯，自无再强调社会危害性意义上的"犯罪情节较轻"之必要。

---

① See Department of Social Affairs, *Probation and Related Measures*, New York: United Nations, 1951, p.99.

② See Hamai, Koichi, et al（eds）, *Probation Round the World*, New York:Routledge, 2005, p.188.

③ 彭真：《关于中华人民共和国惩治贪污条例草案的说明》，《人民日报》1952年4月22日。

第二，与再犯规律不符。社会危害性大、责任刑情节严重，并不意味着再犯危险大。格鲁克夫妇（Sheldon Glueck and Eleanor T. Glueck）在 20 世纪的研究发现，犯罪轻重（Seriousness of Offense）与假释考验期结束后是否犯罪几乎没有关系。[1] 还有研究发现，犯罪严重性与高再犯风险没有直接关联（the severity of the offence is not directly associated with an increased risk of recidivism）——这个规律有违直觉却富有洞见。[2] 应该说，以上发现从逻辑上讲也是没有疑问的。比如罪犯甲交通肇事造成 3 人死亡，罪犯乙交通肇事造成 3 人重伤，难道罪犯甲的再犯危险就一定比罪犯乙高？恐怕不一定。因为甲可能是因为并线技术差导致事故，而乙可能是酒后驾车造成事故。罪犯丙因为虚荣盗窃一只 iPhone，罪犯丁以盗窃为业，连续盗窃数家人果树上的数百斤苹果，我们同样无法根据责任刑轻重来判断再犯危险。事实上本书 logistic 回归分析结果表明，"实刑刑期"与"是否累犯"的回归系数为 0，即实刑刑期长短与是否累犯没有关系。

第三，将导致逻辑矛盾。如果将"犯罪情节较轻"理解为"定罪情节 + 量刑情节""责任刑情节 + 预防刑情节"综合较轻，实际上就意味着根据宣告刑进行再次筛选。那么，在拘役至三年有期徒刑这个区间内，刑期越靠近三年有期徒刑的罪犯就越不能被宣告缓刑，因为他们必然"犯罪情节较重"。显然，这个结论十分荒谬，也与司法实践不相吻合。

第四，将进一步增加缓刑适用条件的模糊性，减弱缓刑适用的操作性。最简单的例子就是，如果罪犯社会危害性较大，但预防必要性较小；或者社会危害性较小，但预防必要性较大，法官该如何平衡？"就刑罚的裁量而言，报应刑与预防刑的关系是最难处理的问题。"[3] 缓刑实质条件本

---

[1] Glueck S, Glueck E T, "Predictability in the Administration of Criminal Justice", *Harv. L. Rev.*, 1928（42），p.297.

[2] See Georgia Zara, David P Farrington, *Criminal Recidivism: Explanation, Prediction and Prevention*, New York:Routledge, 2016, p.11.

[3] 张明楷：《责任刑与预防刑》，北京大学出版社 2015 年版，第 99 页。

来就比较抽象，现在又加入报应刑与预防刑的"二律背反"问题，①岂非徒增烦恼？

综上所述，将"犯罪情节较轻"解释为综合情节较轻，特别是解释为社会危害性较小、责任刑情节较轻，既没有学理上的正当性，也没有事实依据。缓刑实质条件的"犯罪情节较轻"只能解释为"犯罪（人身危险性）情节较轻"或"（再）犯罪（危险性）情节较轻"，即由犯罪种类（比如是否暴力犯罪）和犯罪行为（比如是否手段残忍）体现出来的人身危险性、再犯危险性较轻；考虑到缓刑前提要件已经考虑了报应因素，缓刑实质要件应主要考虑社会防卫因素。如前所述，我国的缓刑正当根据应采"两阶段论"：在前提要件阶段考察报应刑和预防刑因素，满足前提要件即满足了报应刑、预防刑要求；在实质要件阶段考察预防性因素、社会防卫因素，应主要从人身危险性、再犯罪可能性的角度来解释"犯罪情节较轻"和其他缓刑实质要件要素。

三、有悔罪表现

统编教材认为，"有悔罪表现"是指行为人对自己的罪行真诚悔悟，能够认识到错误，并有具体真诚悔悟、悔改的意愿和行为，比如积极向被害人道歉、赔偿被害人的损失、获得被害人的谅解等。②张明楷教授认为，悔罪表现是指犯罪后悔恨自己罪行的表现，如犯罪后积极退赃，真诚向被害人道歉，在羁押期间遵守监管法规，等等。③应该说，这些论述基本一致，也基本正确。但这些论述过于偏重列举悔罪的表现形式，而未深入挖掘悔罪的规范含义。笔者认为，有悔罪表现的核心有两个要素，一要悔

---

① 参见张明楷：《责任刑与预防刑》，北京大学出版社 2015 年版，第 95 页。
② 参见高铭暄、马克昌主编：《刑法学》，北京大学出版社 2014 年版，第 285 页。
③ 参见张明楷：《刑法学》，法律出版社 2016 年版，第 614 页。

罪，二要有表现。悔罪的规范意义应指罪犯认识到自己行为的不法性（认识到自己的行为是错误的、不好的），为此感到后悔，并以实际行动改过自新或表明会改过自新。因此，仅仅愿意承担刑事责任或愿意认罪，并不等于悔罪。特别是在事实上存在"辩诉交易"、大力推行认罪认罚从宽制度的情形下，认罪就完全不能等同于悔罪。悔罪体现了罪犯对自己既往罪行的反对态度，进而也就体现了对再次犯罪的自我抑制，表明其再犯罪可能性小。因此，从抑制犯罪的角度讲，悔罪是比认罪更进一步的行为。所谓表现，就是悔罪要体现为实际行动，而不仅仅是一种主观态度或心理活动。具体地说，有悔罪表现，首先就要认罪，不认罪则无所谓悔罪；其次要采取各种方法弥补犯罪，如精神上的道歉或物质上的赔偿；最后要悔改，即已经有改过自新的行为，或以行为表明会改过自新，绝不再犯。因此，悔罪表现是认罪、赔罪、改罪的有机结合，是悔罪态度和悔罪行为的结合体。

悔罪表现的形式非常多样化，且每个案件又可能存在不同组合，因此，判断悔罪表现必须十分谨慎。

首先要区分"悔罪表现"和"悔罪表演"。有很多罪犯具备了悔罪的外在形式，但并非真诚悔悟，而恰恰反映了其高超的反侦查能力、规避法律能力，不能判定为再犯危险较低。比如对于一个经济条件优越的罪犯来说，其积极赔偿甚至巨额赔偿，到底是真诚悔罪还是"花钱消灾"就需要认真斟酌。再如本书第二章已经指出，立功往往反映了犯罪分子的机会主义而不是真诚悔罪。如表3-3和表3-4所示，立功的人当中14%是累犯，而没有立功的人当中只有9.1%是累犯；立功的人当中，有20.6%的人是再犯，而没有立功的人当中，只有15.1%的人是再犯。这到底是因为他们成了"老油条"进而更懂得立功的好处，还是"喜欢"立功的人本身人身危险性更高进而更可能成为"老油条"？两种可能恐怕都有。但至少可以肯定的是，立功可能并不是一个优秀的再犯危险预测因子。

表 3-3　立功与累犯交互分析

			累犯		合计
			否	是	
立功	否	计数	1161770	116158	1277928
		行百分比	90.9%	9.1%	100.0%
	是	计数	27552	4493	32045
		行百分比	86.0%	14.0%	100.0%
合计		计数	1189322	120651	1309973
		行百分比	90.8%	9.2%	100.0%
p=0.00					

表 3-4　立功与再犯交互分析

			再犯		合计
			否	是	
立功	否	计数	1084725	193203	1277928
		行百分比	84.9%	15.1%	100.0%
	是	计数	25453	6592	32045
		行百分比	79.4%	20.6%	100.0%
合计		计数	1110178	199795	1309973
		行百分比	84.7%	15.3%	100.0%
p=0.00					

　　其次，要注意行为基底思维模式与行为人基底思维模式下悔罪表现的不同意义，或者说要区分规范意义上的悔罪表现和事实意义上的悔罪表现。比如我国刑法规定的自首分为两种，一种属于"投案型自首"，一种属于"到案型自首"。对于"投案型自首"，司法解释又作了进一步的扩大解释："并非出于犯罪嫌疑人主动，而是经亲友规劝、陪同投案的；公安机关通知犯罪嫌疑人的亲友，或者亲友主动报案后，将犯罪嫌疑人送去投案的，也应当视

为自动投案。"此外，犯罪后立即投案还是逃跑一段时间再投案，也能够反映罪犯人身危险性上的差别。总之，这些事实上的区别在规范判断上区别不大，最终结果都是认定为自首；但在行为人思维模式下审视，恰恰是这些投案细节反映了行为人的人身危险性差别。再如，隐瞒事实、毁灭证据、负案潜逃，从规范意义上理解，可以视为行为人犯罪后的常态，① 进而不予从严处罚。但是从人身危险性评估的角度来讲，隐瞒事实，特别是毁灭证据、负案潜逃，应该视为具有更高的人身危险性、再犯可能性。

笔者认为，为了更准确地判断悔罪表现，可以进行悔罪态度和悔罪行为一致性测试。我国学者陈娜曾经引入美国犯罪学家 Sykes 和 Matza 提出的"中和技术"（Techniques of neutralization）理论，② 对社区服刑人员的悔罪程度进行了非常出色的研究。③ 遗憾的是，其悔罪指数主要是对悔罪意识和态度的测量，而忽略了悔罪行为。笔者认为，将主观的悔罪指数与客观的悔罪行为进行对比，正好可以判断悔罪表现的真实性。

四、没有再犯罪的危险

《刑法解读》认为，"没有再犯罪的危险"是指对犯罪人适用缓刑，其不会再次犯罪，如果犯罪人有可能再次侵害被害人，或者是由于生活条件、环境的影响而可能再次犯罪，比如犯罪人为常习犯等，则不能对其适用缓刑。④ 统编教材认为，所谓"没有再犯罪的危险"，是指综合其犯罪情节和悔罪表现，表明其不具有较大的人身危险性，即使将其放置在社会上，再次

---

① 参见张明楷：《责任刑与预防刑》，北京大学出版社 2015 年版，第 358 页。

② See Sykes G M, Matza D, "Techniques of Neutralization: A Theory of Delinquency", *American Sociological Review*, 1957, 22（6），pp.646-670.

③ 参见陈娜：《社区服刑人员悔罪程度及影响因素实证研究——基于上海的问卷调查》，《法学论坛》2016 年第 5 期。

④ 参见王尚新主编：《中华人民共和国刑法解读》，中国法制出版社 2011 年版，第 100 页。

犯罪的可能性评价较小。如果有可能再次侵害被害人，或者是由于生活条件、环境的影响而有可能再次犯罪的，则不能适用缓刑。① 可以看出，《刑法解读》基本上是根据字面含义进行解读的，而统编教材也大致沿用了《刑法解读》的提法。不过这两个解释方案都过于简略了。笔者认为，要合理解释"没有再犯罪的危险"，必须解决好四个问题：第一，如何妥当解释其字面含义，这需要进行文义解释；第二，如何妥当安排与其他三个实质要件要素的逻辑关系，这需要进行体系解释；第三，如何理解"没有再犯罪的危险"与"确实不致再危害社会"的关系，这可能需要进行历史解释和体系解释；第四，把握不同法律制度（如假释制度）里"再犯罪危险"的异同。

（一）"没有再犯罪的危险"之文义解释

文义解释也叫文理解释、文法解释，是自条文的用字与用语的文字意义而为解释，以阐释刑法条文的法律意义。原则上以条文用语的通常意义而为解释；但涉及刑法专业概念的用语，自应以其特有的法律概念而为解释。② 文义解释是最常用的解释方法（解释理由），往往也是法律解释的第一步。应该说"没有再犯罪的危险"字面意义比较清晰，不过仍有一些问题值得探究。

1. "没有"之规范含义

"没有"的字面含义过于绝对化，从经验上讲并不合理，因为很难说一个人犯罪后完全不会再次犯罪。况且预测本身就意味着概率判断，零概率预测难以实现。③ 此外，刑法的相关规定也表明，"没有"不等于"零"。如

---

① 参见高铭暄、马克昌主编：《刑法学》，北京大学出版社 2014 年版，第 285 页。
② 参见林山田：《刑法通论》（上册），北京大学出版社 2012 年版，第 85 页。
③ 樊文教授针对假释条件之"没有再犯罪的危险"提出了相似看法。（参见樊文：《犯罪控制的惩罚主义及其效果》，《法学研究》2011 年第 3 期）

刑法第七十二条第二款规定，"宣告缓刑，可以根据犯罪情况，同时禁止犯罪分子在缓刑考验期限内从事特定活动，进入特定区域、场所，接触特定的人。"法律对缓刑犯同时规定禁止令，实际上就是承认缓刑犯是存在再犯罪危险的。总之，"没有危险"不等于"零危险"，而是一种低风险、可接受的风险，或者说相对安全的风险（safe risk①）。如果要求罪犯没有再犯罪的危险才适用缓刑，必然导致法官不敢适用缓刑。故"没有"宜理解为一种强调，其规范含义可以从实体和程序两方面来理解。

从实体上讲，"没有"是指再犯罪的可能性低，再犯罪的危险性小。即从实体上讲，"没有再犯罪的危险"之"没有"是指风险低、风险可接受、风险安全可控。至于风险小到多少才算"没有"，无法也不应该用一个具体的概率来作为标准。② 这是因为：

（1）"没有"首先涉及缓刑政策问题。如果国家要严控缓刑适用，则可能性应该趋近于零才好；如果国家要鼓励适用缓刑，则再犯罪的可能性低于50%也是可以接受的。在犯罪形势宽松的时候，"没有"的标准可能会宽一些；而犯罪形势严峻的时候，"没有"的标准可能会更严一些。

（2）"没有"与国家的治理能力有关。如果国家犯罪控制能力强，则可以容许的危险性就可能相对高一些；如果国家犯罪控制能力较弱，则"没有"的标准可能就会更严。

（3）"没有"与一个国家、民族的"犯罪观"有关。在犯罪的质、量问题上，不同国家、不同时期的公众容忍度是大不一样的，也是不稳定的，这都会影响公众和司法工作人员对"没有"的理解。比如，其实大家都不确信交通肇事罪罪犯"没有再犯罪的危险"，但是公众对交通肇事罪的缓刑适用接受度相对较高，至少反感度相对较低，其实就与公众对交通肇事罪的"犯

---

①   Department of Social Affairs, *Probation and Related Measures*, New York: United Nations, 1951, p.4.

②   不过在司法实践中，往往会根据测出的危险进行分级，并设定高于某个级别的为高风险。不同的测试标准划分的等级也不一致。

罪观"有关。公众自然不期望看到因交通肇事导致人身和财产损失,但在现代社会背景下,人人都高度依赖各式交通工具,都在参与各种交通活动,这种"风险参与"角色自然会增加其对交通领域犯罪的同情式理解。

(4)"没有"与犯罪种类也有关系。比如,对那些"无被害犯罪","没有"的标准可能就会相对宽松一些;而那些与人身和财产安全高度相关的犯罪,"没有"的标准可能就会更严格一些。

从程序上讲,"没有"应指再犯可能性低有充足的事实基础,有高度盖然性的证据予以支持。即"没有"其实是强调程序上的"确信",是对证明要求的强调。我国刑事诉讼法对侦查终结、提起公诉、定罪的证明要求都是"确实、充分",没有体现出证明要求的"梯度"。笔者认为,由于再犯罪的风险是未来的风险,是一种预测,其证明要求可以稍微低于定罪的"确实、充分"要求,即满足高度盖然性要求即可。有学者借用美国宪法第四修正案规定的实施搜查、扣押的"合理根据"(probable cause)标准来界定再犯危险预测的证明标准。[1] 笔者认为这种界定实不可取:首先,合理根据标准是比单纯的怀疑高一点儿的标准,[2] 可以说是非常低的一个标准。[3] 其次,合理根据标准与缓刑决定的重要性不相称。合理根据标准针对采取搜查、扣押措施而言,[4] 而这往往是正式指控之前的临时性强制措施。在美国,大部分被逮捕的嫌疑人都会迅速获得保释。再犯罪危险证明标准针对的是已经被认定为犯罪的犯罪人。就缓刑适用对象而言,他们本该在监禁场所执行,刑法基于目的性考量而暂停执行其监禁刑。因此,如果证明标准过低,就可能导致本该监禁的罪犯轻易获得缓刑,甚至在缓刑期间再次实施犯罪。显然,这两种决定的重大性是不一样的,不可等量齐观。

---

① 参见曾赟:《论再犯罪危险的审查判断标准》,《清华法学》2012 年第 1 期。

② Joel Samaha, *Criminal Procedure*, Boston:Wadsworth, 2012, p.142.

③ See *Brinegar v. United States*, 338 U.S.160(1949).

④ Joshua Dressler, Alan C Michaels, *Understanding Criminal Procedure*(Volume 1:Investigation), New Providence:LexisNexis, 2013, p.118.

总之，"没有"不能单从字面含义以数理科学的眼光来进行解读，"没有危险"不等于"零危险"。

既然对再犯危险的预测不可能做到"没有"这样绝对——甚至可以说，只要在社区执行刑罚，就存在风险——那么法官就不必追求极致的"零危险"，而是要考虑风险是否可控，是否可接受。也正是考虑到这一点，刑法同时规定，"宣告缓刑，可以根据犯罪情况，同时禁止犯罪分子在缓刑考验期限内从事特定活动，进入特定区域、场所，接触特定的人"。这一规定，既有利于为罪犯创造良好的社区矫正条件，同时也是对可能的再犯危险设置了防护网，是一种积极的预防性措施。刑法关于缓刑监督考察（第七十五条）、职业禁止(第三十七条之一①）的规定，也是一样的道理。从这个角度讲，法官在决定是否宣告缓刑时就应该考量，即便该罪犯有一定程度的再犯罪风险，但如果同时辅以禁止令、监督考察措施、职业禁止等社会防卫措施即足以有效防止可能的风险，那么仍然可以宣告缓刑。显然，禁止令、监督考察规定、禁业措施一方面消解了"没有"之坚硬性，另一方面也对缓刑适用起到了促进作用。

2."再犯罪"的范围

再犯罪，顾名思义就是再次犯罪，简称再犯。再犯既可以指再次犯罪的人，也可以指再次犯的罪，还可以指再次犯罪的过程、行为。再犯不同于累犯。在我国，累犯主要是一个规范概念，而不仅仅是多次、频繁犯罪的意思。再犯不一定是累犯，累犯一定是再犯，而且是再犯中最危险的人。刑法规定的是"没有再犯罪的危险"，而不是"没有累犯的危险"，表明了立法者不容忍任何再犯的立场以及期待预防、遏制所有再次犯罪的美好愿望。然而要预防所有再犯几乎不可能，因为预测所有再犯就不可能。这不仅仅因为"测不准"是普遍原理，还因为犯罪人和犯罪行为有其特殊性。首先，犯罪

———————————
① 该条规定未涉及缓刑考验期，当属明显漏洞。

人包含理性犯罪人、部分理性犯罪人和无理性犯罪人。[①] 有极端的观点甚至认为，犯罪人在本质上可以认定为非理性。[②] 对于非理性的犯罪人，自然难以预料其将来行为。其次，有些犯罪因偶然性因素触发或与环境因素结合而触发，不是或不只是犯罪人"理性计算"的结果，当然也难以有效预测。既然并不是所有犯罪都能有效预测，与其"面面俱到"，不如"有的放矢"。科学划定"再犯罪"范围显然有利于提高预测准确性，进而有利于合理分配司法资源、刑罚资源，制定针对性的监督、矫治措施，提高预防效果。

笔者认为，关于"再犯罪"的范围，可以从两个层面予以探讨：预测重点与预测参照。前者讨论的是能不能有效预测的问题，后者讨论的是预测方向的问题。

（1）预测重点（预测可能）

预测再犯实际暗含一个假定，那就是犯罪人具有一定的理性，犯罪是理性计算的产物。如果犯罪人不存在理性，或者犯罪发生是非理性的结果，那么预测实际上只能是猜测。就犯罪人而言，只要他具有刑事责任能力，我们当然要推定其是理性的；而犯罪是否理性产物则需要具体分析。一般来说，大部分故意犯罪是行为人主动追求的结果，是"理性计算"的结果。如根据边沁的功利主义学说，[③] 人受快乐和痛苦的主宰，而且人性必然是"趋乐避苦"。因此，经过"苦乐计算"后，如果发现实施犯罪所得的快乐少于遭受惩罚的痛苦，人就不会去犯罪。根据贝克尔的犯罪经济分析学说，[④] 犯罪人像正常人一样，在实施犯罪前会进行"成本收益分析"，只有预期所得大于预期损失，犯罪行为才会发生。用公式表示就是：$EU = P(s) \times G - P(f) \times L$。其中，EU 表示预期收益（expected utility）；P（s）

---

① 参见张保刚：《激情犯罪刑罚与立法的经济学分析》，《河北法学》2013 年第 11 期。

② 参见陈和华：《犯罪人的适应性非理性及其防控》，《政法论丛》2012 年第 4 期。

③ 参见［英］边沁：《道德与立法原理导论》，时殷弘译，商务印书馆 2000 年版，第 57 页以下。

④ Becker G S, "Crime and Punishment: An Economic Approach", *Journal of Political Economy,* 1968, 76(2), pp.169–217；吴宗宪：《西方犯罪学史》，警官教育出版社 1997 年版，第 111 页。

表示犯罪成功的可能性（possibility of success）；G 表示预期从犯罪行为中得到的利益（gains），例如金钱、财物；P（f）表示犯罪失败的可能性（possibility of failure）；L 是如果犯罪失败就会随之遭受的损失（losses），例如被判处监禁等。由此可见，预期收益越高，犯罪越可能发生。而这些理论，针对的也只能是"故意型犯罪"①。如果行为人压根儿就没有考虑实施某种犯罪行为并获得某种结果，自然也就不会有"苦乐计算"或"成本收益分析"。

　　但是"过失型犯罪"②就不一样了。在大部分过失型犯罪情形下，行为人并非主动追求某种犯罪结果的发生，因此就不存在"理性计算"的可能。边沁曾经指出，以下三种情形，惩罚必然是无效的：③（1）"无意"（unintentionality）情形。行为人不希望因而也不知道他将要实施某个行为，但最终实施了该行为。（2）"无知"（unconsciousness）情形。行为人知道将要实施某种行为，但不清楚伴随该行为的所有外在环境，不清楚该行为产生危害的趋势——基于该种危害，该行为在多数情形下被"刑罚化"。（3）"误知"（missupposal）情形。行为人知道某种行为很可能造成某种危害，但误以为伴有特定条件，该危害不会发生，或者会产生更大的好处，因而不会被立法者"刑罚化"。应该说边沁使用的三个专有名词比较晦涩，但是结合后文的解释，我们还是可以大致了解其含义。边沁所谓"无意"可能等同于我国刑法中的不可抗力或意外事件；"无知"大致等同于我国刑法中的疏忽大意过失；"误知"大致等同于我国刑法中的过于自信的过失和违法性认识错误。惩罚为何可能无效？因为这些过失型犯罪不存在理性计算。"过失型犯罪"往往发生在人的正常认知之外。对于这样的犯罪，自然也就很难进行预测了。

---

① 不同于规范意义上的故意犯罪，强调对犯罪行为的故意。故意犯罪一般都是"故意型犯罪"，但过失犯罪也可能是"故意型犯罪"，是为"故意型过失犯罪"。

② 不同于规范意义上的过失犯罪，强调对犯罪行为的过失。过失犯罪一般都是"过失型犯罪"，但间接故意犯罪也有可能是"过失型犯罪"，是为"过失型故意犯罪"。

③ Bentham J, *An Introduction to the Principles of Morals and Legislation*, Kitchener:Batoche Books, 2000, p.136.

需要注意的是，现代刑法理论往往从规范层面将过失犯罪理解为结果预见义务或结果避免义务的违反。但从存在论层面讲，过失犯罪注意义务的违反可能是在"潜意识"里完成的，[①] 而人类很难对"潜意识"进行有效控制。这方面的典型例子就是"油门当刹车"导致的交通肇事案件。[②]

案例 2　油门当刹车案 1

被告人周某驾驶赣 K×××× 号小型轿车搭载李某、何某，从新余市板桥村出发驶往峡江县金江乡城上村委南坑村。在行驶至虹莲线与金滩至万宝线交汇处，右拐进入金滩至万宝村道时，遇前方一辆三轮摩托车驶来，周某遂向右避让，会车时周某错把油门当刹车，撞上道路右边店门口的被害人陈某，造成陈某当场死亡的重大交通事故。[③]

案例 3　油门当刹车案 2

2013 年 11 月 2 日左某某驾驶粤 QZE××× 号牌小轿车，从阳江市区往东城镇益华广场上班，07 时 53 分途经东城工业大道路口处，当时绿灯放行，有很多车辆通过，因人突然从人行道出来，来不及在紧张的情况想刹车踩错油门与前方三辆摩托车相撞，三辆摩托车被推前又与停在路边的货车相撞，之后叫货车司机报警处理。[④]

类似上述情形的过失犯罪案件在司法实践中十分常见。显然，我们很难预测这样的犯罪是否再次发生。

---

① 参见陈兴良：《教义刑法学》，中国人民大学出版社 2010 年版，第 477 页。
② 这类案件中"违反交通运输管理法规"与交通事故之因果关系也值得探讨。
③ （2014）吉中刑一终字第 113 号刑事判决书。
④ （2014）阳中法刑一终字第 35 号刑事裁定书。

当然，这并不是说所有过失犯罪都无法预测。事实上有些过失犯罪恰恰比较容易预测，比如实施高度危险行为导致的交通肇事行为，如醉驾、毒驾，就具有较高的预测可能性。因为交通肇事是与行为人的生活方式、行为模式紧密联系的，只要行为人生活方式、行为模式没有改变，"在同一个地方跌倒"的可能性就非常高。笔者认为，可以从以下角度来思考过失犯罪的预测可能性：

第一，区分行为故意与行为过失。

根据要素分析法，[①] 罪犯对过失犯罪不同构成要件要素，比如行为和结果，可能持有不同的主观心理态度。就过失犯罪的行为而言，罪犯既可能持过失心态，也可能持故意心态。对犯罪行为持过失心态的即属笔者所谓"过失型犯罪"，而且是"过失型过失犯罪"；对犯罪行为持故意心态的即属笔者所谓"故意型犯罪"，而且是"故意型过失犯罪"。相对而言，对"故意型过失犯罪"的预测效果会更好。

第二，区分业务过失犯罪与普通过失犯罪。

我国刑法并未单独规定业务过失犯罪，但实质上存在业务过失犯罪。[②] 一般来说，业务过失犯罪可能比普通过失犯罪更适合预测。因为业务过失犯罪对应的业务行为，往往有非常详细的操作规程。业务过失犯罪的发生，往往也是因为行为人违反操作规程而导致的。

第三，区分特殊主体与一般主体。

即便是业务过失犯罪，也可能由普通主体来实施。比如交通肇事罪是业务过失犯罪，但既可能由职业的驾驶人员实施，也可能由普通公民实施。相对而言，普通驾驶员更可能因为驾驶技术和驾驶心理原因，如驾驶技术差、油门刹车混淆、变道不当、对速度不敏感等，构成交通肇事罪，而职业驾驶

---

① See Robinson, Paul H, and Grall Jane A, "Element Analysis in Defining Criminal Liability: The Model Penal Code and Beyond", *Stanford Law Review*, 35（4），pp.681–762；陈银珠：《论美国刑法中的要素分析法及其启示》，《中国刑事法杂志》2011 年第 6 期。

② 参见陈兴良：《教义刑法学》，中国人民大学出版社 2010 年版，第 504 页。

员更可能因为违反安全驾驶规则，如超速、超载、疲劳驾驶等，构成交通肇事罪。显然，因违反安全驾驶规则的交通肇事行为更值得威慑，刑罚对其也更可能有预防效果，也因而更可能有效预测。

总之，从三个角度切入分析，就过失犯罪而言，能够有效预测的应该是表 3-5 中 1—4 四种类型的过失犯罪，即"故意型过失犯罪"。

表 3-5　过失犯罪分类

		行为故意	行为过失
业务过失	特殊主体	1	5
	一般主体	2	6
普通过失	特殊主体	3	7
	一般主体	4	8

当然，尽管 5—8 这四种"过失型过失犯罪"很难预测，但由于这类犯罪不是行为人追求的结果，整体发生概率非常低，完全可以推定其"没有再犯罪的危险"，即对于"过失型过失犯罪"，法官完全可以一律宣告缓刑。

总之，预测再犯应以"故意型犯罪"为主，研制再犯危险评估量表自然也最好以"故意型犯罪"为样本，这才有利于挑选最合适的再犯预测因子。此外，即便预测"故意型犯罪"，也可以有所为有所不为。预测再犯的重点宜着眼于严重犯罪（如危及生命健康的犯罪、性犯罪、严重的财产犯罪等）和危险再犯人（如累犯、惯犯、职业犯等）。事实上西方国家的再犯危险评估工具主要都是以最危险的犯罪和最危险的犯罪人为适用对象的。暴力风险分类（Classification of Violence Risk）、家庭暴力危险评估指南（Spousal Assault Risk Assessment Guide）、性犯罪人需求评估分级（Sex Offender Need Assessment Rating）等危险评估工具单从名称上就可以看出其适用范围。

（2）预测参照（预测方向）

犯罪学上有所谓犯罪方向之研究。如日本犯罪学家吉益修夫划分了四种犯罪方向：单一方向（monotrop），指反复实施同一犯罪；同种方向（homotrop），指反复实施同一种类的犯罪，如财产犯罪、暴力犯罪；异种方向（ditrop），如先犯财产犯罪再犯风俗犯罪；多种方向（polytrop），指犯罪涉及三种以上犯罪类型。实证研究表明，尽管不是所有再犯都实施同一、同类犯罪，但实施同一、同类犯罪的最多，财产犯罪尤其如此。① 预测再犯是根据已经实施的犯罪来预测可能会实施的犯罪，因此，已经实施的犯罪就成了一种预测参照，可以用于预测再犯之方向。已经实施的犯罪既包括本次犯罪，也包括本次犯罪之前的犯罪。当然，行为人之前实施的违法行为、越轨行为也可以纳入考量。比如行为人在学校里经常欺凌小同学，尽管未构成犯罪，甚至未构成违法行为，但这足以表明其具有再次实施暴力犯罪的可能性。一般来说，大致可以根据同类原则来预测可能实施的犯罪，进而采取有针对性的监督、矫正措施。事实上由于罪名太多，不可能完全凭空想象可能实施的犯罪。当然，这里的同类犯罪可以适当宽泛，比如，罪犯本次实施抢劫罪，那么可以以此为参照，预测其更可能再次实施财产犯罪、暴力犯罪。预测参照的主要作用有二：一是为法官决策提供参考。假定罪犯甲的再犯可能性为40%，且可能再犯暴力犯罪；假定罪犯乙的再犯可能性为45%，且可能再犯赌博类犯罪。两相对比，罪犯甲的再犯可能性更低，但是法官对罪犯乙宣告缓刑显然风险更小。此外，法官还可以有针对性地宣告禁止令。② 二是有利于制定矫正干预措施。假定罪犯丙可能再次实施性犯罪，那么就有必要对其进行个性化的性瘾癖、性犯罪抑制治疗，采取适当的社会防卫措施。这也正是"风险—需求—回应"模式（Risk-need-responsivity model）的要义。③

---

① 参见张甘妹：《犯罪学原论》，（中国台湾）汉林出版社1976年版，第127、130、138页。
② 我国学者已经注意到这一点。（参见肖扬宇：《从"人身危险"到"人身风险"——刑事禁止令的理论进路与制度基点》，《中国人民公安大学学报》2013年第2期）
③ Bonta J, Andrews D A, "Risk-need-responsivity Model for Offender Assessment and Rehabilitation", *Rehabilitation*, 2007（6），pp.1-22.

综上所述，尽管从规范上看，刑法并没有限定"再犯罪"的范围，但在判断"再犯罪危险"的实践中，基于预测可能和预测方向的考虑，有必要合理划定"再犯罪"的范围，进而作出更加科学合理的决策。

除此之外，我们还应该注意"再犯罪"的解释学意义：第一，指明了缓刑实质要件的判断方向：面向未来。再犯罪是没有实施的犯罪，再犯罪是需要预测的假想犯罪。第二，指明了缓刑适用的核心标准。即主要判断再犯罪危险性、可能性，而不是犯罪已经造成的社会危害性。这对于从整体上把握缓刑实质要件具有重要意义。

3."危险"与"风险"

要理解"危险"的含义，首先有必要区分"危险"与"风险"。在汉语和英语里，"危险"（danger, dangerousness）与"风险"（risk）的含义都存在重合、交叉，但两个词仍各有侧重。就再犯评估而言，英语使用（Recidivism）Risk Assessment 这个词组。《布莱克法律词典》（第十版）对 dangerous 的解释为："（针对情势、状态等）危险的、冒险的、不安全的；（针对人、物体等）可能导致身体损害。"[1] 但对 risk 的定义则主要围绕不确定性（uncertainty）、可能性（chance）以及保险（insurance）相关事项展开，其对 Risk Assessment 的定义为："1.家庭法。确定一个人——经常指父母——伤害孩子可能性（likelihood）的程序。2.识别、预测、评估与活动有关的危害可能性（probability）并决定一个可接受的风险水平的活动。"[2] 从这个定义可以看出，危险评估就是评估事情发生的"可能性"。因此，所谓"再犯危险评估"之"危险"，是指可能性，与中文"风险"的含义更加

---

① 原文为：1. (Of a condition, situation, etc.) perilous; hazardous; unsafe. 2. (Of a person, an object, etc.) likely to cause serious bodily harm。

② 原文为：1.Family law.A process for ascertaining the likelihood that a person, usu. a parent, will harm a child. 2. The activity of identifying, estimating, and evaluating the probability of harm associated with an activity and determining an acceptable level of risk。

契合。当然，也有学者严格区分了"危险"与"风险"，认为人身风险性评估除了包括行为人自身主观因素之外，着重对行为人与外在环境之间的互动关系进行预测。在分析行为人自身危险性的基础上，来判断特定环境下行为人是否具有实施犯罪行为的风险。① 笔者认为，刑法使用的"再犯罪的危险"而非人身危险性，故危险仍可包含可能引起再犯的外在环境因素。

我国刑法使用了"危险"一词，但笔者认为，这里的再犯罪危险仍然主要指再犯罪的可能性。事实上从语法结构上分析也应该如此。"再"与"危险"的组合表明，这里的危险是指再次发生的可能性、概率、机会。此外，刑法条文用"的"字将"再犯罪"和"危险"分隔开来，说明"再犯罪"是整体修饰"危险"的。"再犯罪的危险"既不同于"再犯（的）罪的危险"，也不同于"再犯（人）的危险"。总之，这里的"危险"其实是"可能性"的代名词，是一种可能再犯罪也可能不再犯罪的概率。统编教材也持这种观点，认为"没有再犯罪的危险"是指"再次犯罪的可能性评价较小"。②

但是还需指出，再犯罪概率判断不可能只是一种形式判断，而必须结合前罪与"可能后罪"的危险性来进行推断、预测。就结合前罪预测而言，主要是看前罪（包括本罪和以前实施的犯罪）本身体现出来的再次发生可能性。比如，罪犯实施的是习癖性犯罪，如诈骗罪、招摇撞骗罪、盗窃罪、抢劫罪等，那么该罪犯就有更高的再犯可能性。就结合可能后罪预测而言，主要是指法官对可能后罪会有一个预期，而这个预期一般以前罪为参照。比如一个人犯了抢劫罪，那么法官自然会联想该罪犯可能再次实施抢劫罪或类似暴力性财产犯罪（同种犯罪假定），或者实施更严重的犯罪；但一个人犯了交通肇事罪，法官一般不会直接联想到其可能再次犯抢劫罪。而法官对可能后罪的预期必然会影响"危险概率等级"标准的判断。简单地讲，如果可能后罪的社会危害性较小（犯罪严重性较小），法官对再犯概率会适当放松；如果

---

① 参见肖扬宇：《从"人身危险"到"人身风险"——刑事禁止令的理论进路与制度基点》，《中国人民公安大学学报》2013 年第 2 期。

② 高铭暄、马克昌主编：《刑法学》，北京大学出版社 2014 年版，第 285 页。

可能后罪的社会危害性较大（犯罪严重性较大），法官对再犯概率会适当收紧。也就是说，法官在判断再犯可能性时，有可能会选择不同的参照标准。这种理解具有非常重要的刑事政策意义。如果我们需要扩大缓刑的适用范围，那么就可以将"没有再犯罪的危险"解释为两种情形：再次犯罪的可能性小；再次犯罪的可能性较大但可能实施的新罪的社会危害性小。比如假定某人再犯诽谤罪的可能性较大，但由于诽谤罪的社会危害性较小，且公众容忍度较高，法官完全可以根据具体情况对诽谤罪维持较高的缓刑率。

总之，"没有再犯罪的危险"之"危险"，既可以理解为整体的再犯可能性，也可以理解为由已经实施的犯罪体现出来的再次犯罪可能性，还可以理解为可能实施的后罪的社会危害性。如此一来，这里的"危险"事实上就包含了两层含义：再犯可能性；犯罪的严重性。正是从这个意义上讲，使用"危险"这个词具有一定的合理性。不过笔者认为，"没有再犯罪的危险"之"危险"主要仍指整体的再犯可能性。因此，如果认为该条文需要修改，宜将"没有再犯罪的危险"替换为"再犯罪风险低"——"风险"不但可以包含犯罪严重性的意思，而且可以凸显可能性这层核心含义。

我国学者曾赟还对再犯危险性的实体内容进行了研究。他认为，再犯罪危险的实体就是行为人主观心理与客观行为的有机统一体。再犯罪危险既包括了行为的危险，又包括了行为人的危险性。基于行为人的主观心理，再犯罪危险审查判断的标准是行为人是否具有"危险的意图"；基于行为人的客观行为，再犯罪危险审查判断的标准是行为人是否具有"危险的行为"。危险意图的成立以"不能控制行为"为标准，危险行为的成立则以行为的冲动性、攻击性或反社会性强度为标准。① 笔者认为，探讨再犯危险性的实体内容是有意义的，但有必要区分三对概念：一是再犯危险性和人身危险性。再犯危险性包括外在环境因素，而人身危险性不包括这个要素。因此，再犯危险评估的范围要大于人身危险性评估。二是人身危险性与人身危险性的载

---

① 参见曾赟：《论再犯罪危险的审查判断标准》，《清华法学》2012 年第 1 期。

体。人身危险性本身并没有经验对应物，人们总是通过人身危险性的表现（危险的行为、危险的意图）来判断一个人是否具有人身危险性。三是人身危险性与"犯罪危险性人格"。张文先生认为，"犯罪危险性人格是指犯罪人内在的相对稳定的反社会行为倾向的特定身心组织"。[①] 笔者认为，人身危险性的范围可以大于"犯罪危险性人格"。因为从社会防卫的角度来讲，我们防卫的是所有危害社会行为，而不仅仅是防卫具有稳定犯罪危险性人格的人实施的危害社会行为。比如，甲有乙、丙两个仇人，在刚报复完乙时即被捕，罪犯甲显然仍存在复仇丙的动机。完全可能存在这种情形：罪犯甲的计划是，一旦完成对丙的复仇，就不再实施犯罪了。罪犯甲很难说有稳定的犯罪危险性人格，但确实有人身危险性和再犯罪的可能性。

（二）"没有再犯罪的危险"之体系解释

对"没有再犯罪的危险"进行体系解释，是要解决三个问题：第一，理顺"没有再犯罪的危险"与其他三个实质要件要素之间的关系；第二，厘清"没有再犯罪的危险"与"确实不致再危害社会"的关系；第三，把握不同法律制度里"再犯罪危险"之异同。当然，前两个问题也可以算一个问题，因为解决了第一个问题，第二个问题也就迎刃而解了。

1."没有再犯罪的危险"必须做限缩解释

关于"没有再犯罪的危险"与其他三个实质要件要素的关系，目前存在两种观点：第一，"递进＋并列"关系。张明楷教授指出："只有同时具备以下四个条件，才能适用缓刑：（1）犯罪情节较轻；（2）悔罪表现；（3）没有再犯罪的危险；（4）宣告缓刑对所居住的社区没有重大不良影响。前三个条件的设定是基于法律理由，其中，（3）是实质条件，（1）与（2）是判断没

[①] 张文、刘艳红、甘怡群：《人格刑法导论》，法律出版社 2005 年版，第 102 页。

有再犯罪危险的资料……第（4）个条件的设定是基于政策理由。"不难看出，张明楷教授虽然提到需要同时具备四个条件，但实际上并未同等对待四个条件，而是重新组合成了两个条件：法律条件和政策条件。其中，（1）和（2）是（3）的判断资料，（3）和（4）并列。第二，并列关系。统编教材和《刑法解读》均持这个观点。① 笔者认为，这两种观点都有所不足。第一种观点明显改变了刑法规定的逻辑关系。根据刑法条文的表述，四个实质要素的关系只能是并列关系。第二种观点虽然正确地坚持了并列关系，但完全根据字面含义解释，导致"没有再犯罪的危险"与其他三个实质要素不在同一个逻辑层面，因为犯罪情节较轻、有悔罪表现是没有再犯罪的危险的判断材料或体现，没有重大不良影响当然也包括没有再次犯罪造成的不良影响。

　　笔者认为，要解决上述难题，必须对"没有再犯罪的危险"进行限缩解释，进而下降其逻辑层次，使其与其他三个实质要素处于同一层面。此外，根据逻辑划分规则，这四个要素必须互相排斥而不能互相包容，否则就犯了"子项相容"的逻辑错误。那么到底该如何解释呢？

　　一般来说，影响再次犯罪的因素无外乎两大类：犯罪人的人身危险性（内在因素）和环境因素（外在因素）。② 在缓刑领域，外在环境因素当然就包括社区矫正条件。"宣告缓刑对所居住的社区没有重大不良影响"部分体现了对环境因素的考量。而人身危险性因素又可以从多个方面反映、体现：（1）犯罪本身及实施犯罪过程体现的人身危险性情节（罪行危险性情节）。如是否过失犯罪、激情犯罪、无预谋犯罪，是否习性犯罪、职业犯罪，是否暴力犯罪、性犯罪，是否事出有因（被害过错、防卫过当、紧急避险过当），犯罪手段是否恶劣（是否使用杀伤性武器），犯罪组织性程度（松散型还是

① 参见高铭暄、马克昌主编：《刑法学》，北京大学出版社 2014 年版，第 285 页；王尚新主编：《中华人民共和国刑法解读》，中国法制出版社 2011 年版，第 100 页。

② 德国刑法学家李斯特曾经指出，任何一个具体犯罪的产生均由两个方面的因素共同使然，一个是犯罪人的个人因素，一个是犯罪人的外界的、社会的，尤其是经济的因素。（[德]李斯特：《德国刑法教科书》，徐久生译，法律出版社 2000 年版，第 9 页）这个论述至今依然能够成立。

组织型，临时性还是长期性），犯罪数量（一罪还是数罪，一次还是多次），是否中止犯罪，等等。（2）罪后人身危险性情节。如自首、立功、坦白、赔偿、退赃、挽回损失等。（3）罪前人身危险性情节。如违法犯罪前科、幼年经历等。（4）犯罪人本身的危险性情节（罪人危险性情节）。如性别、年龄、工作学习情况、婚姻状态、教育程度等。经过以上分解，四个实质要件要素就能够实现一一对应了："宣告缓刑对所居住的社区没有重大不良影响"对应社区矫正条件、外在因素；"犯罪情节较轻"对应犯罪本身及实施犯罪过程中体现的人身危险性情节；"有悔罪表现"对应罪后人身危险性情节；"没有再犯罪的危险"对应剩余危险性情节，即罪前人身危险性情节以及犯罪人自身的危险性情节。可以看到，对"没有再犯罪的危险"进行限缩解释后，四个实质要素的关系更加融洽和合理了。首先，四个要素完全居于同一逻辑层面。其次，四个要素互不包容，互为补充，符合逻辑划分规则。最后，四个要素充分反映了再犯规律，平衡了社会与社区利益。"犯罪情节较轻""有悔罪表现""没有再犯罪的危险"主要关注社会整体利益；"宣告缓刑对所居住的社区没有重大不良影响"重点关注社区利益。前三个要素主要关注再犯罪危险；最后一个要素不但关注再犯罪危险，还关注其他"重大不良影响"，即可能包含再次违法风险，如是否影响社区居民、被害人正常生活等。总之，进行限缩解释后，罪前、罪中、罪后人身危险性情节前后贯通，罪行、罪人情节有机结合，案内、案外（环境）因素一体考量，对再犯罪危险的考察当会更加全面、准确和科学。

2."确实不致再危害社会"的统领地位

理顺了"没有再犯罪的危险"与其他三个实质要件要素之间的关系，"没有再犯罪的危险"与"确实不致再危害社会"的关系也就呼之欲出了。简单地讲，"没有再犯罪的危险"与其他三个实质要件要素均为"确实不致再危害社会"的下位概念，四个要素共同支撑"确实不致再危害社会"。

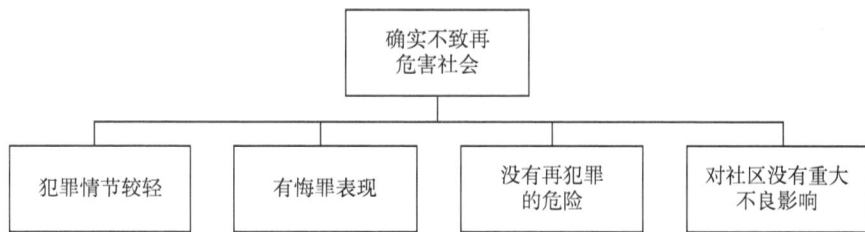

图 3-1　实质要件要素关系

为什么可以做如此理解？有以下两方面的理由：

第一，历史解释的必然结果。历史解释是指根据制定刑法时的历史背景以及刑法发展的源流，阐明刑法条文真实含义的解释方法。[1] 通过对缓刑适用条件立法文本的考察，我们可以清楚地看到，直到十一届全国人大常委会第十六次会议审议的《刑法修正案（八）草案》，"确实不致再危害社会"或"没有再犯罪的危险"与"犯罪分子的犯罪情节和悔罪表现"的关系都没有改变，后者只是前者的判断资料。《关于〈中华人民共和国刑法修正案（八）（草案）〉的说明》也明确指出，修改缓刑条件是因为"各方面认为，应当进一步明确缓刑适用条件，以利于操作"。也就是说，缓刑条件核心实质并未改变，只是进一步细化而已，"没有再犯罪的危险"本来也只是"确实不致再危害社会"的学术化表述而已。但是在刑法修正案（八）正式文本里，"没有再犯罪的危险"突然被"降格"了。笔者推测，这应该是一个技术性失误，因为从文义上都可以看出，四个要素并不居于同一逻辑层面。因此，通过对"没有再犯罪的危险"进行限缩解释，四个要素共同拱卫的还是同一个核心内容："确实不致再危害社会"。值得注意的是，在《刑法修正案（八）》实施以后，不少法官仍然习惯性地将"确实不致再危害社会"作为缓刑适用的实质要件。[2] 这也从另一个侧面证明了两者的历史联系。

第二，体系解释的必然结果。通过对比刑法修正案（八）通过前缓

---

[1]　参见张明楷：《刑法学》，法律出版社 2016 年版，第 37 页。

[2]　如（2017）川 1124 刑初 4 号、（2017）苏 0891 刑初 18 号、（2017）冀 0107 刑初 5 号、（2017）晋 0108 刑初 15 号、（2017）鲁 1523 刑初 5 号……

刑和假释的适用条件，我们也可以清晰地看到这一点。缓刑和假释适用的对象不一样，但其最终的结局都是要实施社区矫正。刑法修正案（八）也同时对二者增加了"依法实行社区矫正"的规定。在我国，假释其实就是"重刑犯的缓刑"。也正因为如此，两者的实质条件几乎一致。在刑法修正案（八）之前，两者的核心要求都是"确实不致再危害社会"；在刑法修正案（八）草案里，两者又一起被修改为"人民法院认为其没有再犯罪的危险"，且同时增加"应当考虑其假释（缓刑）后对所居住社区的影响以及是否具备有效监管的条件"。在修正案（八）正式文本里，假释实质条件基本维持草案的结构，"认真遵守监规，接受教育改造，确有悔改表现"仍然是"没有再犯罪的危险"的判断材料；而缓刑的实质条件则进行了微调。两相对比似乎也可以印证，缓刑适用条件的微调可能并非深思熟虑的结果。

表 3-6 缓刑与假释条件对比

1997 年刑法假释条件	被判处有期徒刑的犯罪分子，执行原判刑期二分之一以上，被判处无期徒刑的犯罪分子，实际执行十年以上，如果认真遵守监规，接受教育改造，确有悔改表现，假释后不致再危害社会的，可以假释……
1997 年刑法缓刑条件	对于被判处拘役、三年以下有期徒刑的犯罪分子，根据犯罪分子的犯罪情节和悔罪表现，适用缓刑确实不致再危害社会的，可以宣告缓刑。
修正案（八）草案假释条件	被判处有期徒刑的犯罪分子，执行原判刑期二分之一以上，被判处无期徒刑的犯罪分子，实际执行十年以上，本法第五十条第二款规定的原判死刑缓期执行，减为无期徒刑后不得再减刑的犯罪分子，实际执行二十年以上，原判死刑缓期执行，减为二十年有期徒刑后不得再减刑的犯罪分子，实际执行十八年以上，如果认真遵守监规，接受教育改造，确有悔改表现，人民法院认为其没有再犯罪的危险的，可以假释…… 人民法院对犯罪分子决定假释时，应当考虑其假释后对所居住社区的影响以及是否具备有效监管的条件。
修正案（八）草案缓刑条件	对于被判处拘役、三年以下有期徒刑的犯罪分子，根据犯罪分子的犯罪情节和悔罪表现，人民法院认为其没有再犯罪的危险的，可以宣告缓刑，对其中不满十八周岁和已满七十五周岁的，应当宣告缓刑。对犯罪分子决定宣告缓刑，应当考虑其缓刑后对所居住社区的影响以及是否具备有效监管的条件。

续表

修正案（八） 假释条件	被判处有期徒刑的犯罪分子，执行原判刑期二分之一以上，被判处无期徒刑的犯罪分子，实际执行十三年以上，如果认真遵守监规，接受教育改造，确有悔改表现，没有再犯罪的危险的，可以假释。 …… 对犯罪分子决定假释时，应当考虑其假释后对所居住社区的影响。
修正案（八） 缓刑条件	对于被判处拘役、三年以下有期徒刑的犯罪分子，同时符合下列条件的，可以宣告缓刑，对其中不满十八周岁的人、怀孕的妇女和已满七十五周岁的人，应当宣告缓刑：（一）犯罪情节较轻；（二）有悔罪表现；（三）没有再犯罪的危险；（四）宣告缓刑对所居住社区没有重大不良影响。

总之，从两个进路的考证可以发现，"没有再犯罪的危险"本来只是用来替换"确实不致再危害社会"，结果由于立法机关"细化"缓刑条件的技术性失误，造成"没有再犯罪的危险"与其他三个实质要素出现了逻辑混乱。我国学者敦宁也指出："确实不致再危害社会"与"没有再犯罪的危险"实际上并不存在性质上的差别，其都是作为是否可对犯罪人适用缓刑的综合判断标准而存在的。而"犯罪情节较轻"和"有悔罪表现"则都是用于确定犯罪人是否"没有再犯罪的危险"的具体判断依据。因此，将三者并列规定为是否适用缓刑的独立考察条件，明显存在逻辑错误。[①] 笔者深以为然。事实上 1997 年刑法的规定很好地体现了实质要件要素之间的逻辑关系——"根据犯罪分子的犯罪情节和悔罪表现，适用缓刑确实不致再危害社会的"。由于现行刑法规定与 1997 年的规定从精神和实质上是一脉相承的，故宜用"确实不致再危害社会"统领四个实质要件要素。之所以不用"没有再犯罪的危险"统领四个实质要素，一来为了避免重复和混淆，二来因为"危害社会"比"再犯罪"更加具有概括性，可以更好地涵盖"宣告缓刑对所居住社区没有重大不良影响"。

---

① 参见敦宁：《缓刑适用的规范化进路——以制度完善为中心的理论探讨》，《法治研究》2014 年第 9 期。

3. 不同法律制度里的"再犯罪危险"

除了缓刑适用条件需要"确实不致再危害社会"或"没有再犯罪的危险"，我国刑事法律中另外四个制度也有类似要求。

一是假释制度。如前所述，假释实际上可以视为"重刑犯的缓刑"，因此，两者的实质要求是一致的，都必须"确实不致再危害社会"。与缓刑不同的是，假释的判断材料、基础不一样，除了个人情况、社区矫正条件要求一致，适用假释还必须判断其是否"认真遵守监规，接受教育改造，确有悔改表现"。也就是说，假释人是经过一段时间刑罚改造后才"确实不致再危害社会"的，而缓刑人在缓刑宣告时即"确实不致再危害社会"。

二是强制措施制度。《刑事诉讼法》第六十七条规定，犯罪嫌疑人、被告人"（二）可能判处有期徒刑以上刑罚，采取取保候审不致发生社会危险性的；（三）患有严重疾病、生活不能自理，怀孕或者正在哺乳自己婴儿的妇女，采取取保候审不致发生社会危险性的"，可以取保候审。《刑事诉讼法》第八十一条规定，"对有证据证明有犯罪事实，可能判处徒刑以上刑罚的犯罪嫌疑人、被告人，采取取保候审尚不足以防止发生下列社会危险性的，应当予以逮捕……"两相对比可以看到，取保候审和逮捕的要求恰恰相反，取保候审要求"不致发生社会危险性"，而逮捕则是嫌疑人有社会危险性。而且这里的社会危险性，包括再犯罪的危险性。最高人民检察院、公安部《关于逮捕社会危险性条件若干问题的规定（试行）》进一步指出，犯罪嫌疑人"可能实施新的犯罪"，应当具有下列情形之一：（一）案发前或者案发后正在策划、组织或者预备实施新的犯罪的；（二）扬言实施新的犯罪的；（三）多次作案、连续作案、流窜作案的；（四）一年内曾因故意实施同类违法行为受到行政处罚的；（五）以犯罪所得为主要生活来源的；（六）有吸毒、赌博等恶习的；（七）其他可能实施新的犯罪的情形。这表明，取保候审和逮捕制度确实也要审查是否"没有再犯罪的危险"。但是我们需要注意，取保候审、逮捕领域的"社会危害性"审查与缓刑的"没有再犯罪危险"判断只是存在交叉，两者无法完全等同，更准确地说，两者大部分是不相同的，只有小部分是重合的。如取保候审有四种情形：（一）可能判处管制、拘役或者独立适用附加刑的；（二）可能判处有期徒刑以上刑罚，采取取保候审不致发生社会危险性的；（三）患有严重疾病、生活不能自理，怀孕或者正在哺乳自己婴儿的妇女，采取取保候审不致发生社会危险性的；（四）羁押期限届满，案件尚未办结，需要采取取保候审的。其中，第（四）种情形显然与再犯罪危险无关，而第（一）种情形仅仅涉及罪行轻重，不涉及再犯罪判断。需要重点分析的是（二）、（三）两种情形。这两种情形中的"不致发生社会危险性"又需要结合刑事诉讼法关于逮捕条件的规定来理解。逮捕条件规定了五种社会危险性：（一）可能实施新的犯罪的；（二）有危害国家安全、公共安全或者社会秩序的现实危险的；（三）可能毁灭、伪造证据，干扰证人作证或者串供的；（四）可能对被害人、举报人、控告人实施打击报复的；（五）企图自杀或者逃跑的。其中第（一）项是指再犯罪的危险，其他几项也可能涉及再犯罪的危险，但主要指妨碍刑事诉讼顺利进行的情形。综合起来看，刑事诉讼法的强制措施主要目的仍在于保障刑事诉讼顺利进行，但"不致发生社会危险性"与"没有再犯罪的危险"确实存在部分重合的情形。被取保候审的人，可能属于罪行较轻的人，也可能属于再犯罪危险低的人，还可能属于其他情形；被逮捕的人，可能属于再犯罪危险高的人，也可能属于其他可能妨碍刑事诉讼顺利进行的人。

三是暂予监外执行制度。《刑事诉讼法》第二百六十五条规定："对被判处有期徒刑或者拘役的罪犯，有下列情形之一的，可以暂予监外执行：……（三）生活不能自理，适用暂予监外执行不致危害社会的。……对适用保外就医可能有社会危险性的罪犯，或者自伤自残的罪犯，不得保外就医。"《刑事诉讼法》第二百六十九条规定，对被暂予监外执行的罪犯，依法实行社区矫正。显然，被暂予监外执行人员也必须没有再犯罪的危险，否则难以与社区矫正制度兼容。但是需要注意的是，暂予监外执行的罪犯之所以不致危害社会，主要原因在于其"生活不能自理"，而不是因为罪犯本身的人身危险性变低了。也就是说，如果不是因为"生活不能自理"，该罪犯是不应放在社区执行的。

四是强制医疗制度。《刑事诉讼法》第三百零二条规定，"实施暴力行为，危害公共安全或者严重危害公民人身安全，经法定程序鉴定依法不负刑事责任的精神病人，有继续危害社会可能的，可以予以强制医疗。"第三百零六条规定："强制医疗机构应当定期对被强制医疗的人进行诊断评估。对于已不具有人身危险性，不需要继续强制医疗的，应当及时提出解除意见，报决定强制医疗的人民法院批准。"不具有刑事责任能力的精神病人实施危害社会行为不构成犯罪，但这里的"危害社会"行为，至少可算作不法意义上的犯罪，故"有继续危害社会可能"，其实就是"有再犯可能性"的另一种表述。《刑事诉讼法》关于强制医疗程序的规定，不但重点关注暴力行为，而且对危险评估作了非常权威的规定，如使用了"继续危害社会可能""诊断评估""人身危险性"等一系列术语。强制医疗制度对缓刑再犯危险评估具有十分重要的借鉴意义。

五、没有重大不良影响

"宣告缓刑对所居住的社区没有重大不良影响"系刑法修正案（八）新增加的规定。关于这一要素的含义，目前亦缺乏共识。《刑法解读》认为，该规定是指对犯罪人适用缓刑不会对其所居住社区的安全、秩序和稳定带来重大不良影响。[①] 不过这样的解读完全属于循环定义，缺乏规范性和深刻性。更重要的是，这种解读没有指出"没有再犯罪的危险"与"没有重大不良影响"的关系，进而没法解释一种质疑：既然没有再犯罪的危险，为何还会给社区

---

① 参见王尚新主编：《中华人民共和国刑法解读》，中国法制出版社2011年版，第100页。

安全、秩序和稳定带来重大不良影响？可能正是考虑到这些问题，学者们也未采纳这种解释。张明楷教授指出，宣告缓刑对所居住社区是否具有重大不良影响，需要根据社区环境（包括犯罪人家庭环境），联系犯罪人所犯之罪与社区环境的关系，进行客观判断。他还特别指出，不能以社区部分居民反对缓刑为由，认定宣告缓刑对所居住社区有重大不良影响。[①] 叶良芳教授的观点恰恰相反，他指出，"宣告缓刑对所居住社区没有重大不良影响"主要是一个政策理由，被宣告缓刑的犯罪人会和社区居民接触，因而必须考虑社区居民的感受。如果社区居民对犯罪人在本社区进行社区矫正没有异议，或者虽有异议，但经耐心细致的解释、疏导工作后，同意接受的，则可以决定适用缓刑；如果在经解释、疏导工作后，大多数居民仍然强烈反对的，则不应当决定适用缓刑。[②] 笔者认为这两种解释都不够圆满。根据张明楷教授的解释，完全不考虑社区居民的意见，则本项条件在一定程度上就被架空了。根据叶良芳教授的解释，则事实上将缓刑适用的最终决定权交给了社区；或者说，犯罪人及其家庭的人缘、犯罪性质是否与社区主流好恶相冲突等因素都可能起决定性作用。这显然背离了缓刑制度的本质和目的。

那么到底该如何理解这一要素呢？

要理解"宣告缓刑对所居住的社区没有重大不良影响"，当然得首先理解"不良影响"。根据《现代汉语词典》，"影响"做名词的含义是"对人或事物所起的作用"，[③] 结合本要素语境，"不良影响"就可以理解为缓刑犯在社区执行刑罚可能对社区居民或社区利益造成的不良作用、负面效应。那么，罪犯在社区执行刑罚、生活，会有哪些负面影响呢？大致说来，无外乎以下负面影响：（1）再次针对社区及受害人、证人等犯罪、再次侵犯社区及

---

① 参见张明楷：《刑法学》，法律出版社 2016 年版，第 615 页。

② 参见叶良芳：《缓刑适用应受责任刑的制约——以国内最大基金老鼠仓案为分析重点》，《法学》2014 年第 9 期。

③ 中国社会科学院语言研究所词典编辑室：《现代汉语词典》，商务印书馆 2006 年版，第1636 页。

其居民的合法利益（特殊预防效果不好）；（2）影响社区居民的法感情，尤其涉嫌犯罪与社区及其居民利益直接冲突情形下，会冒犯民众朴素的报应观念（报应效果不好）；（3）可能有犯罪示范效应，刺激其他人犯罪，特别是可能带坏青少年（一般预防效果不好）；（4）可能影响社区声誉，甚至会降低物业价值等。这些影响是否都应纳入缓刑条件意义上的"不良影响"？我们不妨一一展开分析。

第一，再次针对特定社区及受害人实施犯罪、重大违法侵权行为应属"不良影响"。前三个实质要素主要是从犯罪和罪犯本身的角度来评估再犯可能性，而本要素则主要从外在环境的角度来评估再犯可能性。缓刑犯总会在特定的社区生活，而特定的社区有可能刺激缓刑人再次实施犯罪。比如该罪犯所犯之罪就是与社区或者社区大多数居民直接相关的，或者被害人居住在同一个社区，或者其犯罪同伙生活在同一个社区，那么罪犯极有可能被再次受到刺激、挑衅、诱惑进而实施犯罪。此外，不良影响显然不单指犯罪的侵害，还可能包括重大违法、侵权行为造成的损害——罪犯长期生活在特定的社区，对其提出更高的要求也在情理之中。因此，将针对特定社区再次犯罪、再次实施重大违法侵权行为的可能性纳入"不良影响"当属合理。据此，"宣告缓刑对所居住的社区没有重大不良影响"首先就应该是指即将执行社区矫正的特定社区没有刺激、挑衅、诱惑缓刑人再次实施违法犯罪活动的因素，在该特定社区执行矫正，不会给社区增加违法犯罪风险。

第二，一般不应将社区及其居民的法感情影响纳入"不良影响"。原因何在？因为人的"报复"心理往往是失衡的，哪怕加害人只实施了非常轻微的侵犯，被害方都可能会"祈祷"其被"天打雷劈"。而罪犯具备缓刑的前提条件，本身就说明罪刑基本是相适应的，报应目的已经得到满足。但是在整个社区或者大部分社区居民可能与该罪犯有对立情绪时，法官考虑到社区矫正执行的可行性和矫正效果，作出例外的安排也是可以的。因为出现大规模对立情绪，一来可能导致出现第一种意义上的不良影响，二来也不利于罪犯自身的改造，不利于其尽快融入社区、回归社会。故这一不良影响其实可以附属于第一种不良影响。

第三，"犯罪示范效应"可以通过宣告禁止令、加强监督考察等方式消除。现行刑法已经规定，"宣告缓刑，可以根据犯罪情况，同时禁止犯罪分子在缓刑考验期限内从事特定活动，进入特定区域、场所，接触特定的人"，这就可以在最大程度上避免社区行刑带来的犯罪示范效果。更何况量刑时难以考虑积极的一般预防，不能考虑消极的一般预防，[①] 因此，不宜将此种情形视为"不良影响"。

第四，影响社区声誉几乎可以忽略不计。单单居住几名缓刑犯，对社区声誉的影响几乎可以忽略不计。更何况社区行刑完全可以做到内部人公开，外部人保密。总之，缓刑执行几乎不会给社区的声誉造成重大不良影响。

如此看来，"宣告缓刑对所居住的社区没有重大不良影响"应该包括以下几层意思：

首先，本要素主要从社区利益出发，是指缓刑人在特定社区执行社区矫正，不会给社区增加违法、犯罪风险。特别是如果被害人、证人等与缓刑人生活在同一社区，还应考虑缓刑人再次侵害被害人、证人的可能性。如有必要，应征询居住同一社区的被害人、证人等的意见。

其次，不良影响必须是重大的。因此，像执行社区矫正可能轻微影响社区声誉这类情形就不属于重大不良影响。

最后，不良影响必须是针对社区层面的，不是针对个别社区居民而言。因此，如果只是个别居民与该罪犯有情绪对立，不在考虑之列。

不过以上含义还只是"宣告缓刑对所居住的社区没有重大不良影响"的字面含义，主要是从社区利益角度进行解读。要完整理解"宣告缓刑对所居住的社区没有重大不良影响"的规范含义，还必须从缓刑人角度进行解释。这是因为：（1）缓刑人在社区生活，缓刑人利益与社区利益已经融为一体，缓刑人利益本身也是社区利益的组成部分。（2）缓刑的本质在于通过矫正犯

---

① 参见张明楷：《责任刑与预防刑》，北京大学出版社 2015 年版，第 328 页。

罪人来实现社会防卫;如果缓刑人没有得到矫治,其再次侵害社区利益的风险就会不降反升。而如果没有良好的社区环境,矫正目的就不可能达到。(3)犯罪是犯罪人、被害人、社区环境互动的结果。[①] 重大不良影响并不是单向的,而必然同时包含社区环境对缓刑人有无重大不良影响。总之,重大不良影响,"既包括犯罪分子本人对社区的影响,也包含社区对罪犯本人的影响,既要照顾到社区居民的生活秩序不会因犯罪分子被适用缓刑而打乱,甚至产生恐慌、不安,也要照顾到犯罪分子在缓刑考验期内,是否真正有条件通过社区矫正完成改造,以便顺利通过考验期"。[②] 因此,"宣告缓刑对所居住的社区没有重大不良影响"这个要素就必然包含着有利于缓刑人矫正的意思。据此,诸如缓刑人家庭环境(家庭成员有无犯罪记录、家庭关系是否和睦等)、社区内犯罪诱因(有无犯罪同伙、有无滋生犯罪场所等)、有无合适的帮扶人等社区矫正条件,理应纳入本要素考量。

综上所述,"宣告缓刑对所居住的社区没有重大不良影响"的规范含义是指:一方面,罪犯在特定社区执行缓刑,不会给被害人、证人、社区造成重大违法和犯罪风险;另一方面,罪犯存在合适的社区矫正条件。

六、小 结

《刑法修正案(八)》的修法目的在于细化缓刑实质要件,"确实不致再危害社会"与四个实质要件要素是一脉相承的,前者可以统领后者。"犯罪情节较轻"不能解释为犯罪造成的社会危害较轻,而只能解释为"犯罪(人身危险性)情节较轻"或"(再)犯罪(危险性)情节较轻",即由犯罪种类及犯罪行为体现的行为人再犯可能性情节较轻;"有悔罪表现"应解释为行

---

① 参见白建军:《关系犯罪学》,中国人民大学出版社 2014 年版,第 160 页。
② 赵秉志主编:《刑法修正案(八)理解与适用》,中国法制出版社 2011 年版,第 117 页。

为人犯罪后有体现再犯可能性小的情节；"没有再犯罪的危险"应解释为行为人自身及犯罪前因素、情节表明行为人再犯可能性较小；"宣告缓刑对所居住社区没有重大不良影响"是指宣告缓刑不会给被害方、证人、社区造成重大违法、犯罪风险，且行为人具备合适的社区矫正条件。综上，实质要件四个要素分别从罪中（罪种＋罪行）、罪后、罪人（含罪前）、社区适应性四个方面对再犯罪（再次重大违法）可能性进行了限定。其中，前三个要素主要体现人身危险性，第四个要素主要体现外在环境因素。这种解释方案既呼应了缓刑的本质属性和正当性根据，也与再犯规律相吻合。

第四章　缓刑实质要件的操作化

在前一章，我们对缓刑实质要件进行了条分缕析，并认为应该以"确实不致再危害社会"统领四个实质要件要素。尽管"确实不致再危害社会"和四个实质要件要素的内容逐渐清晰起来，但仍然不具有操作性。[①] 根据这些要件要素我们仍然无法得到一个直观的答案：犯罪人的再犯可能性高还是低？犯罪人是否适合宣告缓刑？因此，我们还必须将"确实不致再危害社会"和四个实质要件要素进一步操作化。

一、缓刑实质要件操作化的两种模式

（一）"细化列举"模式

所谓细化列举，是指将缓刑实质要件要素进一步细化、类型化。比如将"犯罪情节较轻""有悔罪表现"进一步细化为具体的类型。我国立法机关和最高司法机关近些年在缓刑立法、司法上的作为表明，他们基本采用了这一模式。理论上也有观点支持这一模式。王秋良、李泽龙针对1979年刑法提出，可在原规定的基础上增加一款或一条，明确规定法官在判断行为人有无人身危险性从而裁量适用缓刑时，应考虑下列因素：（1）过失

---

① 也有相反的观点认为，"没有再犯罪的危险"已经具有可操作性，容易把握，也没有必要对"再犯罪的危险"这一标准进一步分解。（参见赵秉志主编：《刑法修正案（八）理解与适用》，中国法制出版社2011年版，第116页）

犯、中止犯、因防卫过当和避险过当构成犯罪。（2）胁从犯。（3）未成年犯。（4）情节一般之初犯。（5）因民事纠纷，特别是家庭、亲属、邻里之间的纠纷引起的犯罪中的罪犯，只要危害后果不大，均可考虑适用缓刑。（6）一般犯罪中的自首犯。（7）其他可以判处缓刑的情况。[1] 赖正直针对《刑法修正案（八）》提出，在刑法第七十二条后增加一条，作为第七十二条之一："符合本法第七十二条的规定，且具有下列情形之一的，如需予以刑事处罚，可以宣告缓刑：（一）犯罪预备或中止后自首的；（二）自首后又有立功表现的；（三）胁从犯，没有造成严重后果的；（四）防卫过当，没有造成严重后果的；（五）避险过当，没有造成严重后果的；（六）实施造成较轻人身伤害的犯罪，能积极赔偿被害人的损失，并取得被害人谅解的。"[2]

（二）"综合评估"模式

所谓综合评估，是指对实质要件进行整体性、综合性判断。本模式的特点在于根据再犯规律，从多个维度对再犯可能性进行综合性评估，得出一个定量结果。美、英、加、澳、日等国均采这一模式。笔者认为，我国也应采用综合评估模式。如前所述，既然实质要件四个要素分别从罪中、罪后、罪人、社区适应性四个方面对再犯罪可能性判断提出了要求，那么我们就可以根据实证数据，从这四个方面挑选出对再犯最具影响力的指标，赋予相应权重和分数，进而得出一个综合性的再犯危险分数。除了具有可行性外，采用综合评估模式还有以下几个理由：

（1）缓刑实质要件及其四个要素，无法通过单一因素予以准确判断，"单兵突进"注定要失败。我国学者正确地指出，对缓刑适用实质要件的明

---

[1]　参见王秋良、李泽龙：《缓刑适用的立法完善》，《法学》1996年第4期。

[2]　赖正直：《细化缓刑适用条件的若干思考——〈刑法修正案（八）〉对缓刑适用条件的修改及其展开》，《时代法学》2011年第5期。

确化和具体化，主要是对犯罪人人身危险性判断根据的明确化和具体化，而并不是对可以适用缓刑的具体情形的明确列举。因为犯罪人有无再犯罪的危险，是一个需要综合多方面的考量因素进行整体判断的过程，其一般并不可能在某一种具体情形中就可以得到完整的体现。[①] 本书在第二部分讨论行为人思维模式时也已举例论证，此不赘述。

（2）前一模式存在列举不完、细化不足的弊端。只要采用列举方式，就会存在列举不完的情形；而一旦采取概括方式，又会存在细化不足的问题。此外，由于需要同时具备四个要素，分别列举就存在多种排列组合，任何一个要素出现偏差，都可能导致整体判断出现偏差。

（3）不同要素对再犯的影响力不同。有些作用力大，有些作用力小；有些是正作用力，有些是负作用力，细化列举模式无法妥当体现各自的影响力。

（4）实践表明，细化列举模式无法取得成功。《刑法修正案（八）》实际上就是细化列举的一次立法实践，但五年多的司法实践表明，这一模式并未达到预期效果。

（5）官方亦认识到综合评估的科学性并在全国监狱推行。2016 年 4 月 21 日，司法部监狱管理局出台了《关于开展罪犯危险性评估工作的意见》（试行），全面推行狱内罪犯"危险性评估"。根据该意见，危险性评估是对"罪犯发生危及监狱秩序与稳定的脱逃、行凶、暴狱、抗改、自杀等行为以及再犯罪的可能性进行系统科学的评估和预测"。[②] 该工作虽然针对狱内罪犯，但对缓刑适用具有借鉴意义。

基于以上理由，"确实不致再危害社会"和四个实质要件要素的操作化宜采用综合评估模式。也正是从这个意义上讲，实质要件的操作化过程，就是再犯危险评估过程。这里的再犯危险，主要指再次犯罪的风险，但也可以

---

① 参见敦宁：《缓刑适用的规范化进路——以制度完善为中心的理论探讨》，《法治研究》2014 年第 9 期。

② 翟中东、孙霞：《罪犯危险评估的几个基本问题》，《中国监狱学刊》2016 年第 3 期。

包含再次实施重大违法行为的风险。因此，本章将专门讨论缓刑适用再犯危险评估（也称为再犯可能性评估、再犯预测）问题。

二、罪犯危险评估概述

（一）危险评估及危险评估工具的历史发展

再犯危险是危险评估的一个分支。危险评估的适用范围非常广泛，既包括对犯罪人的危险评估，也包括对未犯罪人员、嫌疑人的危险评估，如对没有犯罪的精神病人和保释（取保候审）嫌疑人的危险评估。对犯罪人的评估主要包括服刑期间的危险评估，缓刑适用、缓刑监督考察期间的危险评估，假释适用、假释监督考察期间的危险评估。再犯危险评估主要在保释、缓刑适用、假释适用以及刑满释放前进行。

危险评估在我国相对而言比较陌生，但在美国、加拿大、英国等国家已有很长的历史。笔者认为，根据危险评估的理念、模式以及危险评估工具的特点，刑事司法领域的再犯危险评估可以大致划分为"两个时代"。①

---

① See Shapiro D L, Noe A M, *Risk Assessment: Origins, Evolution and Implications for Practice*, Cham:Springer, 2015; Bonta J, Andrews D A, "Risk-need-responsivity Model for Offender Assessment and Rehabilitation", *Rehabilitation*, 2007, 6, pp.1–22; Berk R A, Bleich J, "Statistical Procedures for Forecasting Criminal Behavior", *Criminology & Public Policy*, 2013, 12（3）, pp.513–544；Berk R, *Criminal Justice Forecasts of Risk: AMachine Learning Approach*, New York:Springer Science & Business Media, 2012; Hollin, Clive R（ed）, *The Essential Handbook of Offender Assessment and Treatment*, West Sussex:John Wiley & Sons, 2005; Nussbaum D, "Recommending Probation and Parole", in *The Handbook of Forensic Psychology*, Irving B Weiner & Allen K Hess（eds）, New Jersey:John Wiley & Sons, 2006, p.435；黄兴瑞：《人身危险性的评估与控制》，群众出版社 2004 年版，第 122 页；文姬：《人身危险性评估方法研究》，中国政法大学出版社 2014 年版，第 17 页；何川：《罪犯危险性评估研究综述》，《河北北方学院学报》2014 年第 2 期。

1. 直觉时代

直觉时代也可谓前科学时代，主要指 20 世纪 20 年代之前的时代。在这个阶段，危险评估理念尚未产生，危险评估制度亦不存在。再犯危险评估更多是作为缓刑实践的内在组成部分而存在。因为对罪犯适用缓刑暗含着一个当然前提，那就是罪犯的再犯危险小。因此，要适用缓刑，必然伴随着再犯危险的判断。只不过在这个阶段，再犯危险判断主要依赖于"保证人"的直觉判断和司法官的自由裁量。于是我们看到，"第一位缓刑官"Augustus 通过眼神交流、日常对话、家庭调查等方式完成了"再犯危险判断"，而法官则主要看罪犯是否是初犯等来行使自由裁量权。在这个时代，由于缓刑主要适用于酒精滥用者、卖淫女、少年犯等轻微罪犯，这种非专业性的常识判断并未受到太大挑战。据传 Augustus 在 18 年间一共救治了 1946 人，只有 10 人失手。[1] 但是随着缓刑适用范围的扩大，特别是适用于重罪犯罪人以后，直觉判断就捉襟见肘了。直觉时代的典型特征是：危险评估理念和制度尚未产生；没有专门的危险评估人员、危险评估工具和程序；危险评估尚未作为一门科学进入研究视野；没有对危险评估效果的检验。

2. 科学时代

所谓科学时代，是指以科学的理论为指导，运用科学的思维、方法和手段来开展危险评估的时代。20 世纪二三十年代，许多杰出犯罪学家的研究，打开了危险评估科学时代的大门。Hornell Hart 和 Buegess 是假释领域再犯预测的先驱，前者最早提出假释再犯预测理念，后者最早开展假释再犯预测研究。[2] 不过这方面最著名和相对完善的研究当属哈佛大学格鲁克夫妇的"500 人犯罪生涯"（500 criminal careers）研究。他们以马萨诸塞矫正

---

[1] See *History of Probation*, http://www.nyc.gov/html/prob/html/about/history.shtml.

[2] Schuessler K F, "Parole Prediction: Its History and Status", *J. Crim. L. Criminology & Police Sci.*, 1954（45），p.425.

院（Massachusetts Reformatory①）1921 年或 1922 年结束假释的 510 名男性犯罪人为调查对象，搜集他们入矫前、在矫期间、假释及假释后的犯罪和生活经历数据，运用统计方法挑选出对假释后再犯最具影响力的指标作为预测因子，研制了可供法官、假释委员会使用的（再犯）预测表（Prognostic Tables）。② 当然，由于研究样本的局限性，该预测工具主要具有方法论意义。此后，格鲁克夫妇还专门研制了缓刑适用预测表，③针对缓执行（Straight Probation）和缓宣告（Probation with Suspended Sentence）两种类型，各自设置了 5 个指标来预测（少年）缓刑人缓刑期间的违规可能性。其中有 4 个预测指标是相同的，即父亲的出生地、父亲的管教（Discipline）、母亲的管教、在校违规行为。不同的预测指标是"学校阻滞"（School Retardation）和父亲对罪犯的感情，前者用于缓执行，后者用于缓宣告。根据该预测表，在缓执行情形下，如果预测指标得分超过 240，则缓刑期间违规的几率高于 50%；在缓宣告情形下，如果预测指标得分超过 300，则缓刑期间违规的几率高于 50%。这个预测表看起来比较粗疏，但作者对另一群少年犯的追踪调查结果表明：286 名被预测会在缓执行期间违规的人中，94.4% 的人在缓刑期间确实实施了严重犯罪或持续轻微犯罪；344 名被预测会在缓宣告期间违规的人中，98% 的人在缓刑期间确实实施了严重犯罪或持续轻微犯罪。④

　　在科学时代，危险评估主要依赖专业人员和危险评估工具，危险评估成为独立的制度和行业。这个阶段的典型特征是：评估工作由专业人员完成，

---

① 类似少年犯工读学校（industrial school）的成年犯教养机构。其设立目的在于通过规训、指导、启发等手段使罪犯不再犯错。See Glueck S, Glueck E T, *500 Criminal Careers*, New York:AA Knopf, 1930, p.25.

② Glueck S, Glueck E T, *500 Criminal Careers*, New York:AA Knopf, 1930, p.280; Glueck S, Glueck E T, "Predictability in the Administration of Criminal Justice", *Harv. L. Rev.,* 1928, （42）, p.297.

③ Glueck S, Glueck E T, *Predicting Delinquency and Crime*, Cambridge:Harvard University Press, 1967, p.34.

④ Glueck S, Glueck E T, *Predicting Delinquency and Crime*, Cambridge:Harvard University Press, 1967, p.52.

或由专业人员与普通人合作完成；开始采用科学手段——危险评估工具来开展评估工作。根据危险评估手段、工具的不同，这一时代又可细分为五代。

（1）第一代：专业判断（Professional judgement）。在 20 世纪上半叶，罪犯危险评估主要掌握在矫正人员（如缓刑官、监狱工作人员）和临床专业人员（如心理学家、精神病学家以及社会工作者）的手中。他们根据自己接受的训练和经验来对罪犯的危险作出判断进而决定针对罪犯的措施。

（2）第二代：基于证据的工具（Evidence-based tools，也译为循证工具）。20 世纪 70 年代开始，人们逐渐达成一个共识：危险评估应该更多依靠基于精算、证据的科学而更少依靠专业判断。精算式危险评估工具于是被开发出来。其具体做法是考虑哪些被证明会增加再犯危险的个人因素并赋予其分值。存在一个再犯危险因素即加 1 分，反之则记为 0。汇总后的分值越大，则罪犯的再犯危险越高。这种评估工具虽然比较简单粗放，但实证研究表明，与临床评估相比，其预测准确性要好得多。其优越性也让其不断攻城略地，在精神病犯罪人、性犯罪人危险评估等领域都有广泛运用。第二代危险评估工具的代表是美国的"重要因素分值表"（Salient Factor Score）[1] 和加拿大的"再犯统计信息"（Statistical Information on Recidivism）。第二代评估工具的预测结果非常令人满意，它能可靠地区分低危险犯罪人和高危险犯罪人。不过它也有两个缺点：一是评估指标选择仍不够合理。评估指标主要根据可获得性以及与再犯的形式联系进行选择。二是许多指标仍被作为静态危险指标对待。因此，评估结果只体现为危险程度未改变或增加，而未能反映危险降低的情形。

（3）第三代：基于证据的动态（Evidence-based and dynamic）评估工具。在 1980 年左右，第三代评估工具被研发出来了。犯罪史仍然是重要的评估

---

[1] 详细介绍参见翟中东：《假释适用中的再犯罪危险评估》，《中国刑事法杂志》2011 年第 11 期。

指标，但是加入了许多动态指标以便调查犯罪人的现状和变化情况，如会询问有关职业（失业或就业）、交友（交新友失旧友）、家庭关系（支持或不支持）等方面的问题。由于对犯罪人的变化情况非常敏感，第三代工具既可以评估矫正、监督的效果，也可以为矫正人员的进一步干预和危险管理提供目标指引。第三代危险评估工具被认为是"危险—需要"（"risk-need"）工具。第三代工具的代表是"水平服务量表—修正版"（Level of Service Inventory-Revised）。①

（4）第四代：系统性综合性（Systematic and comprehensive）评估工具。第四代工具直到最近几年才被研发出来了。通过加入新的危险预测因子和其他跟矫治有关的个人因素，新一代工具对系统性介入和监测进行了整合。第四代工具的典型代表是"水平服务 / 案件管理量表"（Level of Service/Case Management Inventory）。

（5）新兴评估工具（第五代？②）。尽管精算评估工具方便、高效和准确，但仍有其局限性，如在不同的罪犯群体（缓刑、假释、服刑罪犯；不同地区）准确性不一样；缺乏对个体异质性的解释；对性别、种族因素不敏感。③因此，危险评估专家竞相研发新一代评估工具。近年来已有数种新研发的危险评估工具面世，比较著名的有以下三种：

①机器学习（Machine Learning）工具。随着大数据时代的来临和计算机技术的发展，人们可以使用数据挖掘技术和机器学习方法来实现更准确、更复杂的再犯危险预测。其中，比较有代表性的算法是伯克利加州大学统计学家、美国科学院院士 Breiman 教授发展的 Random forests④（"随机森

---

① 参见翟中东：《危险评估与控制——新刑罚学的主张》，《法律科学》2010 年第 4 期。

② 目前出现了几种自称的（self-proclaimed）第五代评估工具，但尚未在学术界获得一致认可。

③ Shaffer D K, Kelly B, Lieberman J D, "An Exemplar-based Approach to Risk Assessment: Validating the Risk Management Systems Instrument", *Criminal Justice Policy Review,* 2011, 22（2），p.170.

④ Breiman L, "Random Forests", *Machine Learning,* 2001, 45（1），pp.5–32.

林")和斯坦福大学 Friedman 教授发展的 stochastic gradient boosting[1]("随机梯度提升")。这两种工具都是非参数(nonparametric)算法,在刑事司法领域表现良好,得到了美国机器学习领军人物、宾夕法尼亚大学 Berk 教授的推崇。[2]

②基于范例的(exemplar-based)危险评估工具。其典型代表是危险管理系统(Risk Management Systems,RMS)。[3] 与其他评估工具不同,RMS 的评估结果不是一个抽象的分数,而是 10 个具有相似风险因素模型(similar risk factor patterns)甚至相似生活环境的参考案例("nearest neighbors")——这些参考案例的风险因素与危险程度(高风险、低风险)均是已知的。如果找到的相似参考案例属于高风险案例,则评估对象亦属于高风险;反之亦然。毫无疑问,这种评估工具对参考案例的质量要求很高。RMS 的参考案例库已有超过 4 万件真实案例,这些案例既包括罪犯有无再犯、风险因素、生活环境等信息,也包括监督、治疗、干预及其效果的信息。与以往工具相比,RMS 能更好解决"平均与特定"的矛盾。即以往的精算工具评估结果其实是一个平均风险概率值,并不是给定罪犯的实际再犯概率,[4] 因此,当再犯风险位于 50% 左右区间时,决策者将很难作出决定。RMS 给出的参考案例可以让我们更清楚地理解给定罪犯而不是某个罪犯群体的再犯危险性。此外,这一工具可以提供相似生活环境的参考案例,因此,对地域因素具有敏感性。

③神经生物学评估工具。这主要是一些神经生物学家提出的危险评估

---

[1] Friedman J H, "Stochastic Gradient Boosting", *Computational Statistics & Data Analysis*, 2002, 38(4), pp.367–378.

[2] Berk R, Bleich J, "Forecasts of Violence to Inform Sentencing Decisions", *Journal of Quantitative Criminology*, 2014, 30(1), pp.79–96.

[3] See Shaffer D K, Kelly B, Lieberman J D, "An Exemplar-based Approach to Risk Assessment: Validating the Risk Management Systems Instrument", *Criminal Justice Policy Review*, 2011, 22(2), p.170; Risk Management Systems 3.0 User Manual, http://www.modelingsolutions.com/docs/RMS% 203.0% 20Manual.pdf.

[4] 参见文姬:《人身危险性评估方法研究》,中国政法大学出版社 2014 年版,第 38 页。

方法。如加拿大多伦多大学的 Nussbaum 教授认为，暴力行为在神经生物学里可以分为不同的种类，不同的暴力行为具有不同的神经生物学特征。因此，可以通过脑电图机等生理仪器来发现犯罪人的神经递质、人格等个体差异，进而实现分类矫治。他认为，一个理想的（暴力）危险评估工具应当具备以下七个特征：[①] 能够有效预测暴力的发生；能够有效预测暴力的严重程度；能够有效预测再犯的时间；具有理论基础和一致性，能够指引治疗；凭借成熟度和随时的治疗反馈对危险程度的改变保持敏感性；减轻危险的防卫性因素；侵害和暴力的神经生物学还原性（Reducibility to the underlying neurobiology of aggression and violence）。

（二）危险评估在中国

在危险评估方面，我国明显落后于其他国家和地区。但近年来，关于危险评估的理论和实践研究取得了许多重要进展，涌现出一批专注危险评估的学者。特别是部分学者、院校与司法实务部门合作，研发了不同类型的危险评估工具，有些还在司法实务部门得到了试用和推广。

1. 狱内罪犯管理和危险性评估

我国监狱内罪犯的管理评估主要体现为两个载体。一是入监登记表。罪犯在入狱时，会登记个人基本信息、犯罪情况和家庭成员、社会关系，监狱管理人员据此进行针对性的教育改造。二是"罪犯双百分考核制"。双百分是指思想改造一百分，生产劳动改造一百分。该制度将罪犯认罪服法、遵守队纪、三大教育、生活卫生、质量、产量、消耗、安全等指标，分解成近百种行为表现，按照他们在改造中的不同作用，逐项定出分值，采取

---

① Nussbaum D, "Recommending Probation and Parole", in *The Handbook of Forensic Psychology*, Irving B. Weiner&Allen K. Hess（eds）, New Jersey:John Wiley & Sons, 2006, p.433.

日记分、周调查、月累计、季小评、年总结的方式，以分记奖，实行由犯人小组评议，再由干部考核审定记分，考核结果与奖金分配、记功记过、奖惩等挂钩的承包责任制。① 直到现在，我们在中国裁判文书网查询减刑、假释文书，依然能看到这一制度的影响。不过从危险评估的角度来看，这两项制度都缺乏科学性，无法准确评估罪犯的危险性，② 因而更多是一种罪犯管理手段。

2016 年 4 月 21 日，司法部监狱管理局出台《关于开展罪犯危险性评估工作的意见》（试行），在全国监狱正式推行狱内罪犯"危险性评估"。尽管有学者认为这标志着罪犯危险评估工作已取得突破性进展，③ 但该项工作仍处于探索之中。目前，全国监狱系统也在广泛开展危险性评估培训工作。相信在不久的将来，我们就可以看到狱内罪犯"危险性评估"工具和评估实践成果的出现。

2. 刑释人员再犯危险评估

1991 年，上海市再犯预测量表研究课题组通过分析 1990 年上海市对 1986 年刑满释放人员进行调查所获得的资料来确立再犯相关因素和各相关因素对刑释人员重新违法犯罪作用力的大小。课题组主要使用了联列相关系数计算公式确定影响再犯的因素及其影响大小。统计结果显示：家庭关系、安置情况、帮教情况、婚姻状况、违法犯罪次数、改造表现、经济状况和出狱年龄等 8 种因素与再犯的相关关系极其显著；犯罪种类和判刑前职业与再犯相关关系很显著；刑期和户籍与再犯相关程度显著；性别与再犯不显著；文化程度与再犯很不显著。在此基础上，课题组编制了再犯预测问卷表，并

---

① 参见赵绪明：《论罪犯考核制度的法定化走向》，硕士学位论文，华中师范大学，2008 年；袁岳：《劳改工作改革的背景和内容》，《法学研究》1990 年第 4 期。

② 参见文姬：《人身危险性评估方法研究》，中国政法大学出版社 2014 年版，第 52 页；何川：《罪犯危险性评估研究综述》，《河北北方学院学报》2014 年第 2 期。

③ 参见翟中东、孙霞：《罪犯危险评估的几个基本问题》，《中国监狱学刊》2016 年第 3 期。

根据每一类型刑释人员的三年内再犯率予以赋值。经过试测、测验常模的制定、信度和效度检验后，该再犯预测量表在劳改部门和社会治安综合治理部门进行了试用。①

此后，华东政法大学邬庆祥课题组在调查 1994 年至 1999 年释放的 15000 名上海籍刑释人员的基础上，编制了《刑释人员个体人身危险性测评量表》，用多元回归分析方法预测刑释人员在获释后 2 年内的重新犯罪情况。该课题组得到的刑释人员人身危险性回归公式为：

刑释人员人身危险性标志值 P= 性别 ×0.081+ 文化程度 ×0.034+ 捕前职业 ×0.012+ 婚否 ×0.01+ 罪名 ×0.077-刑期 ×0.007+ 剥夺 ×0.033+ 前科次数 ×0.11063+ 离监类型 ×0.065+ 改造 ×0.074+ 就业 ×0.155+ 帮教情况 ×0.2042-逮捕年龄 ×0.032-释放年龄 ×0.024-7.379

经检验，该量表的准确率为 92%。目前，该量表已应用于上海市监狱系统的取保候审、假释实践。②

我国刑释人员再犯危险评估研究的另一个高地是浙江。浙江警官职业学院黄兴瑞、孔一、曾赟等一直在该领域辛勤耕耘，研制了多份量表，取得了丰硕的研究成果。③ 他们使用的研究方法与前述上海模式大体相同，但调查样本则来自浙江省监狱系统。

---

① 参见上海市再犯预测量表研究课题组：《刑释人员再犯预测量表的研制》，《福建公安高等专科学校学报》1999 年第 4 期。

② 参见邬庆祥：《刑释人员人身危险性的测评研究》，《心理科学》2005 年第 1 期。

③ 参见黄兴瑞、孔一、曾赟：《再犯预测研究——对浙江罪犯再犯可能性的实证分析》，《犯罪与改造研究》2004 年第 8 期；孔一、黄兴瑞：《刑释人员再犯风险评估量表（RRAI）研究》，《中国刑事法杂志》2011 年第 10 期；曾赟：《服刑人员刑满释放前重新犯罪风险预测研究》，《法学评论》2011 年第 6 期。

3. 强制措施中的再犯危险评估

西南政法大学张吉喜以 C 市 Y 区的 417 件取保候审案件（其中取保候审成功案件 403 件，嫌疑人、被告人实施新罪的案件 14 件）为样本，运用 X^2 检验和 Logistic 回归分析对犯罪嫌疑人、被告人取保后是否再犯新罪的影响因素进行单变量和多变量分析。结果发现，前科、职业是否为务农、可能判处 3 年以上有期徒刑、取保候审持续时间等因素与再犯有显著的统计学意义。其中，有前科的犯罪嫌疑人、被告人的再犯风险比没有前科的犯罪嫌疑人、被告人高 18.77 倍；务农的嫌疑人、被告人的再犯风险比有固定工作者和学生高 10.9 倍；可能判处 3 年以上有期徒刑的嫌疑人、被告人的再犯风险比可能判处 3 年以下刑罚的嫌疑人、被告人高 8.82 倍。[①]

4. 社区矫正人员再犯危险评估

随着社区矫正制度的全面推行，北京、上海、江苏、浙江等省市相继研发了社区矫正人员再犯危险评估工具。[②] 目前看来，浙江警官职业学院牵头研发的 CIRAI 系统在选样、量表编制、信度效度检验、实践效果等方面均居于领先地位。[③]CIRAI 系统主要根据浙江省出狱同期群数据进行研发，其最新版的预测因子群包括六个方面，分别是：早年家庭与学业、早年（16 岁以前）行为、第一次犯罪情况、第一次受刑与其他受罚情况、现在的情况、近期行为。其中每一预测因子群又包含多项具体预测因子。如"现在的情况"就包括 15 个预测因子，分别为：婚姻状况、居住情况、亲属关系、家庭经济状况、职业、就业状态、收支、朋友、朋友违法者人数、吸毒、债权

---

① 参见张吉喜：《统计学方法在评估"逮捕必要性"中的运用》，《广东社会科学》2014 年第 6 期。

② 参见李光勇：《社区矫正人员重新犯罪风险评估与预防——基于上海市三个区的问卷调查》，《中国人民公安大学学报》2013 年第 5 期。

③ 参见孔一：《社区矫正人员再犯风险评估量表研究》，《犯罪与改造研究》2012 年第 7 期；许疏影：《社区矫正人员再犯风险评估工具实证研究》，《河南警察学院学报》2014 年第 4 期。

债务、犯罪率估计、处罚率估计、文身、开支计划。这些预测因子均有相应的赋值（如有固定住处或换过 1 次住处，0；换过 2 次住处，1；换过 3 次及以上住处，2），评估人员可以根据矫正人员的具体情况和回答计算出风险得分。矫正人员的实际风险得分与 CIRAI 系统的五个风险等级分比对，即可判断矫正人员的再犯风险。该系统自 2011 年 7 月起在浙江省杭州市余杭区司法局系统正式启用，取得了较好的实践效果。

三、缓刑适用再犯罪危险预测因子

（一）再犯危险预测因子的筛选

尽管刑法已明确将"没有再犯罪的危险"规定为适用缓刑的条件之一，但是到目前为止，我国并未建立针对缓刑适用的再犯危险评估制度。再犯危险评估操作化的关键是要研发再犯危险评估工具，而再犯危险评估工具的核心则是科学确定再犯危险预测因子。有了再犯危险预测因子，即便没有规范的量表，也能给缓刑实践指明大致方向。

1. 筛选原则

我国缓刑适用再犯危险预测因子筛选应遵循以下几项原则：

第一，和法律规定相协调。如前所述，刑法第七十二条从四个方面对"确实不致再危害社会"作出了规定，缓刑适用再犯危险评估自然要在这个框架下进行。根据笔者的解读，四个实质要件要素分别代表罪中（罪种＋罪行）、罪后、罪人（含罪前）和社区危险性要素，其中，前三个要素主要体现人身危险性要素，最后一个要素主要体现了环境因素和矫正条件，与再犯（预测）规律基本吻合。

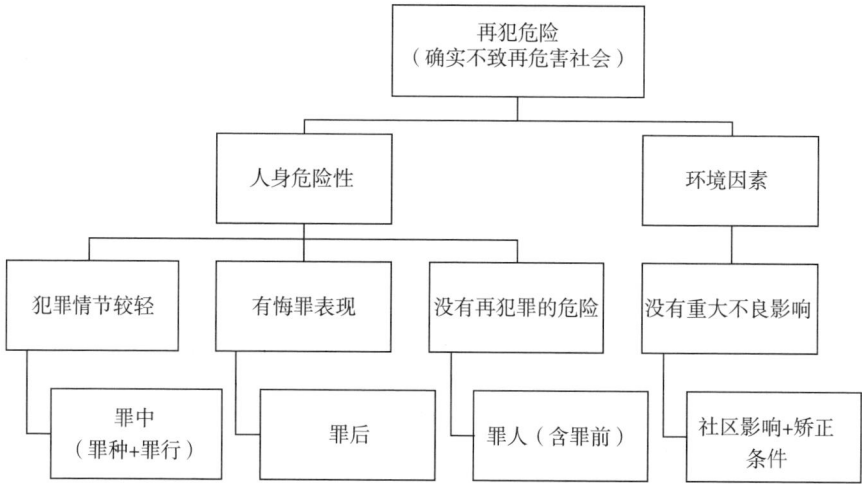

图 4-1 "确实不致再危害社会"操作化示意图

此外，刑法第七十四条规定，"对于累犯和犯罪集团的首要分子，不适用缓刑"。此条系缓刑适用的消极要件。本规定对确定再犯危险预测因子及其权重具有重要的指引意义，即应将"类消极要件要素"作为实质要件判断的核心因子，赋予其最大权重。所谓"类消极要件要素"，是指立法没有将其确定为消极要件，但是其内核与消极要件相同或相近的要素。简单地讲，累犯是违法犯罪前科之极端代表，非累犯的违法犯罪前科就是"类消极要件要素"；犯罪集团的首要分子是组织犯、职业犯、共同犯罪之极端代表，其他主犯、组织犯、职业犯就是"类消极要件要素"。刑法对消极要件要素作出了一律不适用缓刑的规定，这实际上对司法者提出了指引："类消极要件要素"应该是仅次于消极要素的重要影响因子。也就是说，诸如非累犯的再犯、劳教前科、行政违法前科、犯罪集团成员、一般首要分子、一般主犯应该作为实质要件中权重最高的再犯危险预测因子。总之，累犯也好、犯罪集团首要分子也好，其实质反映的是犯罪的习癖性、高度组织性、职业性，因此，与犯罪习癖性、组织性、职业性有关的因素，都应该成为判断实质要件的高权重因子。

第二，注重理论指导。既要重视再犯理论研究成果，也要重视再犯危险预测理论研究成果。如，"少数人对多数犯罪负责"就是重要的再犯理论。[①]
国外的多项实证研究表明，少数人实施了绝大多数犯罪。据我国学者翟中东
考察，这一理论在中国也是成立的。因此，这少数人实际上就是再犯罪危险
性最大的人群。这群人具有什么特征？"犯罪次数频繁""犯罪危害大"（是
重大犯罪的实施者）。据此，"违法犯罪史"和"犯罪本身的危险性"应该作
为重要的预测因子。再如 Gendreau 等学者在对 131 项再犯预测研究进行荟
萃分析（meta-analysis）后发现，犯因性需要（criminogenic needs，指支持
反社会生活方式、行为的反社会态度）、犯罪 / 反社会行为历史、社会性获
得（social achievement，指婚姻状态、教育水平、就业情况、收入、地址变
更等）、年龄 / 性别 / 种族、家庭因素是最强的预测因素。[②] 显然，这些有关
再犯的研究、有关再犯研究的研究有利于我们明确筛选方向、集中重要候选
因子，也有利于保证缓刑适用的科学性。

　　第三，借鉴其他国家、地区危险评估工具的预测因子，特别是优秀评估
工具的危险预测因子。权威量表不仅有理论依据支撑，而且经过了实践的检
验，因而参考价值更大。如美国的"水平评估量表"（LSI-R）被认为是最有
用的量表，[③] 英国的"罪犯评估系统"（OASys）被认为是全世界同类工具中
最先进的。[④] 根据 LSI-R，权重最高的预测因子是犯罪史、教育或就业情况、
使用酒精或者毒品情况。根据 OASys，最重要的预测因子是犯罪本身的危
险性、犯罪史和毒品滥用。

　　第四，借鉴我国已有危险评估工具的预测因子。尽管我们尚未有专门

---

① See Georgia Zara, David P Farrington, *Criminal Recidivism: Explanation, Prediction and Pre-vention*, New York:Routledge, 2016, p.4；翟中东：《危险评估与控制——新刑罚学的主张》，《法律科学》2010 年第 4 期。

② Gendreau P, Little T, Goggin C, "A Meta-analysis of the Predictors of Adult Offender Recidi-vism: What Works!", *Criminology,* 1996, 34（4），p.575.

③ Gendreau P, Little T, Goggin C, "A Meta-analysis of the Predictors of Adult Offender Recidi-vism: What Works!", *Criminology,* 1996, 34（4），p.575.

④ 参见翟中东：《缓刑适用中的再犯罪危险评估》，《河南警察学院学报》2012 年第 2 期。

的缓刑适用危险评估工具，但其他危险工具仍可作为借鉴。例如，前述强制措施危险评估工具和社区矫正人员再犯危险评估工具对缓刑适用评估借鉴意义最大。缓刑适用对象和取保候审对象、新进社区矫正人员在很多方面具有相似性，因此，预测因子也具有共通性。当然，也要注意各自的区别。比如：可能判处的刑罚对取保候审再犯有影响，而缓刑适用对象的刑期已经确定；社区矫正人员可能有第一次受刑情况，而大多数缓刑适用对象可能属于初犯。总之，可以参考前述两个危险评估工具，同时进行个性化改造。

第五，不能颠倒因果关系。再犯危险评估是一种预测，而预测就是从已知推导未知。已知是因，未知是果。因此，再犯预测只能选取评估时已经存在的因素作为预测因子，而不能以未来存在的因素进行预测。但是这里的已知并不一定要是现实。如前述张吉喜的取保候审再犯危险评估模型中含有"可能判处 3 年以上有期徒刑"这个因素。这个因素显然是一个尚未确定的因素，但在司法实践，根据相关犯罪事实和证据，基本能够作出准确推断，因而也可作为预测因子。再如缓刑适用对象的婚姻状态，如果其已婚，以已婚作为前提进行再犯危险预测是可以接受的，尽管其确实可能在缓刑考验期间离婚。有学者指出，"做缓刑或假释预测时释放后状况尚不知道，这就使得实际的预测难以操作"。[1] 这确实是一个操作问题，但只要不从根本上颠倒因果关系原则，实践中可以采用推测、替代等变通方法。

第六，区分故意犯罪与过失犯罪。在国内外的危险评估工具中，这是一个未引起高度重视的问题。如前所述，故意犯罪和过失犯罪的发生机理并不相同，因此，预测再犯理应区别对待。由于绝大多数再犯、累犯均为故意犯罪人，故应以预防、预测故意犯罪为主。我国台湾地区"刑法"第74条明确规定，缓刑适用于："一、未曾因故意犯罪受有期徒刑以上刑之宣告者。二、前因故意犯罪受有期徒刑以上刑之宣告，执行完毕或赦免后，五年以内

---

① 孔一：《再犯预测基本概念辨析与选样方法评价》，《江苏警官学院学报》2005 年第 6 期。

未曾因故意犯罪受有期徒刑以上刑之宣告者。"这实际体现了对故意犯罪（人）作不利预测的理念。

第七，把握初犯预防与再犯危险评估的关系。这也是一个未引起重视的问题。并不是所有类型的犯罪都存在再犯的可能，有些犯罪主要由初犯构成，最典型的就是刑法分则第八、九、十章的"职务型犯罪"。因为这些犯罪多半要求具备特定的身份（国家工作人员、军人）方能构成，而具备这些身份，必须没有犯罪前科；这些拥有特定身份的人一旦构成犯罪，其相应身份就要被剥夺。也就是说，先犯普通犯罪再犯"职务型犯罪"以及先犯"职务型犯罪"再犯"职务型犯罪"的几率几乎没有。[1] 他们最大的可能是先犯"职务型犯罪"，在被解除职务后，再犯其他"非职务型犯罪"，而这又属于普通犯罪的再犯评估范围了。因此，对于"职务型犯罪"应强调初犯预防、初犯预测而不是再犯危险评估。比如，应该关注"是不是有内部违规违纪行为的人初犯概率更高"这类问题。事实上如果将这类案件纳入再犯危险评估预测因子的筛选样本，反而可能影响普通犯罪再犯预测的准确性。

第八，以客观因素为主原则。完全或主要使用主观因素预测，既无法保证信度，也无法保证效度，而且程序还不简便。使用客观因素预测，相对而言更能保证效度和信度。当然，辅助使用部分主观因素也能有效提高预测的准确性，特别是邻居、同事、同学等对罪犯的"坏印象"往往能够准确指示高危险性。

第九，"动静结合"原则。加入动态预测因子是第三代危险评估工具的重大特色，并且确实提高了预测的准确性。因此，我们的预测因子也应该涉及动态因子。

第十，简单易用原则。由于我国缓刑人司法数据统计和公开均比较落

---

[1]　因为存在不严格执行行政法律的情形，实践中确实存在例外，但例外毕竟是小概率事件。

后，研究人员也很难获得大量具有全国代表性的适格样本，[①] 暂不具备使用数据挖掘和机器学习等新兴方法的条件。因此，研制简单易用的结构化量表辅以临床评估可能是现阶段最现实的选择。

2. 筛选方法

研发危险评估工具必须具备两个前提：知道哪些因素会影响再犯；知道各因素影响再犯的程度。[②] 前一个问题可以通过借鉴前人成果、个案归纳、理论演绎等方法实现。应该说前一个问题比较好解决，一个最简单的办法就是将各种类似危险评估工具特别是预测效果好的工具以及和预测目的最接近的工具包含的预测因子悉数纳入，再结合自己的预测对象和目的，删除明显不符合要求的预测因子即可。比如，刑释人员再犯研究要考察受刑经历，而缓刑适用对象可能压根儿就没有受刑经历，这样的预测因子就可以排除。当然，这种做法也可能遗漏一些预测因子，但一般来说影响不大，因为之前的再犯危险工具不大可能遗漏了核心预测因子。比较难的是后一个问题。解决后一个问题的最好办法自然是选择一定范围的样本，建立实验组（再犯组）与对照组（未再犯组），进而采用统计分析的方法来确定各因素影响再犯的程度。比如要预测缓刑人是否再犯，最好就是选择同一时期判处缓刑的罪犯做追踪调查，一定时期内再犯和没有再犯的自然形成实验组和对照组。在获取两组人员相关信息后，进行统计分析即可获得相关因素对再犯的影响力。[③] 不过实施这种标准做法实际上非常困难。因为在同期进入矫正的缓刑犯中，再犯样本往往太少。笔者搜集的北京市 C 区的 543 个社区矫正案例没有 1 起再

[①] 前述我国危险评估工具研发均基于地方性数据，尚未有基于全国性数据的系统；浙江警官职业学院研发的社区矫正人员再犯风险评估系统的基础数据来自刑释人员而非社区矫正人员——从理论上讲，刑满出狱与假释、缓刑进入社区矫正的再犯情况可能会有所不同。

[②] 参见孔一：《再犯风险评估中的几个基本问题》，《河南警察学院学报》2016 年第 2 期。

[③] 参见张甘妹：《再犯预测之研究》，（中国台湾）法务通讯杂志社印行，1987 年版，第 2 页。

犯，重庆市 B 区的 273 个社区矫正案例也只有 2 起再犯。要获得足够多的缓刑再犯样本，需要获得较高层面的行政支持。① 这可能也是国内至今未有缓刑再犯危险评估工具的原因之一。由于没有足够多的再犯样本，笔者只能采用替代方法。笔者采取的方法可谓"核心因子＋公因子＋数据库验证＋理论推导"四合一法。

所谓"核心因子"，是指各种危险评估工具公认为最重要的预测因子。比如前科（犯罪前科、行政前科）在所有再犯评估工具里都占有一席之地，而且是最重要的预测因子。对于这样的预测因子，我们的评估工具没有理由不纳入。

所谓公因子，就是类似数学上的公因式。如前所述，我国目前的危险评估工具只有刑释人员再犯危险预测、取保候审再犯预测和社区矫正人员再犯预测三种。这三类工具的预测因子各不相同，即便同为刑释人员再犯危险预测工具，上海团队研发的就和浙江团队的不同。笔者的做法就是，观察国内外权威量表的预测因子，并将它们的公因子提取出来。

所谓数据库验证，就是将我们的裁判文书数据库包含的因子进行统计检验。我们的数据库里既有初犯也有再犯、累犯，完全可以在数据库里得到验证。由于我们的数据库时间跨度过长，我们选取了 2012 年以后判决的案件作为样本，以期尽量减少社会大环境对再犯、累犯的影响。② 比如理论上认为"无业失业"的人更可能再犯，"无业失业"就被认为是一个非常重要的预测因子。我们就可以以本研究的裁判文书库为样本，对"无业失业"与"是

---

① 值得期待的是，由中央政法委推动的全国性重新犯罪问题调查也在 2018 年启动。（邵克：《重新犯罪问题调查领导小组成立：两高两部参加，傅政华任组长》，澎湃新闻，2010 年 9 月 26 日）

② 选择 2012 年以后的案件还有其他方面的考虑：一是 2012 年是修正案（八）修改缓刑条件后实施的首年；二是因为最高法院 2013 年决定裁判文书上网，2013 年前后的裁判文书上网情况较好。本数据库 2012—2015 年的案件中，共有罪犯 674483 名。其中，累犯 64356 人，累犯率 9.5%；再犯 120841 人，再犯率 17.9%。如无特别说明，本章均使用这一子数据库。

否累犯"进行 X^2 检验，[①] 进而判断两者是否具有统计意义上的显著相关性。需要说明的是，本书在筛选故意犯罪再犯预测因子以及建立回归预测模型时特别重视"是否累犯"这个变量，其原因在于：（1）累犯也是再犯。（2）我国一般累犯成立的前后罪间隔时间为 5 年，假定前罪执行 1 年，这就意味着"非累犯再犯"的前后两罪间隔在 6 年以上，6 年后再犯表明犯罪活跃程度较低。（3）经过 6 年以上时间，罪犯的个人情况和生活环境都会发生很大改变（比如犯前罪时年龄为 25，未婚；经过 6 年后，年龄变成了 31，婚姻状态可能变成了已婚，不管是年龄还是婚姻状态，都可能经历了所谓犯罪生涯的转折点），提前预测意义不大也不太可能准确。（4）累犯要求前后罪均被判处徒刑以上刑罚，因此累犯可以衡量再次犯罪的严重性程度。（5）累犯要求前后罪均是故意犯罪，因此对故意过失特别敏感。（6）以"是否累犯"作为因变量，可以考察犯罪前科的影响，而以"是否再犯"作为因变量，则无法考察犯罪前科的影响。（7）再犯、累犯都可能具有偶然性，但累犯的偶然性更低。总之，以"是否累犯"作为因变量，除了预测再犯罪可能性，还包含了对再犯间隔、再犯严重程度的预测；[②] 考察累犯不同于非累犯的特征进而将其用于再犯危险预测，其准确性可能更高。

所谓理论推导包含两层意思：一是不能仅注重形式上的统计相关关系，而必须要找到理论支撑。比如 A 因素与 B 因素高度相关，但又有违常理，那么我们就必须在理论上寻找支撑；如果无法寻找到理论支撑，就应该反思到底是理论和常识错了，还是另有他因。二是注重从理论和规范推导预测因子，特别是在无法验证的时候。

---

① X^2 的统计学含义及计算方法可参见张甘妹：《犯罪学原论》，（中国台湾）汉林出版社 1976 年版，第 269 页。

② 我国学者曾赟指出，风险评估之风险不仅包括可能性，还包括了属性、严重性、急迫性和频度。（参见曾赟：《论再犯罪危险的审查判断标准》，《清华法学》2012 年第 1 期）

（二）再犯危险预测因子体系

根据以上原则、方法并参考相关理论，借鉴其他量表预测因子，笔者认为选取以下预测因子群是合适的。

1. 犯罪人（含罪前）因素

（1）年龄

年龄与犯罪的关系在犯罪学里是个经久不衰的话题。早在 1831 年，Quetelet 根据法国 1826—1829 年的人身和财产犯罪数据发现，犯罪高峰出现在十几岁末期至二十几岁中期这段时间。[1] 据美国著名犯罪学家赫希（Travis Hirschi）考证，这一年龄分布规律几乎是跨越时空的。[2] 我国的情况同样符合这一分布规律。图 4-2 是根据人民法院刑事审判数据绘制的作案年龄百分比（该年龄段人数 / 该年生效判决人数 × 100%）分布图。可以看到，作案年龄 60 岁以上、作案年龄 14 岁以上不满 16 岁的罪犯所占比例最低；由于最高法院的统计数据没有进一步细分，已满 25 岁至 60 岁的罪犯所占比例最高，但这个年龄段毕竟跨度过大；相对而言，作案年龄 18 岁以上不满 25 岁这个年龄段所占的比例较大。

---

[1]　Piquero A R, Farrington D P, Blumstein A, *Key Issues in Criminal Career Research: New Analyses of the Cambridge Study in Delinquent Development*, Cambridge:Cambridge University Press, 2007, p.7.

[2]　Hirschi T, Gottfredson M, "Age and the Explanation of Crime", *American Journal of Sociology,* 1983, pp.552–584.

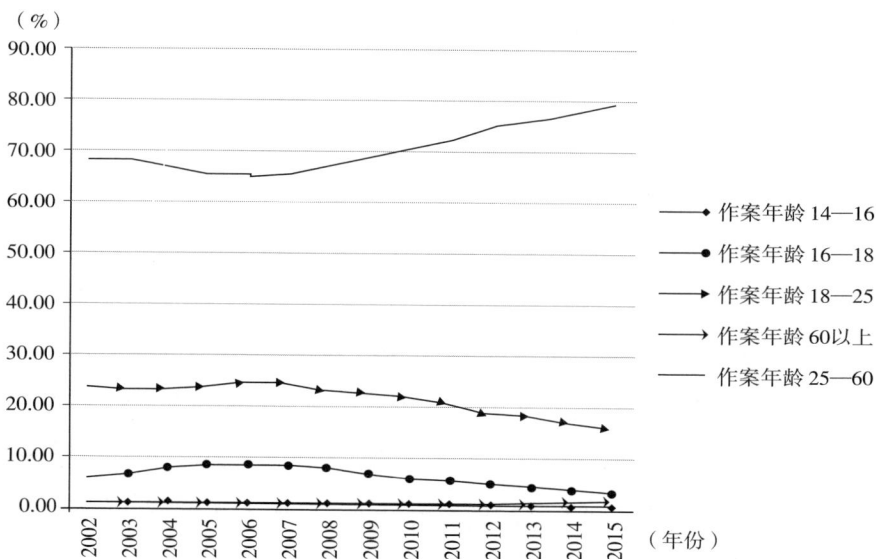

图 4-2　作案年龄百分比分布图（2002—2015）

不过需要注意的是，图 4-2 反映的不是再犯年龄分布，也不是单个罪犯犯罪生涯的年龄分布，因此，不能仅根据这一分布规律来制定犯罪预防措施。剑桥大学犯罪学家 Farrington 指出，最重要的犯罪生涯剩余时期（residual length）可能在 30—40 岁，而不是在顶峰年龄。[1] 英国司法部的统计数据 [2] 表明，10—40 岁罪犯的再犯率最高。在 2014 年罪犯同期群（cohort）[3] 中，10—14 岁组的再犯率最高，为 39.5%；15—17 岁组的再犯率紧随其后，为 37.5%。在 2004 年罪犯同期群中，10—14 岁组和 15—17 岁组的再犯率也是最高的。可以看到，在 50 岁以后，再犯率出现了明显下降。

---

[1]　Farrington D P, "Age and Crime", *Crime and Justice,* 1986, pp.189–250.

[2]　See Ministry of Justice, "Proven Reoffending Statistics Quarterly: January to December 2014", 2016 年 10 月 27 日，https://www.gov.uk/government/statistics/proven-reoffending-statistics-quarterly-january-to-december-2014。

[3]　同期群研究和追踪研究都是纵贯研究方法。前者是对同一时期同一类型的研究对象随时间推移而发生的变化的研究，后者是对同一批研究对象随时间推移而发生的变化的研究。同期群研究注重的是某一类型，而不是某一个体的特征；追踪研究则注重个体特征。（参见袁方主编：《社会研究方法教程》，北京大学出版社 1997 年版，第 134 页）

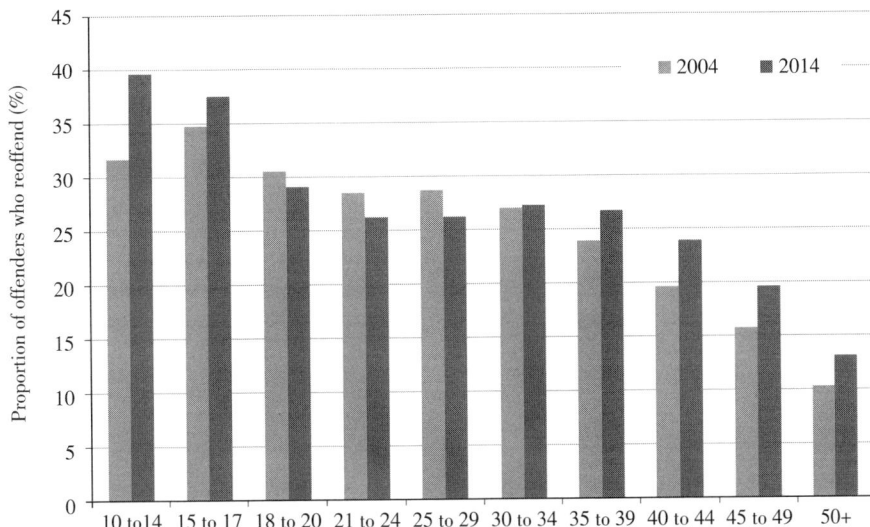

图 4-3　英格兰和威尔士罪犯同期群（2004、2014）再犯率（根据年龄段分组）

　　许疏影对浙江省 2012 年社区矫正人员再犯罪情况的统计表明，重新犯罪年龄 20—30 岁的占 33%，30—40 岁的占 24.5%，40—50 岁的占 20.8%，20 岁以下的占 15.1%，50—60 岁的占 3.8%，60 岁以上的占 2.8%。[①] 我们的数据库也基本印证了这一规律。对 2012—2015 年间 23858 名累犯的裁判年龄进行频次分析后发现：累犯裁判年龄均值为 34.36 岁，中值为 33 岁，众数为 26 岁，极小值为 14 岁，极大值为 79 岁。从年龄段来看，14—19 岁阶段占 0.7%，20—40 岁阶段占 72.7%，41—60 岁阶段占 26.1%，61 岁以上阶段占 0.5%。也就是说，20—40 岁是累犯的高潮期，特别是 26 岁的人累犯特别多；41—60 岁为次高潮期，61 岁以上阶段为低潮期。需要注意的是，前述英国数据表明，未成年人再犯率非常高，但本书统计结果为何未反映这一特点？原因在于，根据《人民法院在互联网公布裁判文书的规定》（法释〔2013〕26 号、法释〔2016〕19 号），未成年人犯罪裁判文书不在互联网公布。

[①]　参见许疏影：《社区矫正人员重新犯罪调查报告——以浙江省为例》，《青少年犯罪问题》2015 年第 1 期。

此外，考虑到 19 岁以下罪犯的犯罪生涯剩余期限最长，其再犯危险非常高。据此，如果设计量表并赋值，大致可以分为三档：61 岁以上，0 分；41—60 岁，1 分；14—40 岁，2 分。[①]

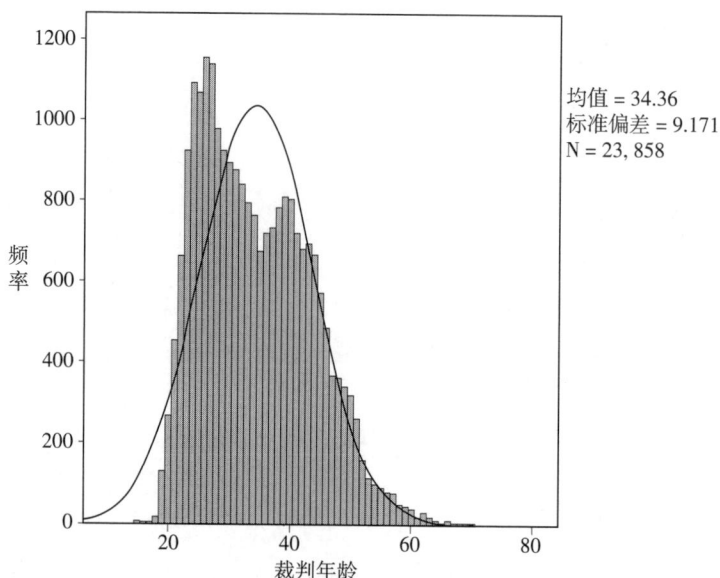

均值 = 34.36
标准偏差 = 9.171
N = 23,858

图 4-4　累犯（裁判时）年龄直方图

（2）性别

在犯罪学界，性别能够预测再犯也已达成共识。[②] 从我国的统计数据来看，女性累犯率也确实更低。许疏影对浙江省 2012 年社区矫正人员再犯罪情况的统计表明，106 名重新犯罪的社区矫正人员中有男性 100 人，占 94.3%；女性 6 人，占 5.7%。[③] 根据我们的数据库统计，40055 名累犯中，

---

① 一般来说，二分变量可分别赋值"0 和 1"或"1 和 2"（如两个组均有再犯危险）；如果变量存在两个以上属性且取值有递进关系，可分别赋值为"0、1、2……"；对于再犯有明显促进作用的属性，也可采用大跨距赋值，如"是否被劳教"，"否"可以赋值为 0，"是"可以赋值为 3。参见孔一、黄兴瑞：《刑释人员再犯风险评估量表（RRAI）研究》，《中国刑事法杂志》2011 年第 10 期。

② Gendreau P, Little T, Goggin C, "A Meta-analysis of the Predictors of Adult Offender Recidivism: What Works!", *Criminology,* 1996, 34（4），p.576.

③ 参见许疏影：《社区矫正人员重新犯罪调查报告——以浙江省为例》，《青少年犯罪问题》2015 年第 1 期。

女性有 1320 名，仅占 3.3%。人民法院刑事审判数据表明，尽管女性罪犯比例有上升趋势，但占总数的比例仍在 8% 以下。

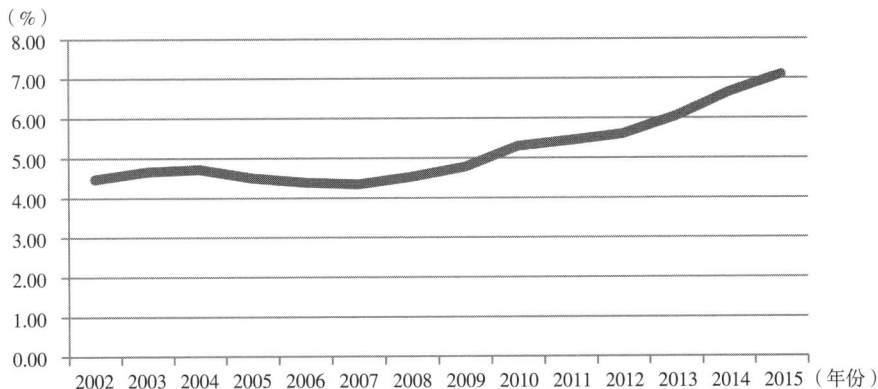

图 4-5　女性罪犯百分比（2002—2015）

（3）文化程度

绝大部分犯罪由文化程度较低的人实施，这几乎成了世界各国的普遍现象。犯罪统计显示，受高等教育者的犯罪率远远低于受初等教育及未受教育者。一般认为初等教育对犯罪之防止无多大效力。Toulemon 认为，原因在于高等教育需要"意思锻炼"——要完成高等教育，需不断地集中意思，耐心地观察，不断地思考，故其间自然地可养成克己之习惯。但在初等教育，无需长久的意思锻炼，其学得的少许知识反而增加了人的想象力与感情，使之发生新的欲望。倘其欲望不能获得满足，就可能实施犯罪。此外，受高等教育者的智力、能力较高，为社会的优秀分子，社会适应能力强，因而较少犯罪。① 笔者对本章数据库中 26195 名累犯的统计表明，初中文化占 19.1%，小学文化占 15.1%，文盲占 2.6%，高中文化占 2.1%，中专文化占 0.8%，小学肄业、大专文化、初中肄业各占 0.3%，大学文化占 0.1%。综合来看，99% 的累犯均系大专以下文化。其中，初中以下文化的累犯危险最高，高中及相当文化的次之，大专以上文化的累犯危险非常低。因此，危险

---

① 参见张甘妹：《犯罪学原论》，（中国台湾）汉林出版社 1976 年版，第 213 页。

评估量表赋值的时候可以根据这个规律，分别赋值为 2、1、0。

（4）前科情况

刑法第七十四条规定，对于累犯不适用缓刑，这体现了对犯罪前科的重视。世界各国和地区的各种类型的再犯危险评估量表无不将前科特别是犯罪前科作为最重要的预测因子——犯罪前科是所有预测因子中影响力最大的。这也提醒我们，在给前科赋值时，应该给予更高的分数。一个人有前科，说明其蔑视规范的习性已经养成，因此，其再犯可能性自然比没有前科的人更高。英国司法部的统计数据表明，再犯率跟此前犯罪次数成正比。在 2014年罪犯同期群中（图 4-6）：没有前科的成年犯的再犯率为 7.5%，有 11 次以上犯罪的成年犯的再犯率为 45.2%；没有犯罪前科的少年犯的再犯率为 24.5%，有 11 次以上犯罪的少年犯的再犯率为 76.1%。①

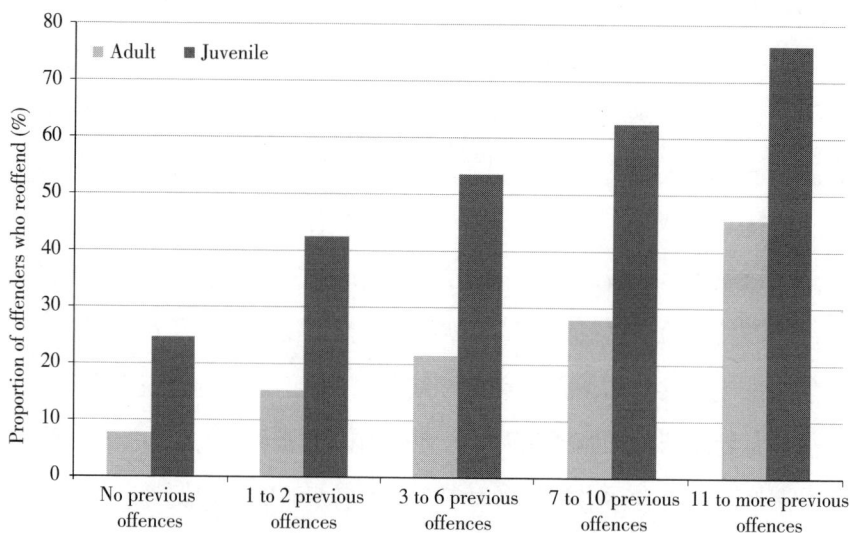

图 4-6　英格兰和威尔士 2014 年罪犯同期群再犯率（根据前科罪数分组）

我们的统计也表明，前科次数确实会提高累犯率。对 110694 个案例的

---

① See Ministry of Justice, "Proven Reoffending Statistics Quarterly: January to December 2014", 2016 年 10 月 27 日，见 https://www.gov.uk/government/statistics/proven-reoffending-statis-tics-quarterly-january-to-december-2014。

分析表明，有 1 次犯罪前科人的累犯率为 40.3%，有 2 次犯罪前科人的累犯率为 63.9%，有 3 次前科人的累犯率为 72.4%，有 4 次前科的人的累犯率为 74.2%，有 5 次前科的人的累犯率为 78.7%。尽管在 6 次前科以后，累犯率出现了回落，但总体上讲，前科次数越多确实再犯危险、累犯危险越高。

此外，我国法律、司法文件对毒品前科还作出了特别规定。刑法第三百五十六条规定，"因走私、贩卖、运输、制造、非法持有毒品罪被判过刑，又犯本节规定之罪的，从重处罚。"《全国法院毒品犯罪审判工作座谈会纪要》更是明确提出："对于毒品再犯，一般不得适用缓刑。"这应该是对涉毒案件再犯率畸高的反应。我们根据罪名的统计也表明，毒品犯罪累犯率畸高。如非法持有毒品罪的累犯率为 22.2%，走私、贩卖、运输、制造毒品罪的累犯率为 17.1%，引诱、教唆、欺骗他人吸毒罪的累犯率为 12.8%……考虑到毒品犯罪累犯率的畸高，在设计量表时，应该给毒品犯罪前科更高的分值。

（5）学业情况

学业情况可以预测再犯已经为各种研究所证实。著名的剑桥少年犯发展研究（the Cambridge Study in Delinquent Development）发现，犯罪人在校时往往智力较低、学习成绩较差，喜欢制造麻烦，过度活跃和极度冲动，经常旷课逃学。[1] 另外一项纵向研究表明，对于男性来说，上学对反社会行为具有防御效果。在控制了社会阶层、智商等变量后，在那些早期辍学的男性当中，幼年缺乏自控与犯罪行为存在强相关；相反，持续的上学减少了幼年缺乏自控男孩的反社会行为。[2] 美国一项基于人口调查和 FBI 数据的研究发现，

---

[1]　Farrington D P, "Implications of Criminal Career Research for the Prevention of Offending", *Journal of Adolescence,* 1990, 13 （2）, pp.93–113.

[2]　Henry B, Caspi A, Moffitt T E, et al, "Staying in School Protects Boys with Poor Self-regulation in Childhood from Later Crime: A longitudinal Study", *International Journal of Behavioral Development,* 1999, 23 （4）, pp.1049–1073.

上学显著地减少了被监禁和逮捕的可能性。[1] 至于这背后的机理，则存在各种解说。比如上学可以增强人的耐心和风险厌恶，因而更加重视未来可能的惩罚；上学可以减少在街上游荡的时间；如此等等。我国学者孔一、黄兴瑞的研究也表明，弃学（毕业前）学习成绩、在校受罚情况、逃学转学等都与再犯有关。[2] 求学时代是树立规则和道德的阶段，幼年学生们往往比成年人更容易接受权威人士教导的规则。而逃学、打架斗殴、下暴欺负弱小同学、聚众赌博甚至猥亵女同学等越轨行为，表明这部分学生已经逾越了同龄人的"认知鸿沟"，而与社会"混混"的里应外合，又进一步催熟、固化了他们的反规范意识。总之，学生时代的越轨行为极早地奠定了一个人不接受、不遵守社会规则的反社会、反规范心理，具有较强的犯罪预测功能。

（6）工作情况

拥有正当而稳定的工作，一方面能为个人提供生活来源，另一方面也指明了物质和精神追求的方向。相反，无业失业的人，既可能因为没有稳定收入来源而实施犯罪，也可能因无所事事而要"找些事干"。大把的闲暇时间也为实施犯罪提供了方便。明尼苏达大学 Uggen 教授的实证研究表明，对于 27 岁以上的人来说，有工作机会的人比没有工作机会的人更少犯罪或被逮捕。[3] 对 1971—1972 年从马里兰州监狱释放的 432 名男性财产犯罪惯犯（repeat offenders）的研究发现，在控制其他变量的情况下，更高的周平均收入、更丰富的工作经验降低了再次被捕的几率，即合法工作机会的提高可以降低再犯。[4] 我国的情况也是如此。邬庆祥的研究表明，刑释人员有

---

[1] Lochner L, Moretti E, "The Effect of Education on Crime: Evidence from Prison Inmates, Arrests, and Self-reports", *The American Economic Review*, 2004, 94（1），pp.155–189.

[2] 参见孔一、黄兴瑞：《刑释人员再犯风险评估量表（RRAI）研究》，《中国刑事法杂志》2011 年第 10 期。

[3] Uggen C, "Work as a Turning Point in the Life Course of Criminals: A Duration Model of Age, Employment, and Recidivism", *American Sociological Review*, 2000, 65（4），pp.529–546.

[4] Myers S L, "Estimating the Economic Model of Crime: Employment Versus Punishment Effects", *The Quarterly Journal of Economics*, 1983, 98（1），pp.157–166.

正当和稳定职业者重新犯罪率很低，而无业者重新犯罪率高，如在国有企业工作者再犯率0.7%，个体经营者再犯率0.9%，好逸恶劳不愿就业再犯率18.1%。[1] 上海五角场监狱的统计数据表明，无业刑释人员重新违法犯罪率为12.40%，而就业刑释人员重新违法犯罪率仅为0.89%，两者相差近14倍。[2] 本书数据库的统计表明(表4-1)，在无业失业的罪犯中，15%是累犯，而在有其他工作的罪犯中，累犯率仅为8%；在全部累犯中，无业失业的占55%。工作特别是固定、稳定工作对犯罪的影响可想而知。

表4-1 无业失业与累犯

			是否累犯		合计
			0	1	
无业失业	否	计数	157743	13105	170848
		行百分比	92	8	100
		列百分比	65	45	63
		总百分比	58	5	63
	是	计数	85984	15724	101708
		行百分比	85	15	100
		列百分比	35	55	37
		总百分比	32	6	37
合计		计数	243727	28829	272556
		行百分比	89	11	100
		列百分比	100	100	100
		总百分比	89	11	100
p=0.00					

---

[1] 参见邬庆祥：《刑释人员人身危险性的测评研究》，《心理科学》2005年第1期。

[2] 参见李想：《全国罪犯重新犯罪率保持最低水平》，《法制日报》2016年6月2日。

图 4-7 是根据人民法院刑事审判数据绘制的无业人员和农民（含农民工）罪犯百分比图。农民一直是我国罪犯的第一大群体，但近年来一直呈下降趋势；无业人员是第二大群体，且近年来呈上升趋势。在我国，与其说农民（农民工）是一种职业，不如说是一种工作状态，即农民（农民工）反映的是半稳定工作状态。也就是说，这两大没有工作或没有稳定、固定工作群体的罪犯占据了我国罪犯总数的 70% 以上。

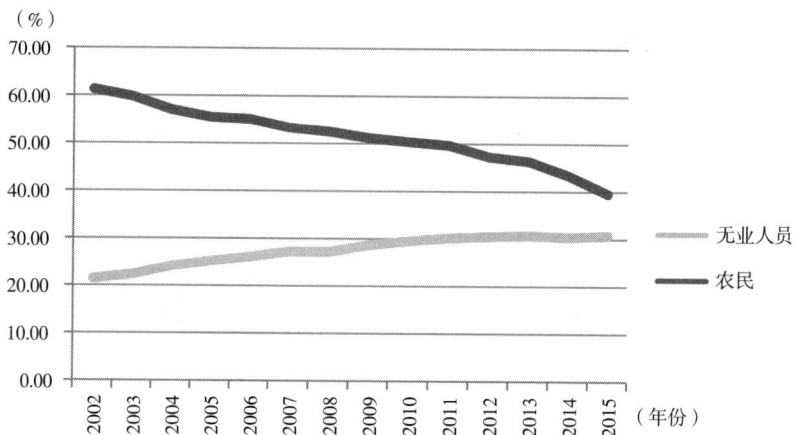

图 4-7　无业人员和农民罪犯百分比（2002—2015）

总之，对累犯和全部罪犯的统计分析表明，没有工作和没有稳定、固定工作的人群是犯罪、再犯最活跃的群体。

（7）经济状况

"无恒产而有恒心者，惟士为能。若民，则无恒产，因无恒心。苟无恒心，放辟邪侈，无不为已。"①"仓廪实，则知礼节；衣食足，则知荣辱。"② 先贤们的论述在某些方面存在偏见，但确实部分发现了经济状况与犯罪、越轨行为的关系。绝对贫困、相对贫困以及收入差距都可能刺激越轨行为和犯罪。有研究指出，贫困与犯罪不是必然的链接，但贫困与犯罪率之间有很强

---

① 《孟子·梁惠王上》。
② 《管子·牧民》。

的正效应，经济贫困、心理失衡、社会保障缺失、社会贫富分化、亚文化等与贫困者相关的因素，对贫困者走向犯罪有着很强的激化作用。① 贫困人口既可能因为财富无法满足生活需要而走上犯罪道路，也可能因为财富无法满足心理需要，产生"相对剥夺感"，② 进而刺激越轨和犯罪行为产生。美国社会学家默顿的社会失范理论③ 也可以解释贫困与犯罪的关系。同默顿描述的美国梦一样，当代大多数中国人也是将金钱的多少作为衡量"成功"的最重要标准。而对于贫困人口来说，他们往往位于底部阶层，上升的机会是非常渺茫的。"挣钱的不费力，费力的不挣钱"在当代中国已经成为一个现实。当合法致富渠道出现肠梗阻，"创新"就会得到鼓励："在文化上对成功目标的极大强调通过使用为制度所禁止的但又常常很有效的手段，来获得至少是成功的幻想——财富和权力。"④ 需要说明的是，不能简单地说越穷的人越容易犯罪；只有在财富供给无法满足特定人的特定生活需求、心理需求的时候，才更可能导致犯罪。当然，相反的情况也是存在的，比如债权人在无法收回巨额债务的情况下，也可能采取极端方法进而构成犯罪。但从总体上讲，经济困难更容易导致犯罪、再犯。

我们的数据库里没有涉及罪犯个人和家庭经济状况的变量，但"法律援助"这个变量间接而且更好地反映了罪犯的经济状况。因为《法律援助条例》规定，只有经济困难的人才能申请法律援助，而且司法行政机关或法律援助中心会进行严格的审查。从表4-2可以看到，申请法律援助的罪犯当中，累犯率是14%，而未申请法律援助的罪犯中，累犯率仅为9%。这在一定程

---

① 参见罗金寿、王东：《论贫困对犯罪的正效应——以城市贫困人口犯罪为视角的犯罪学分析》，《四川警官高等专科学校学报》2005 年第 4 期。

② 参见麻泽芝、丁泽芸：《相对丧失论——中国流动人口犯罪的一种可能解释》，《法学研究》1999 年第 6 期；[美] 默顿：《社会理论和社会结构》，唐少杰、齐心等译，译林出版社 2008 年版，第 333 页。

③ Merton R K, "Social Structure and Anomie", *American Sociological Review*, 1938, 3（5），pp.672–682.

④ [美] 默顿：《社会理论和社会结构》，唐少杰、齐心等译，译林出版社 2008 年版，第 235 页。

度上可以说明，经济困难的罪犯再犯危险确实要高一些。

表 4-2　法律援助与累犯

			累犯		合计
			否	是	
法律援助	否	计数	599793	62686	662479
		行百分比	91	9	100
		列百分比	98	97	98
		总百分比	89	9	98
	是	计数	10318	1670	11988
		行百分比	86	14	100
		列百分比	2	3	2
		总百分比	2	0	2
合计		计数	610111	64356	674467
		行百分比	90	10	100
		列百分比	100	100	100
		总百分比	90	10	100

p=0.00

（8）婚姻恋爱

婚姻是打断犯罪生涯的重要因素，对男性尤其如此。[1] 不过能否起到降低再犯的作用，与婚姻关系的内容和质量有关。由于婚姻减少犯罪的效果主要是通过女性伴侣的正面影响实现的，因此，如果配偶也有犯罪记录或有犯罪倾向，则婚姻关系可能无法起到阻止再犯的作用。[2] 一般来说，夫妻同时

[1]　See Sampson R J, Laub J H, Wimer C, "Does Marriage Reduce Crime? A Counterfactual Approach to Within-individual Causal Effects", *Criminology*, 2006, 44 (3), pp.465–508.

[2]　See Andersen S H, Andersen L H, Skov P E, "Effect of Marriage and Spousal Criminality on Recidivism", *Journal of Marriage and Family*, 2015, 77 (2), pp.496–509; Van Schellen M, Apel R, Nieuwbeerta P, "'Because You're Mine, I Walk the Line'? Marriage, Spousal Criminality, and Criminal Offending Over the Life Course", *Journal of Quantitative Criminology*, 2012, 28 (4), pp.701–723.

犯罪的情形并不普遍，尽管在毒品犯罪、财产犯罪中较多。因此，积极健康的婚姻关系有利于减少再犯，也就可以作为再犯预测因子。

（9）酒精与毒品使用

酒精与毒品滥用不一定直接导致犯罪，但酒精、毒品滥用确实与犯罪高度相关。一项基于美国药物滥用家庭调查数据的研究发现，与不使用毒品的人相比，毒品使用者（含每月至少醉酒一次的人）更可能实施犯罪，尤其是在大城市里；毒品使用者更可能实施财产和暴力犯罪。[①]另一项实证研究表明，至少一半的毒品缓刑人在三年内因重罪被捕；三分之一是因为新的毒品犯罪被捕。[②]我国山东省高院法官也指出，毒品作为精神麻醉药品，长期吸食会对吸毒者的中枢神经系统、认知控制能力产生破坏性影响，易造成精神恍惚、意识不清、幻觉等精神症状，致使行为人的人身危险性和社会危害性程度急剧加大，因吸食毒品引发、诱发其他犯罪的可能性增加，有些故意杀人、故意伤害、抢劫、敲诈勒索、毒驾、以危险方法危害公共安全、暴力袭警等次生犯罪都和吸食毒品有关。同时，毒品的成瘾性特点决定吸食者为了能够吸毒，以贩养吸，通过买进、卖出毒品从而营利，继而满足自己继续吸毒的目的。无业人员聚集吸毒，还会滋生容留他人吸毒、非法持有毒品、非法持有枪支、卖淫嫖娼等违法犯罪活动。[③]总之，一方面，在处于酒精、毒品麻醉状态下，人的自我控制能力极度减弱，容易导致犯罪行为的发生；另一方面，长期滥用毒品，表明行为人在清醒状态下亦缺乏自控力。吸毒不光容易引起毒品再犯，还容易引起其他次生犯罪，因此，是非常有效的预测因子。

---

① Harrison L, Gfroerer J, "The Intersection of Drug Use and Criminal Behavior: Results from the National Household Survey on Drug Abuse", *Crime & Delinquency*, 1992, 38（4），pp.422–443.

② Drug Strategies, "Cutting crime: Drug courts in action"，1997 年，见 http://www.drugstrategies.com/wp-content/uploads/2014/05/CuttingCrime97.pdf。

③ 参见央视网：《毒品次生犯罪不容轻视》，2015 年 6 月 25 日，见 http://news.cntv.cn/2015/06/25/ARTI1435226839929656.shtml；最高人民法院：《毒品犯罪及吸毒诱发次生犯罪十大典型案例》，2016 年 6 月 24 日，见 http://www.court.gov.cn/zixun-xiangqing-22521.html。

2. 罪中因素（犯罪和罪行因素）

（1）犯罪故意与犯罪预谋

从事实学上讲，故意犯罪是"明知故犯"，过失犯罪是"不意误犯"，两者体现的人身危险性截然不同。在过失的情形下，"行为人不是有意识地违反法秩序的要求，而是由于不注意才违反的"。[①] 也就是说，过失犯罪体现了行为人对法益侵害行为的反对态度。显然，过失犯罪人更不可能再犯。实际情况如何呢？

表4-3 过失犯罪与再犯

			再犯		合计
			否	是	
过失犯罪	否	计数	420857	115670	536527
		行百分比	78	22	100
		列百分比	91	99	93
		总百分比	73	20	93
	是	计数	41352	1314	42666
		行百分比	97	3	100
		列百分比	9	1	7
		总百分比	7	0	7
合计		计数	462209	116984	579193
		行百分比	80	20	100
		列百分比	100	100	100
		总百分比	80	20	100

p=0.00

[①] [德]耶塞克、魏根特：《德国刑法教科书（总论）》，徐久生译，中国法制出版社2001年版，第676页。

对 579193 个案例的统计结果表明，过失犯罪的再犯率为 3%，故意犯罪的再犯率是 22%；在再犯群体里，故意犯罪人占 99%，过失犯罪人占 1%。更进一步的，我们用"曾犯罪次数"与"过失犯罪"进行交互分析，106885 个案件的统计结果表明，曾犯罪 1 次的人中，故意犯罪占 98.4%，过失犯罪占 1.6%；曾犯罪 2 次的人中，故意犯罪占 99.4%，过失犯罪占 0.6%；曾犯罪 3 次的人中，故意犯罪占 99.6%，过失犯罪占 0.4%。就过失犯罪再犯而言，86.8% 的曾犯罪 1 次，9.6% 的曾犯罪 2 次，2.4% 的曾犯罪 3 次。两相对比可以非常清楚地看到，多次再犯的人主要是故意犯罪人；过失犯罪再犯中，绝大多数也都是再犯 1 次。因此，行为人实施的是故意犯罪还是过失犯罪，可以很好地预测再犯可能性。当然，这也再次印证笔者之前的观点，再犯预防应主要针对故意犯罪人，再犯危险评估也应该主要针对故意犯罪人。此外，有预谋的故意犯罪往往体现了更深的主观恶性。由于故意犯罪与过失犯罪再犯率相差巨大，在赋值时宜体现出差距，如过失犯罪可为 0，故意犯罪可为 4，有预谋的故意犯罪可为 5。

（2）暴力犯罪

"暴力"的范围十分宽泛，既包括及人暴力，也包括及物暴力，既包括精神暴力、身体暴力，也包括性暴力。但典型意义的暴力是指针对人的身体暴力和性暴力。并不是所有类型的暴力犯罪都比普通犯罪再犯可能性大，但暴力犯罪对公民最重要的权利——生命权、健康权、性自由权造成严重威胁，哪怕是极低的再犯率也会造成严重恶果。因此，在西方国家，暴力犯罪和性犯罪是专门的再犯危险评估项目，而综合性的再犯危险评估，也是将暴力犯罪作为最重要的评估对象。我们的统计表明，在性犯罪之外的暴力犯罪中，抢劫罪的累犯率为 12.2%，绑架罪的累犯率为 10%，精神暴力为主的敲诈勒索罪的累犯率为 9.5%，对人对物暴力兼具的寻衅滋事罪的累犯率为 8.9%，聚众斗殴罪的累犯率为 6.9%，而故意杀人罪的累犯率为 3.5%，故意伤害罪的累犯率为 4.4%，爆炸罪的累犯率为 4.6%。在性暴力犯罪中，强制猥亵、侮辱妇女罪的累犯率为 11.1%，猥亵儿童罪的累犯率为 8.6%，强奸罪的累犯率为 8.1%。

(3) 习性犯罪

习性犯罪人一直是犯罪学家关注的焦点。龙勃罗梭提出的"天生犯罪人、习惯性犯罪人",菲利提出的"本能性犯罪人和习惯性犯罪人",加罗法洛提出的"典型的犯罪人",李斯特提出的"状态犯罪人",[1] 都体现了对犯罪习性的关注。不过要给习性犯罪人下一个精确的定义并不是一件容易的事情。以往的法学家往往采用对比的方法来加以描述。如拉德布鲁赫指出:"人类任何行为,包括犯罪,都是性格和情况,或者说个性和环境这两个因素的产物。根据在犯罪过程中何种因素为主要成分,可将罪犯分为两类。一类是基于冲动和偶然机会导致犯罪的人:即情感犯或偶犯,有人将两者合称为机会犯……第二类罪犯……并非因为时机而陷入犯罪,而是出自习惯或天生的素质追求犯罪。他们是习惯犯,尤其是常业犯人,以及龙勃罗梭所说的'天生犯人'。人们将其列为与机会犯相对的情况犯。"[2] 应该说,通过这种对比,习性犯罪人的属性还是比较明确了。同样的,在司法实践中,经过对比,大致还是能够将习性犯罪人区分出来。比如盗窃犯,我们不能笼统地说它是习性犯罪人,但具体到个案里,一个盗窃犯到底是否以盗窃为业,是否属于惯偷,还是相对容易判断。如下文"教授盗窃案"[3] 之主犯显然不大可能属于习性犯罪人。

某学院生物工程系教授在明知其已被某公司免去中药实验室主任、总工程师职务的情况下,指使实习生窃走存放于中药实验室柜子内的反相层析填料 1 瓶(价值人民币 28819 元)。

---

[1] 参见吴铎:《论生涯犯罪人及其防治对策》,硕士学位论文,南昌大学,2009 年,第 2 页。

[2] [德] 拉德布鲁赫:《法学导论》,米健、朱林译,中国大百科全书出版社 1997 年版,第 93 页。

[3] (2006) 杭刑终字第 159 号。

即便诈骗行为属于习性犯罪的可能性更高，但是也存在恶意透支这种类型的信用卡诈骗行为，而后者更不可能是习性犯罪（诈骗罪的累犯率为9%，信用卡诈骗罪的累犯率为3.2%）。总之，所谓习性犯罪人就是以犯罪为业的人，惯犯①以及生涯犯罪人②都包含在内。我国1979年刑法曾经规定了6种属于惯犯的具体犯罪，即以走私、投机倒把为常业的犯罪，惯窃、惯骗犯罪，以赌博为业的犯罪，一贯走私、贩卖、运输毒品的犯罪。这类犯罪人的再犯危险性明显较高。笔者的统计表明，走私、贩卖、运输、制造毒品罪的累犯率为17.1%，盗窃罪的累犯率为22.1%，诈骗罪的累犯率为9%，赌博罪的累犯率为6.7%。此外，明显有习性犯罪特征的抢夺罪的累犯率高达24.5%，招摇撞骗罪的累犯率为18.6%，冒充军人招摇撞骗罪的累犯率为12.3%。

（4）犯罪工具与犯罪手段

人是使用工具的动物，但是并不是所有犯罪人都会使用犯罪工具，尤其是杀伤力较大的工具。我国是一个严格管控枪支、弹药、刀具的国家，与那些没有使用工具或"就地取材"的犯罪人相比，有意使用较大杀伤力工具的犯罪人，体现了更高的法规范违反性。另外，我国刑法对犯罪手段也十分重视，特别是对"手段残忍"体现了更低的容忍度。尽管对刑法手段残忍的内涵还存在不同认识，③但残忍手段本身的反伦理性、反道德性、反人类性、

---

①　惯犯有规范意义的惯犯和事实学意义的惯犯。本书主要指事实学意义的惯犯。有学者将惯犯定义为：行为个体依其心理和生理特征对某种犯罪环境的适应而反复实施同一种犯罪，进而使该种犯罪行为的频度呈较稳定的继续状态或者有继续该种犯罪行为的倾向性的一种罪犯。（参见于世忠、张影：《惯犯及其矫治》，《中国犯罪学研究会第十五届学术研讨会论文集（第一辑）》，第544页）规范意义的惯犯是一种罪数形态。（参见高铭暄主编：《刑法学原理》（第2卷），中国人民大学出版社1993年版，第558页）

②　参见吴铎：《论生涯犯罪人及其防治对策》，硕士学位论文，南昌大学，2009年，第2页。

③　参见陈兴良：《故意杀人罪的手段残忍及其死刑裁量——以刑事指导案例为对象的研究》，《法学研究》2013年第4期；孙智超：《故意杀人罪中的"手段残忍"研究》，《刑事法评论》2014年第2期。

反文明性更加严重 ① 当无疑义，而这足以表征其行为无价值和人身危险性。对于非暴力犯罪，还涉及犯罪策略问题。比如诈骗犯罪，那些使用高级骗局的罪犯可能再犯危险更高。总之，使用杀伤力较大工具，使用残忍手段，表明行为人极端蔑视法规范，缺乏人类正常的生理和情感痛苦体验，② 体现出了较高的人身危险性；高智商犯罪、犯罪策略的运用，表明了犯罪的专业性和持续性。

（5）犯罪组织性

刑法第七十四条规定，"对于犯罪集团的首要分子，不适用缓刑。"这实际上体现了对犯罪组织性的关注。从"单独犯罪—聚众犯罪—共同犯罪—犯罪集团"这条"组织链"可以看到，犯罪的组织性不断增强，犯罪人之间的联系程度愈加紧密，相应的，犯罪的规模和等级会不断提升，危害性越来越大，实施频率越来越高。因此，犯罪的组织性可以作为一个重要的再犯预测因子。需要注意的是，在聚众犯罪、共同犯罪和犯罪集团中，都可能存在"犯罪边缘人"，这类人的再犯危险与首要分子、主犯、骨干分子的再犯危险性存在较大差距。一般来说，聚众犯罪中的"吃瓜群众"，共同犯罪中的从犯特别是胁从犯，犯罪集团中的"小喽啰"，再犯危险性相对较小。

（6）犯罪数量

根据"少数人对多数犯罪负责"理论，再犯累犯的典型特征就是：多人、多罪、多次实施，可谓"三多"。不过这里的犯罪数量多既包括多罪，比如同时实施了抢劫罪、抢夺罪，也包括多个行为，比如在一定时间内多次盗窃。总之，犯罪数量的多少也能够反映罪犯的再犯危险。统计结果也显示，

---

① 参见车浩：《从李昌奎案看"邻里纠纷"与"手段残忍"的涵义》，《法学》2011 年第 8 期；袁博、聂慧苹：《论"特别残忍手段"——以〈刑法修正案（八）〉新增条款为研究视角》，《中国检察官》2015 年第 2 期。

② 龙勃罗梭曾描述过犯罪人身体和道德的麻木不仁。（参见［意］龙勃罗梭：《犯罪人论》，黄风译，中国法制出版社 2000 年版，第 73 页）

在没有数罪并罚的罪犯中，累犯率为 9.4%；在数罪并罚的罪犯中，累犯率为 13.6%。

3. 罪后因素

（1）悔罪表现

犯罪过程中和犯罪后的悔罪表现，可以反映犯罪人的人身危险性和再犯可能性。对于悔罪表现，最重要的是要分辨真诚的悔罪行为与规避惩罚的投机策略行为。在犯罪实施过程中及时主动中止犯罪行为，一般来说其悔罪态度较为真诚。犯罪后的自首则存在多种情况，我国司法解释更是进一步扩大了自首的范围。笔者认为，犯罪后自行主动投案的自首相对而言更能反映犯罪人悔罪的真诚。立功以及赔偿后获得被害方谅解则更可能反映罪犯的投机心态而不是真诚悔罪。我们的统计表明，没有立功表现的罪犯里，累犯率为 9.4%；而在有立功表现的罪犯里，累犯率为 14.7%。因此，在使用悔罪表现作为预测因子时必须分外小心。在现阶段，为评估便捷起见，可以中止和自动投案型自首来表征悔罪表现，而将立功排除在外。

当然，在时机成熟时，也可引入"中和技术"理论分析框架，测量罪犯的主观悔罪态度，并与客观的悔罪行为进行对比，进而判断悔罪表现的真实性。根据 Sykes 和 Matza 的看法，所谓"中和技术"理论实际上是指（少年）犯罪人将犯罪行为进行合理化的理论。他们认为，罪犯们并非不认可主流价值观念，但他们在实施不法行为时，往往会进行合理化解释。这些合理化技术包括：（1）否认责任（The Denial of Responsibility）。他们不只是声称自己的行为是意外、疏忽造成的，还辩解犯罪行为是外力导致的，自己也是身不由己。（2）否认损害（The Denial of Injury）。他们会借鉴"本身恶"（*mala in se*）和"禁止恶"（*mala prohibita*）的区别，对自己的行为进行另外的解读，于是汽车盗窃被视为借，帮派斗殴被视为私下争执。（3）否认被害人（The Denial of the Victim）。即便承认自己的责任，承认自己的不法行为造成了损害，他们也会认为在当时情形下，这种损害不是错的，而恰恰是一种正义的报应和惩罚，进而赋予自己复仇者角色，而将被害人视为犯错的人。(4) 谴责谴责者（The Condemnation of the Condemners）。他们将关注焦点从自身的不法行为转移到谴责者的动机和行为上，声称这些谴责者是伪君子，或怀有私人怨恨。(5) 诉诸更高忠诚（The Appeal to Higher Loyalties）。他们并不否认主流价值观念，尽管他们并不遵循。他们辩解自己处于进退两难的境地，而不幸的是，要解决这个难题必须以违反法律为代价，牺牲社会需要来满足自己所属小团体的需要因而得以合理化。① 因此，如果罪犯越倾向于认同、实践这些中和技术，就表明其越难悔改，其悔罪态度就越差。在这种情形下，即便其有赔偿、道歉、立功等行为，也不能认为其再犯危险性较低。

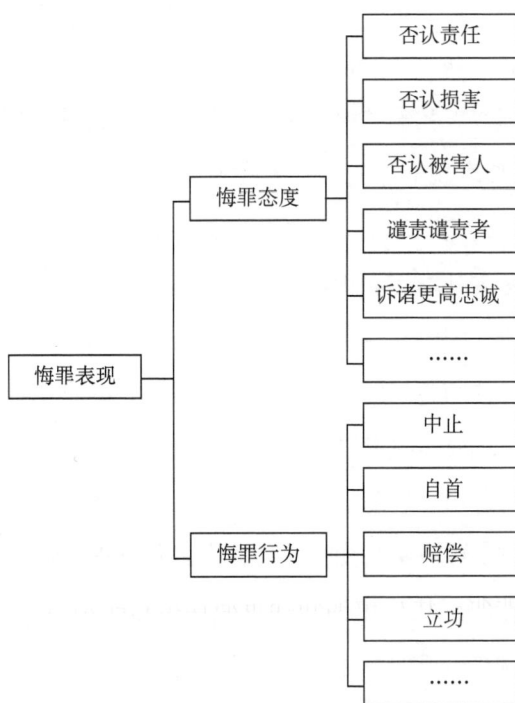

图 4-8　悔罪表现操作化示意图

---

① Sykes G M, Matza D, "Techniques of Neutralization: A Theory of Delinquency", *American Sociological Review*, 1957, 22（6），p.667.

（2）反法律追究

犯罪过程中和犯罪后有反法律追究的表现，表明其人身危险性更大，其再犯的可能性也更大。实践中，反法律追究的表现很多，反侦查措施、毁灭证据、打击报复证人、脱逃、越狱等，都是反法律追究的体现。媒体报道的"孕妇盗窃团"，[①] 就是企图通过怀孕、教唆幼童来规避刑事责任。她们的人生和职业"规划"是："怀孕，盗窃，哺乳期，盗窃，然后再怀孕，再盗窃。生了那么多娃怎么办？这些娃不去学校，从小学习偷窃技巧。等娃稍微大一点的时候，把他（她）租借出去，还能换得经济利益。"[②] 显然，这类犯罪分子熟悉刑法、刑事诉讼法的相关规定，精于"钻法律空子"，再犯危险性较大。

4.环境因素（矫正条件、社区影响）

（1）居所与居住地

有无固定住处（自有房屋、单位房屋、租房但固定均可），在一定程度上也是经济状况的体现。不过这里主要是从矫正条件的角度来讨论的。没有固定的住处，社区、缓刑官和志愿者的监督、教育、帮助可能就会没有联结点，漏管自不待言；从缓刑人的角度来讲，缺乏有形的约束，其脱管的可能性也会更高。

此外，犯罪地与居住地的关系，也能反映不同的再犯危险性。一般来说，在户籍地、经常居住地犯罪的人的再犯可能性要小于流窜作案、多地作案、异地作案的罪犯。在户籍地和经常居住地，罪犯更可能处于一个熟人社会，其被发现的几率更高；而流窜作案、多地作案、异地作案则基本处于"陌生人社会"环境，降低了犯罪被发现的几率。既有研究还指出，由熟人

---

① 参见明鹊：《以"怀孕"避责的盗窃者：孕妇携幼童作案，"传帮带"成气候》，澎湃新闻，2017 年 1 月 13 日。

② 吴黎明：《湖南一县出租幼童参与盗窃成风：5 万元一年，许多人"致富"》，澎湃新闻，2016 年 12 月 12 日。

社会进入陌生人社会，犯罪的精神成本也下降了。① 外界约束趋于消灭，自我约束逐渐松弛，就可能增加再犯可能性。笔者的统计表明，非外来人口犯罪的累犯率为 10.4%，而外来人口犯罪的累犯率为 12.3%。需要注意的是，流窜作案、多地作案、异地作案与在外地犯罪不是一回事。比如交通肇事罪，完全可能发生在户籍地、经常居住地之外，但这就只是一个发生在外地的犯罪。而"外流盗窃"，则是本书意义上的异地犯罪。据报道，湖南道县登记在册有盗窃前科的妇女有一万多人，这些妇女一般不在本地行窃，而是放眼于全国，尤其是经济发达的各大城市。② 也就是说，流窜作案、多地作案、异地作案强调对犯罪地点的有意选择，强调罪犯对降低暴露几率的追求。

（2）家庭环境与社会关系

"有此父斯有此子，人道之常也。"③ 用犯罪学话语讲就是，家庭教育及环境会影响孩子日后的越轨和犯罪行为。家庭环境与再犯的关系已为诸多犯罪学研究和理论证实。④ 犯罪学上著名的"养子女研究"发现，生父母与养父母对子女犯罪都有显著影响。⑤ 南加州大学专家的一项更精致的研究发现，⑥ 幼年的神经运动障碍（Early neuromotor deficits）与负面的家庭因素结合会增加实施犯罪和暴力行为的可能性。该研究对 397 名男性进行了追踪调

---

① 参见员智凯、孙祥麟：《城市化进程中农民工犯罪率趋高的社会学透视》，《西北大学学报（哲学社会科学版）》2010 年第 6 期。

② 参见吴黎明：《湖南一县出租幼童参与盗窃成风：5 万元一年，许多人"致富"》，澎湃新闻，2016 年 12 月 12 日。

③ 《孔丛子·居卫》。

④ Yoshikawa H, "Prevention as Cumulative Protection: Effects of Early Family Support and Education on Chronic Delinquency and Its Risks", *Psychological Bulletin*, 1994, 115（1）, p.28.

⑤ See Blackburn R, *The Psychology of Criminal Conduct: Theory, Research and Practice*, Kentucky:John Wiley & Sons, 1993, p.140.

⑥ Raine A, Brennan P, Mednick B, et al, "High Rates of Violence, Crime, Academic Problems, and Behavioral Problems in Males with Both Early Neuromotor Deficits and Unstable Family Environments", *Archives of General Psychiatry*, 1996, 53（6）, pp.544–549.

查，其中生物性数据在研究对象 1 岁时测量采集，社会心理、家庭、人口统计数据在研究对象17—19岁时采集，犯罪数据在研究对象20—22岁时采集。其中家庭环境方面的变量包括"母亲排斥"（Early maternal rejection，通过公共抚育、意图堕胎、非意愿怀孕等表征）、"社会剥夺"（Social deprivation，通过父母职业、失业时间、经济困难时间、母亲受教育年限、每人拥有房间数量、家具状况等表征）、"婚姻矛盾"（Marital conflict，通过夫妇在孩子养育、家务分担、金钱、姻亲关系、休闲活动、性问题、猜忌等方面的不同观点表征）、家庭不稳定性（Family instability，通过研究对象 18 岁前母亲的婚姻次数、成年家庭成员的变化、父亲在家居住时间等表征）、父母犯罪（父母中有几人曾因犯罪被捕）。研究人员将研究对象分成三组：第一组既有生理性不足又有家庭问题，第二组仅存在生理性不足，第三组仅存在家庭问题。聚类分析（Cluster analysis）发现，与其他两组比较，第一组研究对象的暴力行为、盗窃与总犯罪率是其他两组的两倍以上，他们实施的犯罪占全部研究对象犯罪的 70.2%，而且在青春期有更多的行为和学业问题。这充分说明了早年家庭环境对后天的犯罪有巨大影响。

　　社会关系也能预测犯罪和再犯，"近朱者赤，近墨者黑"[1]同样有犯罪学上的依据。赫希的社会联系理论（Social bond theory）就是研究社会关系与犯罪的理论。赫希认为个人与社会的联系可以阻止个人进行违反社会准则的越轨与犯罪行为。他发现，在有 4 个以上亲密朋友曾被捕的少年中，四分之三的人曾经实施过少年犯罪行为；而在同样的时间内，在没有少年犯罪朋友的少年中，仅有四分之一多一点的人曾经实施过少年犯罪行为。在实施过两次以上的少年犯罪行为的少年中，82%的人至少有一个曾被捕的亲密朋友；而在没有实施过少年犯罪的少年中，仅有 34%的人有曾被捕的亲密朋友。[2]

---

① 《傅鹑觚集·太子少傅箴》。
② 参见吴宗宪：《西方犯罪学史》，警官教育出版社 1997 年版，第 709 页。

（3）被害人（含潜在被害人）因素

这是一个主客观相结合的预测因子。一方面，要判断罪犯与被害人、潜在被害人接触的可能性及再犯危险。这是客观评估。另一方面，要征求被害方的意见，了解适用缓刑是否会让其感受到安全威胁。这是主观评估。

（4）社区（邻里、单位）评价

这是一个主观预测因子。一般来说，长期与罪犯生活的邻居、同事能较准确地感知该罪犯的危险性。纳入社区评价，可以避免评估出现重大偏差。考虑被害人因素和社区评价，也是对"宣告缓刑对所居住社区没有重大不良影响"的落实。

四、再犯危险评估量表

（一）量表内容及再犯危险等级

根据我国刑法的规定、前述预测因子体系，借鉴其他再犯危险评估量表，笔者示范性研制了缓刑适用再犯危险评估量表（Re-offense Risk Assessment for Probation，RRAP）并划分了再犯危险等级。

表4-4　缓刑适用再犯危险评估量表

序号	评估指标	属性	得分
1	年龄	≥61	0
		41—60	1
		14—40	2
2	性别	女	0
		男	1

续表

序号	评估指标		属性	得分
3	文化程度		大专及以上	0
			中专、高中、技校	1
			初中以下	2
4	曾犯罪次数		0	0
			1	4
			2（毒品犯罪1次）	6
			≥3（毒品犯罪2次以上）	8
5	其他前科		无	0
			2次以上违纪、行政违法	1
			行政拘留	2
			劳动教养	3
6		学业	学业优良、表现正常	0
			学业糟糕、表现异常	2
		工作	稳定职业（含退休）	0
			半稳定职业（含务农）	2
			无业失业	4
7	经济状况		经济状况良好、收支平衡	0
			经济困难、巨额负债	1
8	酒精与毒品滥用		无	0
			酗酒；每月至少醉酒1次	1
			吸毒；本次犯罪涉毒	3
9	婚姻与恋爱		已婚	0
			未婚	1
			离异、分居、失恋	2
10	犯罪故意与预谋		过失犯罪	0
			一般故意犯罪	4
			有预谋的故意犯罪	5

序号	评估指标	属性	得分
11	暴力犯罪	非暴力	0
		暴力	2
12	习性犯罪	非习性	0
		习性	2
13	犯罪工具、手段、策略	无、普通工具；普通手段	0
		较大杀伤力工具；手段残忍；高智商策略	1
14	犯罪起因	被害方重大过错；防卫过当；紧急避险过当	−2
15	犯罪组织性	一人犯罪	0
		聚众犯罪首要分子、共同犯罪主要成员、犯罪集团一般成员	2
		犯罪集团首要分子、骨干	4
16	犯罪数量	一罪；一行为	0
		数罪；数行为	1
17	悔罪表现	中止；自动投案型自首	−1
18	对抗法律追究	无	0
		反侦查行为、打击报复证人、威胁执法司法人员	1
		脱逃、越狱	2
19	居所	固定住处（自有房屋；单位房屋；租房但固定）	0
		相对固定住处（租房但多次更换）	1
		无固定住处（居无定所；租房但频繁更换）	2
20	多地、异地犯罪	否	0
		是	1
21	与家庭关系、联系	关系良好、联系紧密	0
		关系差、联系松散	1

序号	评估指标	属性	得分
22	家庭环境	正常	0
		异常（如离婚、违法犯罪前科、酗酒吸毒、虐待、遗弃等）	2
23	社会关系	无违法犯罪朋友	0
		有 2 个以下违法犯罪朋友	1
		有 3 个以上违法犯罪朋友	2
24	被害人（含潜在被害人）接触	接触机会少	0
		接触机会多	2
25	社区（邻里、同事）评价	与人为善	0
		令人害怕	2
	再犯危险等级	低（可以适用缓刑）	≤ 7
		较低（谨慎适用缓刑）	8—20
		中（例外适用缓刑）	21—34
		较高（不宜适用缓刑）	35—47
		高（不能适用缓刑）	≥ 48

关于 RRAP，还有以下几点需要说明：

第一，关于分值权重。如果制订量表的样本信息足够完整，完全可以根据各预测因子对再犯的实际影响来分配权重。但事实上截至目前没有一个量表是完全按照预测因子对再犯的实际影响来分配权重的，因为理想的样本库几乎难以找到。在这个样本库里，某个预测因子可以得到很好地检测；而在另一个样本库里，另外的预测因子可以得到很好的检测。学者们往往将既有权威研究成果熔为一炉，平衡各预测因子的权重，以期尽可能地符合再犯规律。也就是说，权重并没有一个绝对的比例，而更强调其内外的相对比例。

所谓外在比例，是指不同预测因子之间的比例。比如，犯罪前科几乎在所有研究、量表中都被视为最具影响力的预测因子，因此，我们即便给予其高权重，但不是最高权重，那么这个权重仍然是不合理的。所谓内在比例，是指预测因子内部不同属性间的比例和顺序。一般来说，二分变量可分别赋值"0和1"或"1和2"（如两个组均有再犯危险）；如果变量存在两个以上属性且取值有递进关系，可分别赋值为"0、1、2……"；对于再犯有明显促进作用的属性，采用了大跨距赋值，如"是否被劳教"，"否"赋值为0，"是"赋值为3。总之，在编制量表这种模式下，权重只能是相对准确——如果建立回归预测模型则不存在这个问题。权重也并非一成不变的，其完全可以随再犯规律、地区等情势变更发生变化。本书权重设置考虑了以下因素：一是刑法的明确规定。比如我国刑法明确规定累犯和犯罪集团的首要分子不得适用缓刑，本书对这两类预测因子均赋予较高权重。比如曾犯罪3次以上的赋值8分，占总分60的13%。这是权重最高的预测因子。事实上我们在下文对犯罪前科这个因子也进行了实测，其影响力远远超过其他所有预测因子。二是样本库的实测。如前所述，过失犯罪的再犯率为3%，故意犯罪的再犯率是22%；在再犯群体里，故意犯罪人占99%，过失犯罪人占1%。显然，故意犯罪应该占据非常高的权重。三是借鉴其他研究、量表的做法。

第二，关于再犯危险等级划分。RRAP 的再犯危险等级系根据正太分布比例（16%、22%、24%、22%、16%）与各项最高分绝对值之和（60）的乘积计算得出。其中，再犯危险等级低，表明适用缓刑较安全；再犯危险等级较低，表明可以适用缓刑，但如果分数偏高或存在其他特殊情形，适用缓刑可能存在风险；再犯危险等级中，一般不应适用缓刑，在例外的情况下可以适用缓刑；再犯危险等级较高、高的情形下，适用缓刑存在极大风险。这一划分标准不是固定的，而是可以根据具体情况进行适时调整：一是根据实测结果调整。假如我们进行大量检测发现得分18分的罪犯，再犯已经较普遍了，那么第二等级的上线就可以下调。二是根据刑事政策调整。比如国家准备扩大缓刑适用规模，那么第二档的上线也可以适当上调。

第三，关于使用手册。一般来说，量表需要同时配备使用手册、操作说明，对测量程序及相关指标予以说明。比如，RRAP 的"学业""表现"到底是指哪些情况，就可以进行细化分解。显然，编制使用手册、操作说明有利于提高量表的信度。本书暂时省略操作说明。

第四，关于量表与临床评估、经验直觉的关系。需要注意的是，根据量表计算出来的分数表明的是具备该种特征的罪犯的再犯概率，而不是该具体罪犯的实际再犯概率，这一点最容易被人误解。也正因为如此，在危险评估实务中，临床评估和精算可以而且应当互为补充。[1] 精算评估工具是一种类型学（typology）模型，关注的是群体概率（group likelihoods），[2] 容易忽略个体差异，而临床判断正好可以弥补这一缺陷，发现个案特殊性。这里的特殊性既可能是给定罪犯的特殊性，也可能是跟给定罪犯类别有关的特殊性。比如，根据量表测出的再犯危险等级较高，但罪犯因犯罪行为给自己造成了行动不便的重大残疾[3]或患有严重疾病，而这种特殊情形可能会从根本上降低其再犯可能性。再比如司法实践中信用卡诈骗的案子较多，且很多属于恶意透支型信用卡诈骗。针对这类罪犯，法官在决定缓刑适用时，完全可以查询该罪犯的信用记录。如果罪犯的信用记录非常差，则说明再犯危险较高，因而以不宣告缓刑为宜。此外，直觉判断在特定案件也具有重要参考意义。我们不妨以"吴某杀人案"[4]为例加以说明。

---

[1]　苏格兰风险管理组织也规定，精算型量表必须与结构性的专家评估量表结合使用。（参见文姬：《人身危险性评估方法研究》，中国政法大学出版社 2014 年版，第 12 页）

[2]　Nussbaum D, "Recommending Probation and Parole", in *The Handbook of Forensic Psychology,* Irving B. Weiner & Allen K. Hess（eds），New Jersey:John Wiley & Sons, 2006, p.432.

[3]　参见张明楷：《责任刑与预防刑》，北京大学出版社 2015 年版，第 361 页。

[4]　陈绪厚：《广东一疑犯监视居住期间杀死 3 人，派出所长获缓刑后不断申诉》，2016 年 11 月 15 日，见 http://www.thepaper.cn/newsDetail_forward_1558889。

案例 4　吴某杀人案

2014 年 9 月 22 日，犯罪嫌疑人吴某向同村老人彭某借钱。被彭某拒绝后，吴某用刀片割伤其面部及颈部。经法医鉴定，彭某构成一级轻伤。吴某于 9 月 23 日被警方刑事拘留，9 月 30 日被批准逮捕。10 月 13 日，吴某因"患有严重疾病，生活不能自理"被变更强制措施为监视居住。11 月 4 日，吴某将同村一位老人、两名孩子杀死。

本案虽然涉及的是强制措施领域的再犯危险评估，但对缓刑适用同样具有参考意义。在这个案件里，根据生活经验和直觉都能判明嫌疑人再犯危险很高：村民一直视吴某为"危险分子"，吴某在村里声名狼藉；村民对其避之唯恐不及；监视居住期间每天在村里望来望去；公开说要杀死七八个村民；故意伤害案被害人彭某家人担心人身安全给派出所长打过电话……但是警方并未重视这些危险信号，最终酿成了恶性血案。此外，这个案子从结构化危险评估的角度来讲，也包含很多再犯危险因子：因吸食海洛因，4 次被公安局行政拘留，3 次被强制隔离戒毒；偷哥哥家的东西卖，哥哥与其断绝往来；到处偷村民的鸡、单车、拖拉机水箱等；经常向村里老人要钱，不给就会怀恨在心。这些因素都能表明吴某有极高的再犯危险性。因此，类似这种案子，结构化的危险评估、临床评估与经验直觉都能发挥很好的预测作用。当然，三者有机结合显然会有更好的预测效果。总之，危险评估工具与临床评估、生活直觉并不冲突，将三者结合有利于提高再犯危险预测的准确性。

（二）再犯危险评估量表之效度检验

量表设计以后，一般应进行信度（Reliability）和效度（Validity）检验。信度是指测量数据与结论的可靠性程度，即测量工具能否稳定地测量到它要测量的事项的程度。① 信度衡量的是采用同一工具、同样方法对同一对象进行重复测量所得结果的稳定性与一致性。RRAP 尚未经多人测量，暂不测量其信度。效度即正确性程度，是指测量工具确能测出其所需测量的特质的程度。效度越高，表示测量结果越能显示其所要测量的对象的真正特征。② 本书将以重庆市 B 区同期矫正人员信息进行效度检验。在该区 273 名在矫人员中，共有 2 人在缓刑考验期间犯新罪，其中一例的矫正开始时间为 2015年 4 月 21 日，另一例的矫正开始时间为 2016 年 4 月 25 日。2016 年案例矫正时间尚不足一年，故笔者选取了 2015 年案例的同期数据进行检验。笔者将 2015 年 1—6 月（因同期案例较少，时间范围稍宽）开始矫正的视为该再犯的同期矫正人员，因此，最晚进入监督考察的缓刑人也在 2016 年 5 月 30日满一年。表 4-5 是同期矫正人员信息及评估得分情况（2016 年的再犯案例亦列于表尾）。

从表 4-5 可以看到，2015 年再犯案例的评估得分为 23（年龄，1；性别，1；文化程度，2；曾犯罪人员，4；无固定工作，4；离异，2；有预谋诈骗，5；习性犯罪，2；数行为，1；多地作案，1），再犯危险等级为"中，例外适用缓刑"；2016 年再犯案例的评估得分为 20（性别，1；文化程度，2；曾犯罪人员，4；无固定工作，4；离异，2；有预谋盗窃，5；习性犯罪，2），再犯危险等级为"较低，谨慎适用缓刑"。后一案例未进入"中"，但实际上只差 1 分。考虑到矫正人员许多信息尚未纳入，比如经济情况、家庭情况、交友情况、被害人情况、社区评价等，该案例跃入"中，例外适用缓刑"应该没有疑义。也就是说，根据 RRAP 进行测评，两人均不会被推荐适用缓刑。

在剩余的 12 个案例中，得分最高的为 16，该人同时存在违反监督考察规定行为；得分最低的为 3 分；有 4 人得分在 7 分以下，属于"低，可以适

---

① 参见袁方主编：《社会研究方法教程》，北京大学出版社 1997 年版，第 187 页。

② 参见袁方主编：《社会研究方法教程》，北京大学出版社 1997 年版，第 192 页。

表4-5 重庆市B区同期矫正人员评估得分

序号	年龄	性别	文化程度	婚否	犯罪前科	固定工作	吸毒	简要案情	固定住所	流窜、多地犯罪	矫正期间	再犯或违规	评估得分
1	61	男	初中	已婚	否	无	否	非国家工作人员受贿罪,有赔偿,有期徒刑二年六个月,缓刑三年	有	否	2015.01.27—2018.01.26	否	12
2	50	男	初中	离异	有	无	否	诈骗罪,2次,有期徒刑二年,罚金八千元	有	是,璧山、北碚	2015.04.21—2017.04.20	再犯	25
3	22	女	中专	已婚	否	无	否	诈骗	有	是	2015.06.26—2019.06.25	否	15
4	38	男	初中	已婚	否	有	否	非法买卖枪支罪	有	否	2015.03.24—2018.09.23	否	9
5	21	男	初中	未婚	否	无	否	故意伤害罪,有自首情节	有	否	2015.01.20—2017.01.19	否	15
6	23	男	职高	未婚	否	有	否	故意伤害罪,有自首情节,赔偿	有	否	2015.06.02—2016.12.01	否	11
7	59	男	文盲	已婚	否	无	否	交通肇事罪,赔偿	有	否	2015.06.01—2019.05.25	否	8
8	40	男	初中	已婚	否	无	否	故意伤害	有	否	2015.02.25—2019.02.24	违规	16
9	28	男	大专	已婚	否	有	否	因交通肇事罪主动报警,等待公安机关处理,有期徒刑三年,缓刑三年	有	否	2015.06.24—2018.06.23	否	3
10	27	男	大学	已婚	否	有	否	因过失致人重伤罪,在现场接受调查,自愿赔偿被害人120000元,有期徒刑二年,缓刑二年	有	否	2015.04.11—2017.04.10	否	3

续表

序号	年龄	性别	文化程度	婚否	犯罪前科	固定工作	吸毒	简要案情	固定住所	流窜、多地犯罪	矫正期间	再犯或违规	评估得分
11	29	男	高中	已婚	否	有	否	交通肇事罪，自愿认罪，不认定为自首，死亡赔偿费15万元，有期徒刑一年六个月	有	否	2015.06.26—2016.12.24	否	4
12	42	男	高中	已婚	否	有	否	信用卡诈骗罪，自首，主动退赔被害单位全部款项，有期徒刑二年，缓刑三年，罚金人民币五万元	有	否	2015.06.19—2018.06.18	否	6
13	21	男	高中	未婚	否	无	否	交通肇事罪，有期徒刑一年，缓刑两年	有	否	2015.06.16—2017.06.15	否	9
14	74	男	初中	离异	有	无	否	盗窃罪，有期徒刑六个月，缓刑一年	有	否	2016.04.25—2017.04.24	再犯	20

用缓刑"等级；有 8 人属于"较低，谨慎适用缓刑"等级。12 人的平均得分为 9.25，属于"较低，谨慎适用缓刑"这个等级。

总体来看，RRAP 对重庆市 B 区 2015 年上半年同期矫正人员的再犯危险预测表现良好。

笔者还选取了中国裁判文书网 2016 年发布的北京市因再犯新罪被撤销缓刑的案件进行回溯式检验。之所以选择 2016 年发布的案件，是因为我们主要根据 2016 年之前发布的案件进行量表制作，使用 2016 年之前发布的案件检验相当于在同一样本检验。之所以选择撤销缓刑的案件，是因为这类案件我们能够确信罪犯现在的情况——再次犯罪了。当然，这也就决定我们的检测主要是考察 RRAP 在"错误否定""正确否定"上的表现了。[①] 由于回溯检验需要知道前一次犯罪的信息，因此，我们还必须能够找到前一次裁判的信息，否则检验也无法进行。经在中国裁判文书网搜寻，笔者发现 4 对符合检测要求的案件。如中国裁判文书网 2016 年 5 月 31 日发布的（2015）房刑初字第 1057 号刑事判决书撤销了再犯新罪的被告人殷某的缓刑，我们同时还找到了殷某前一次犯罪的文书（2014）房刑初字第 623 号刑事判决书。由于殷某在前罪缓刑考验期又犯罪，说明前次裁判的缓刑适用属于"错误否定"，即低估了殷某的再犯可能性。如果采用 RRAP 进行评估，殷某的再犯危险程度低，则说明 RRAP 效度差，无法准确评估再犯危险性；如果采用 RRAP 评估，殷某的再犯危险程度处于较低（特别是中等）以上水平，则说明 RRAP 效度较好，能够准确评估再犯危险性。

殷某两案裁判文书[②]提供的信息为：男，19 岁，有预谋、故意伤害罪，共同犯罪，使用砍刀，投案，未婚（未达法定婚龄，本案案情为殴打前女友的现男友）。根据这些信息，我们根据量表记分为：性别，1 分；年龄，2 分；有预谋故意犯罪，5 分；暴力犯罪，2 分；犯罪工具，1 分；投案，-1 分；共

---

① 标准的做法是要检测"正确肯定""错误肯定""正确否定""错误否定"四种情形。我们的检验样本决定了只能进行后两种检测。

② （2014）房刑初字第 623 号；（2015）房刑初字第 1057 号。

同犯罪主要成员，2分；未婚，1分。根据现有信息计算的总分为13分，属于"较低，谨慎适用缓刑"等级。但事实上该案还可以推断：被告人没有大专以上文化程度（至少1分）；根据后案裁判文书信息，其父母已离婚，家庭教育环境可能较差。该案案情为：其母亲与其男友发生冲突造成脸部受伤，殷某邀约他人殴打其母亲的男友（2分）；殷某有3个以上违法犯罪朋友（2分）；可能没有稳定工作（4分）……也就是说，如果全部信息搜集全，殷某的再犯危险分数可能达到22分以上，进而属于"中，例外适用缓刑"的等级。

我们找到的第二起有前后罪裁判文书的案件是徐某故意伤害案。[①] 徐某两案提供的信息为：男，26岁（前案），无业，共同犯罪，投案，故意伤害罪。根据量表记分为：性别，1分；年龄，2分；无业，4分；共同犯罪主要成员，2分；投案，−1分；故意犯罪，4分；暴力犯罪，2分。根据现有信息计算的总分为14分，属于"较低，谨慎适用缓刑"等级。

我们找到的第三起有前后罪裁判文书的案件为彭某盗窃案。[②] 两案文书提供的信息为：男，25岁，曾因盗窃被行政拘留，外地作案，多次盗窃，投案。据此，该案的评估分为：性别，1分；年龄，2分；行政拘留，2分；异地，1分；数行为，1分；有预谋故意犯罪，5分；习性犯罪，2分。根据现有信息计算的总分为14分，属于"较低，谨慎适用缓刑"等级。不过该案可能还涉及"无业""大学以下文化程度"等加分项目，实际总分应进入"中，例外适用缓刑"的等级。

我们找到的第四起有前后罪裁判文书的案件为刘某盗窃案。[③] 两案提供的信息为：女，22岁，小学文化，盗窃，异地。据此，该案的评估分为：性别，0分；年龄，2分；文化程度，2分；异地，1分；有预谋故意犯罪，5分；习性犯罪，2分。根据现有信息计算的总分为12分，属于"较低，谨慎适

[①] （2014）临刑初字第566号；（2016）京0114刑初343号。

[②] （2015）许县刑初字第99号；（2016）京0112刑初221号。

[③] （2015）台刑初字第620号；（2016）京0101刑初385号。

用缓刑"等级。不过该案可能还涉及"无业"等其他加分情形。更令人吃惊的是，在两次缓刑失败，增加了两次犯罪前科以后，后案法官再次宣告了缓刑。该判决主文为：

> "二、撤销……被告人刘某犯盗窃罪，判处有期徒刑六个月，缓刑一年……的缓刑部分；撤销……被告人刘某犯盗窃罪，判处有期徒刑一年，缓刑二年……的缓刑部分。
>
> 三、被告人刘某犯盗窃罪……决定执行有期徒刑一年十个月，缓刑三年……"

本案被告人是否有其他不宜执行实刑的条件不得而知，但从已知信息来看，第三次宣告缓刑确有不妥。

综上，北京市的4起因再次犯罪撤销缓刑的案件中，根据已知信息评估，再犯危险等级都在"较低，谨慎适用缓刑"这个等级，如果考虑其他可能的加分，罪犯的分数基本应在"中，例外适用缓刑"这个等级。因此，从这4个案件体现的情况来看，RRAP的效度仍然较好。

当然，我们的检验样本毕竟太少，需要进一步进行信度、效度检验。在不断检验、调适的过程中，RRAP的预测因子及其权重、指标分解都可以不断调整，逐步达到与实际情况更加吻合的状态。

五、再犯危险预测回归模型

除了可以通过量表来评估再犯危险，我们还可以直接通过回归模型来进行再犯危险预测。在用单个变量与"是否累犯"进行 X^2 检验后，我们可以进行多个变量同时参与的 Logistic 回归分析，找到各种因素对再犯、累犯的影响力度，建立预测模型。①

由于我国刑法规定的累犯主要是个规范性概念而非事实性概念，为了更准确地检验影响累犯的因素，我们对数据库的范围进行了限定，即排除了过失犯罪和被判处拘役、管制的罪犯。我们用于检测累犯危险的数据库的特征为：判决于 2012—2015 年、被判处有期徒刑以上刑罚的故意犯罪案件。我们最终的数据库涉及 438439 人，其中被判死刑的 1249 人，占 0.3%；被判无期徒刑的 3489 人，占 0.8%；被判有期徒刑的 433701 人，占 98.9%。

至此，我们就可以正式开始回归分析了。我们可以将前述预测因子群作为工作假设在样本库里进行检验。比如，我们可以提出如下假设：

有犯罪前科、曾犯罪次数多的人累犯危险更高；

有违法前科（行政和劳教前科）的人累犯危险高于没有违法前科的；

---

① 这里需要解释两个问题：（1）案例数据库里缺少一些案外因素，如婚姻状态、家庭情况、社区环境等，在缺失这些信息的情况下，如何保证预测的准确性？笔者认为，这里确实可能涉及计量经济学里所谓"内生性问题"（endogeneity）。（参见陈云松、范晓光：《社会学定量分析中的内生性问题——测量社会互动的因果效应研究综述》，《社会》2010 年第 4 期）不过由于前文预测因子群研究参考了多个再犯危险预测量表，因此，对可能的遗漏变量已经心中有数。因此，从统计层面讲，可以通过观察回归分析 R 方来判断自变量能够在多大程度上解释因变量；从研究层面讲，我们的研究确实有进一步改进的余地；从实践层面讲，办案人员可以获得这些案外信息并进行临床评估。（2）根据前述不能颠倒因果原则，不能用未知事实进行预测。而从预测的角度讲，裁判文书里的再犯、累犯信息实际上是预测时的未知信息（后罪信息）；初犯案件信息才算是已知信息，但其后面是否再犯的信息在数据库里无法体现。这确实是采用裁判文书数据库来建立再犯预测模型的难题。笔者认为，前述问题是在常规方法的基础上提出的。常规做法一般是搜集缓刑考察期内再犯和未再犯的样本分别作为实验组和对照组进行统计分析、建模，但我们采取的思路是：从整体上发现累犯的特征。累犯具备哪些突出特征，我们就用这些特征来预测其他人的累犯危险。因此，这是两种不同的预测思路。我们的做法实际上存在两个转换。一是整体思维的转换，二是前后罪信息的转化。整体思路的转换已如前述，前后罪信息的转化是指初犯、再犯信息的同等对待。常规思路是用"前罪信息"预测"后罪信息"（"再犯信息"），前后罪信息必须予以区分；但我们的思路决定了并无区分前后罪信息的必要。因为我们关注的是，累犯群体和非累犯群体有哪些不同。

犯罪严重程度高（实刑刑期①）的人累犯危险更高；

年龄越大累犯危险越低；

无业失业人员的累犯危险高于有稳定工作的；

吸毒涉毒人员的累犯危险高于未吸毒涉毒的；

流动人口（外地人口）的累犯危险高于非流动人口；

经济困难的人（接受法律援助）累犯危险高于经济宽裕的人；

男性的累犯危险高于女性；

文化程度越高累犯危险越低；

犯罪后自首的累犯危险低于没有自首情节的；

正当防卫或紧急避险过当的累犯危险低于不存在该情节的；

中止犯罪的累犯危险低于没有中止情节的；

实施数罪的人累犯危险高于实施一罪的；

主犯的累犯危险高于非主犯，从犯的累犯危险低于其他共犯；

案件共犯人（案件罪犯人数）越多的累犯危险越高；

犯罪集团成员的累犯危险高于非犯罪集团成员；

涉黑成员的累犯危险高于非涉黑成员；

……

我们将这一系列变量在数据库里与"是否累犯"进行 X^2 检验后发现，以下变量与"是否累犯"存在统计学意义上的显著相关性：犯罪前科、行政拘留、劳教、裁判年龄、性别、文化程度、无业失业、外来人口、判决罪数、防卫过当、中止、胁从犯、经济困难（法律援助）、自首、立功、主犯、从犯、涉毒、涉黑、共同犯罪、集团犯罪、被告人数。

我们再将这些具有统计相关性的变量与"是否累犯"进行二元 Logistic

---

① 为统计方便，本书中死刑立即执行折算成 40 年刑期或 14400 天，死缓折算成 35 年或 12600 天，无期徒刑折算成 30 年或 10800 天，管制折算成管制刑期的一半。

回归分析，可以得到多个不同的回归模型。采用"向后：条件"法，步进概率"进入""删除"均设置为 0.01，得到如下模型。

表 4-6 方程中的变量

	B	S.E,	Wals	df	Sig.	Exp（B）
裁判年龄	-.013	.001	100.462	1	.000	.987
性别	-.365	.063	33.154	1	.000	.694
文化程度	-.066	.005	174.046	1	.000	.936
自首	-.383	.044	76.997	1	.000	.682
立功	.241	.077	9.735	1	.002	1.272
涉毒	.171	.032	29.091	1	.000	1.186
外来人口犯罪	.209	.031	44.333	1	.000	1.232
曾犯罪的人员	4.895	.042	13669.201	1	.000	133.618
无业失业	.878	.075	138.960	1	.000	2.407
农民	.711	.075	88.879	1	.000	2.035
常量	-4.298	.118	1332.318	1	.000	.014

从表 4-6 可以看到，裁判年龄、性别、文化程度、自首、立功、涉毒、外来人口犯罪、曾犯罪的人员、无业失业等 10 个变量进入了方程。其中，B 为回归系数，正数表明正相关，负数表明负相关。也就是说，立功、涉毒、外来人口犯罪、曾犯罪的人员、无业失业等 6 个因素是累犯、再犯的促进因素；自首的人累犯危险小于没有自首的人；裁判年龄越大，累犯危险越小；男性罪犯的累犯危险大于女性罪犯（变量赋值男性为 1，女性为 2）；文化程度越高，累犯危险越小。值得注意的是，立功是一个累犯促进因素，也就是说，立功制度可能确实被投机性犯罪分子利用了。

由于 B 系数均为非标准化回归系数，我们还需要根据公式"标准化回归系数 = 非标准化回归系数 * 标准差 /1.8138"计算标准化回归系数。10 个变量的标准化回归系数按绝对值降序排列如下：曾犯罪的人员，1.11；无业失业，0.24；农民，0.2；文化程度，-0.13；年龄和自首，均为-0.08；性别，-0.06；外来人口犯罪，0.04；涉毒，0.03；立功，0.02。也就是说，犯罪前科是最有影响力的预测因素，无业失业以及农民，其实表征的都是没有稳定工作，这也是非常重要的预测因素；立功是影响力较小的预测因子。

表格最后一列的 Exp（B）为优势比，表明自变量每增加一个单位，累犯危险增加的倍数。曾犯罪的人员的 Exp（B）为 133.618，表明有犯罪前科的人的累犯危险是没有犯罪前科的人的 133.618 倍；裁判年龄的 Exp（B）为 0.987，说明裁判年龄每增加一岁，累犯危险减少 0.013（0.987-1）倍。

该回归模型共有 94584 个案例参与分析，Nagelkerke R^2 为 0.62，说明自变量能够解释因变量约 62% 的变化。该模型的综合预测准确率为 88.9%，其中对累犯的预测准确率为 86.8%，对非累犯的预测准确率为 89.3%。也就是说，这个模型的综合预测准确率和累犯预测准确率均表现良好。当然，模型对因变量的解释率仅为 62%，说明在前述预测因子之外，还存在其他有效预测因子。与前文的预测因子群对比也可以发现，我们的案例数据库缺少罪犯个人（如婚姻状态、学业、交友等）和家庭情况（如居住条件、父母关系等）等信息。

根据前述 Logistic 回归分析结果，我们可以建立累犯（再犯）危险预测评估模型：

$$P=1/(1+e^{-1\times(-4.298-X1\times0.013-X2\times0.365-X3\times0.066-X4\times0.383+X5\times0.241+X6\times0.171+X7\times0.209+X8\times4.895+X9\times0.878+X10\times0.711)})$$

该模型由 Logistic 回归方程转换而成。Logistic 回归方程为 Logit P/（1-P）=A+B1X1+B2X2+…+BnXn。通过将对数方程转换为指数方程，得出 P=1/（1+e$^{-1\times(A+B1X1+B2X2+…+BnXn)}$）。其中，P 为累犯（再犯）风险值，取值在 0 与 1 之间，其值越大，累犯（再犯）风险越高；e 为自然对数的底，约等于 2.718282；X1 至 X10 分别代表裁判年龄、性别、文化程度、自首、立功、涉毒、外来人口犯罪、曾犯罪的人员、无业失业、农民。也就是说，如果我们知道这 10 个变量的具体情况，就可以将其代入方程，计算出 P 值。需要注意的是，如果变量为分类变量，如"外来人口犯罪"，有则代入1，无则代入0；如果变量为连续变量，则代入实际数值，如"裁判年龄"可代入实际年龄，文化程度则分别代入事先赋予的数值。

我们假定罪犯甲的情况为：裁判时年龄26，记为26；男性，记为1；文盲，记为0（文化程度为连续变量，0是本数据库对文盲的事先赋值）；没有自首，记为0；没有立功，记为0；涉毒，记为1；外来人口犯罪，记为1；曾犯罪的人员，记为1；无业，记为1；非农民，记为0。于是我们将前述数据代入方程：

$$P=1/(1+e^{-1\times(-4.298-26\times0.013-1\times0.365-0\times0.066-0\times0.383+0\times0.241+1\times0.171+1\times0.209+1\times4.895+1\times0.878+0\times0.711)})$$

$$=1/(1+e^{-1.152})$$

$$\approx0.7599$$

也就是说，一个流窜作案的、有犯罪前科的、涉毒的、26岁男性无业文盲（故意犯罪）罪犯的累犯概率为75.99%。因此，当法官面对这样的罪犯，如果经临床评估没有其他例外情况，不宣告缓刑当是明智之举。

我们假定罪犯乙的情况为：裁判时年龄40，记为40；女性，记为2；大学文化，记为17（17是本数据库对大学文化的事先赋值）；自首，记为1；没有立功，记为0；没有涉毒，记为0；本地犯罪，记为0；没有犯罪记录，记为0；有固定工作，记为0；不是农民，记为0。我们将前述数据代入方程：

$$P=1/(1+e^{-1\times(-4.298-40\times0.013-2\times0.365-17\times0.066-1\times0.383+0\times0.241+0\times0.171+0\times0.209+0\times4.895+0\times0.878+0\times0.711)})$$

$$=1/(1+e^{6.67})$$

$$\approx0.0013$$

也就是说，一个没有犯罪前科、不涉毒、犯罪后自首、具有大学文化、有稳定工作的40岁本地女性（故意犯罪）罪犯的累犯概率为0.13%。因此，当法官面对这样的罪犯，如果经临床评估没有其他例外情况，宣告缓刑当然是正确的选择。

总之，有了这样一个累犯（再犯）危险预测模型，当法官面临一个具体罪犯的时候，他（她）就能够很快计算出同类型罪犯的再犯罪危险，进而能够作出更有科学依据的决策。与再犯危险评估量表相比，这个预测模型更加精确和敏锐。比如年龄因素在预测模型里可以精确到每岁，而在量表里则体现为年龄段。不过预测模型也有不足之处，那就是预测变量的数目有限，而量表则可以将尽可能多的预测因子纳入。

当然，前述模型只是诸多累犯预测模型中的一个。如果我们能获得更有代表性的样本，如果每个案例提供的信息更加丰富完整，那么我们就能够拟合出预测效果更好、更接近再犯实际情况的模型来。换句话说，以上预测模型只是根据本节选定的数据库拟合出来的较好模型之一，它不是一成不变的，也不是最好的，它可以而且应该不断生长和完善。

六、小 结

规范适用缓刑，关键在于缓刑实质要件的操作化。本章示范性研制的由罪中、罪后、罪人、环境四个维度25个指标构成的缓刑适用再犯危险评估量表，实现了缓刑实质要件的操作化，并且效度检验表现良好。

科学适用缓刑，关键在于准确把握再犯规律。本章以43万余裁判文书大数据为样本，拟合出了由10个变量构成的再犯预测回归模型，既为预测再犯提供了新的方案，也有说服力地展现了再犯规律。当然，由于裁判文书大数据本身存在局限，如犯罪人个人情况和社区环境信息较少，其展现出来的再犯规律必然存在一定程度的偏差。

令人欣喜的是，再犯预测模型展现的再犯规律，整体上印证了我们研制的再犯危险评估量表，进而表明本书第三章对缓刑实质要件四个要素的重新解释是合理的。如犯罪严重程度（实刑刑期）与累犯危险不具有统计学上的相关性，这再次说明"犯罪情节较轻"不能解释为犯罪造成的社会危害较轻，而只能解释为犯罪体现的再犯危险情节较轻。进入模型的 10 个变量——前科、年龄、无业失业、农民、性别、文化程度、涉毒反映的是罪前、罪人因素对再犯的影响；自首、立功反映的是罪后因素对再犯的影响；外来人口变量可以反映社区矫正环境对再犯的影响。此外，预测模型各个变量的回归系数，特别是前科的回归系数，也能够支持量表配置的预测因子权重。总之，本书对缓刑实质要件的解释、研制量表的理念与裁判文书大数据反映的再犯规律整体上是吻合的。这也说明，本书的方案能够实现缓刑适用规范化和科学化的融合。笔者因此有理由相信，只要理论界和实务界共同努力，持续探索，定能在缓刑适用规范化和科学化的有机融合上取得更大进步。

第五章　缓刑实质要件司法实践评估

尽管我国缓刑司法领域尚未有再犯危险评估工具投用，但缓刑司法实践却一天也没有停止，法官们也一直在按照他们自己的经验、直觉进行事实上的再犯危险评估。又由于对象条件、排除条件判断主要是形式判断，且基本不会出现差错，因此可以认为缓刑适用实践主要就是实质要件判断实践。那么，法官们的实质要件判断效果如何？我国缓刑适用实践效果如何？具体地说，缓刑人在缓刑期间的再犯率高不高？再犯结构如何？法官们的再犯危险判断是否准确？存在哪些问题？该如何改进？显然，回答这些问题，既是对法官们缓刑适用实践的评估，也会为缓刑适用的未来走向提供指引。

一、宏观考察

缓刑的实效分为不同的层面，可以从不同角度在不同阶段来考察。一种最直观的划分就是区分消极意义上的实效和积极意义上的实效。消极意义上的实效（缓刑适用实效）主要关注法官（缓刑官）是否将那些再犯危险低的人正确地挑选出来了；积极意义上的实效（缓刑执行实效）主要关注缓刑人的教育矫正效果，即经过缓刑官、社会工作者和缓刑人自身的努力，缓刑人实现自我康复的程度。本书研究的是缓刑适用问题，主要考察消极意义上的实效。因此，本书更关注缓刑宣告后一段时间内的效果，比如缓刑考验期内特别是早期阶段缓刑人有无违规、再犯行为。

而缓刑考验期晚期或结束后的再犯行为，则更多体现缓刑执行的效果，是一种积极意义上的实效。区分这一点非常重要。消极意义上的实效反映的是"入口"效果，体现了法官的"选择"质量；积极意义上的实效反映的是"出口"效果，体现了缓刑执行和缓刑人自我更新的效果。当然，适用实效对执行实效具有决定意义，如果将大量再犯危险性高的人纳入缓刑考察，其执行实效自然会受到影响。比如美国由于存在监狱过于拥挤、监狱经费限制、辩诉交易制约等因素，不得不将大量罪犯纳入缓刑体系，这其中可能就包括部分再犯危险较高的罪犯，因而必然会拉高美国的缓刑人再犯率。①

　　考察缓刑适用实效，既要看缓刑考察期内的再犯率、违规率、撤销缓刑率，还应该看再犯的结构特征，比如犯的什么罪，比之前的更重了还是更轻了，如此等等。本书主要考察再犯率和再犯结构。

（一）再犯率

　　如前所述，本书关注的是消极意义上的实效，因此，主要关注缓刑考验期间缓刑人的再犯率、违规率、撤销缓刑率。到目前为止，我国社区矫正机关很少公布社区矫正人员统计信息，我们只能从为数不多的文献里寻找蛛丝马迹。司法部社区矫正管理局《2014 年全国社区矫正工作统计分析》对社区服刑人员再犯罪情况进行了简单描述："社区矫正工作开展以来，矫正期间再犯罪率持续控制在较低水平，截至 2014 年底，社区服刑人员在矫

---

① 美国司法统计局 1986—1989 年重罪缓刑人再犯报告显示，对 17 个州 32 个县 79000 重罪缓刑人的追踪调查表明，43% 的重罪缓刑人在 3 年内再次因重罪被捕；但是，79000 人当中的 21% 此前并未被缓刑官推荐适用缓刑，且他们的失败（撤销缓刑或重新监禁）几率（37%）几乎是那些被推荐适用缓刑的重罪缓刑人失败几率（22%）的 2 倍。See Patrick A Langan, Bureau of Justice Statistics, Mark A Cunniff, "Recidivism of Felons on Probation, 1986—1989", 1992 年 2 月 1 日，见 http://www.bjs.gov/index.cfm?ty=pbdetail&iid=3994。

正期间再犯罪累计 3974 人，[①] 再犯罪率为 0.18%。[②] 与 2013 年底统计的再犯罪率持平。"[③] 司法部副部长郝赤勇在全国社区矫正教育管理工作会议上的讲话中指出，"矫正期间重新犯罪率一直处于 0.2% 左右的较低水平，有效预防和减少了重新违法犯罪"。[④] 各地的情况也大抵如此。如 2012—2014 年，海南一中院辖区十家基层法院宣告缓刑的罪犯共 2051 人，在缓刑考验期内被撤销缓刑的仅 17 人（其中 12 人因犯新罪或者发现漏罪被撤销，5 人因违反缓刑考验规定被撤销），占缓刑总人数的 0.82%。[⑤] 北京市 11 年来累计接收社区服刑人员 4.5 万名，解除矫正 4 万名，矫正期间再犯罪率始终保持在 0.16% 以下的低水平。[⑥] 山东累计接收社区服刑人员 18.4 万人，正在接受矫正 6.6 万人，再犯率不足万分之五，是全国在矫人员数量最多、再犯罪率较低的省份。[⑦] 许疏影的统计表明，浙江省 2012 年度共发生 106 起社区矫正人员再犯罪案件，全年重新犯罪率为 160/100000（0.16%）。此外，每月因违反《治安管理处罚法》而受到治安处罚中由社区矫正人员实施的案件均值为 14 起，治安案件发生率均值为 35.29/100000；每月因违反相关社区矫正法规而被收监执行的案件均值为 34 起，收监率均值为

[①] 笔者对这个数据存疑。在中国裁判文书网输入"撤销缓刑"搜索，我们发现近三年的文书每年都不止这个数目。这里面有些文书可能有重复，有些文书可能不是真的撤销缓刑裁判，但确实与该数字相去甚远。如搜索结果显示，2014 年有 8962 份撤销缓刑文书。

[②] 笔者根据这个比例反推，官方的计算公式似为：缓刑人再犯率 = 再犯罪总数 / 社区矫正总人数 *100%。另外一种缓刑人再犯罪率计算公式为：缓刑人再犯率 = 同期再犯人数 / 同期缓刑人数 *100%。后一种方法计算出来的再犯率更高。

[③] 司法部社区矫正管理局：《2014 年全国社区矫正工作统计分析》，《司法部社区矫正管理局简报》2015 年第 8 期。

[④] 郝赤勇：《大力加强教育管理切实提高社区矫正工作水平——在全国社区矫正教育管理工作会议上的讲话》，《人民调解》2015 年第 8 期。

[⑤] 参见袁华锋：《海南一中院辖区基层法院缓刑适用及执行情况的调研》，《特区法坛》2015 年第 10 期。

[⑥] 参见袁京：《本市社区矫正再犯率低于 0.16%》，《北京日报》2014 年 10 月 15 日。

[⑦] 参见余东明、李玉洲：《山东社区矫正人员再犯罪率不足万分之五》，《法制日报》2014 年 7 月 21 日。

84.20/100000。^①H市X区2010—2013年缓刑人再犯率分别为0.26%、0.38%、0.43%、0.5%。^②

　　不过以上这些数据均不是同期再犯率。为此，笔者以重庆市B区2016年在矫人员数据（2016年11月底获取）分别计算了两种不同统计口径的再犯率。（1）在矫人员再犯率 = 再犯人数 / 在矫人员总数 *100% =2/273*100% ≈0.73%。（2）同期再犯率。2015年上半年开始矫正人员同期再犯率 = 同期再犯人数 / 同期在矫人员总数 *100% =1/13*100%≈7.69%；2016年上半年开始矫正人员同期再犯率 =1/67*100%≈1.49%。可以看到，笔者统计的再犯率均高于全国平均再犯率，不同计算方法计算出来的再犯率也相差很大，但同期再犯率明显高于在矫人员再犯率。此外，2015年上半年开始矫正人员的同期再犯率与2016年上半年开始矫正人员的同期再犯率也相距甚远。原因何在？因为笔者是在2016年11月底获取的数据，2015年上半年开始矫正的部分人员已经解除矫正了。显然，统计时间节点也会影响再犯率。总之，计算方法和统计时间都会影响再犯率，因此，评估再犯率时要特别小心，否则难免变成一个数字游戏。我们也期待最高司法行政机关能够提供更加透明和规范的基础统计数据。

　　另外需要指出的是，以上数据均未区分不同种类社区矫正人员的再犯情况。不过考虑到缓刑人是社区矫正人员主体，^③故前述再犯率基本能够反映缓刑人的再犯率。许疏影的统计也表明，缓刑人再犯占全部社区矫正人员再犯的比例为66%。^④

---

① 参见许疏影：《社区矫正人员重新犯罪调查报告——以浙江省为例》，《青少年犯罪问题》2015年第1期。

② 参见商小平、陆铮宏：《经济发达地区缓刑人员在缓刑期间重新犯罪防控刍议——以H市X区缓刑人员的矫正工作为视角》，《法治研究》2014年第11期。

③ 2013年，缓刑人占社区矫正人员总数的82.7%；2014年，缓刑人占社区矫正人员总数的86%。（参见司法部社区矫正管理局：《2014年全国社区矫正工作统计分析》，《司法部社区矫正管理局简报》2015年第8期）

④ 参见许疏影：《社区矫正人员重新犯罪调查报告——以浙江省为例》，《青少年犯罪问题》2015年第1期。

如果前面引用和统计的信息是准确的，① 单从再犯数量和再犯率来看，我国缓刑适用没有出现重大偏差，即法官们挑选出来的绝大多数罪犯都"没有再犯罪的危险"。但需要强调的是，单单缓刑人再犯率低，只能肯定缓刑适用没有重大偏差，无法肯定缓刑适用效果非常好。因为缓刑适用规模、适用率都会影响再犯率。应当承认，不到0.2%的整体再犯率，即每10万矫正人员中约有200人再犯，从绝对值上看也是比较低的。当然，最高司法行政机关如果能够提供全国同期缓刑人再犯率数据，将有利于我们更好地判断缓刑适用效果。

1. 与一般再犯率比较

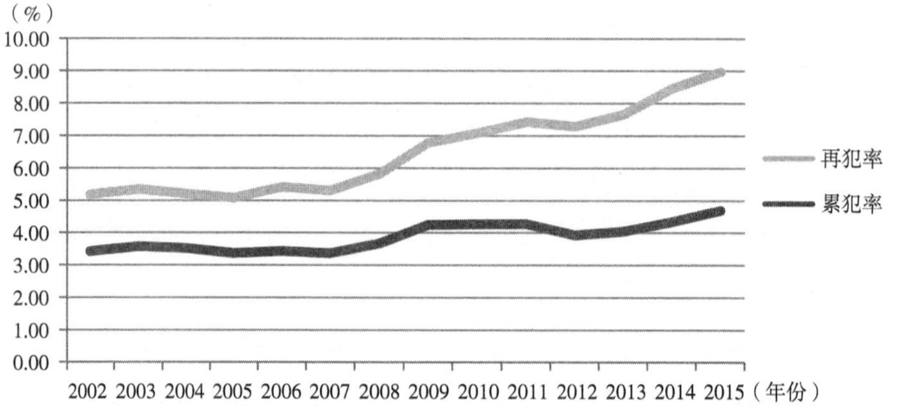

图 5-1 再犯率和累犯率（2002—2015）

图5-1系笔者根据人民法院刑事审判数据绘制的再犯率（曾犯罪人员人数/生效判决人数*100%）和累犯率（累犯人数/生效判决人数*100%）折线图。我们可以清楚地看到，2002年以后，我国的再犯率从未低于5%，累犯率从未低于3%。不过两者的统计口径并不一样，且我国的社区矫正人口特别是缓刑人总体上也属于再犯危险较低的人群，两者无法进行

① 笔者有所担忧的原因在于：一是目前社区矫正人员违规、再犯信息并不透明，且目前公布数据与笔者在中国裁判网的搜索结果有差距；二是社区矫正效果与社区矫正机构的生存和发展存在利害关系。

直接比较。笔者之所以将两者放在一起比较，仍然是为了达到否定目的，即如果缓刑人再犯率高于一般再犯率特别是刑满释放人员再犯率，缓刑适用肯定存在问题；缓刑人再犯率低于一般再犯率、刑满释放人员再犯率，这是正常的，因为缓刑适用的实质要件就包括"没有再犯罪的危险"。

需要顺便指出的是，国际上通常的再犯率计算方法为：追踪调查同一时间释放的罪犯，统计特定时间内（如一年、二年等）再次定罪（再次逮捕、再次监禁）人数与同期释放总人数的比率。我国官方没有正式公布过重新犯罪率，司法行政机关通报的再犯率也不知其计算方法。如2014年举行的"国际矫正与监狱协会第六届年会"透露，我国刑满释放人员重新犯罪率保持在8%左右，①——尽管其统计口径不得而知，但按"曾犯罪人员人数/生效判决人数×100%"计算出的2014年的再犯率为8.46%。笔者猜测，按照国际通行方法计算出来的我国重新犯罪率可能会更高——这可能也是我国重新犯罪率看起来较低的原因之一。表5-1②是部分国家的再次监禁率（Reimprisonment rates），③可以大致作为参照。

表5-1　部分国家再次监禁率

国家	释放时间	期限（年）	再次监禁率（%）
澳大利亚	2009—2010	2	39
智利	2007	3	50
法国	2002	5	46
德国	2004	3	35

① 参见李薇薇、陈菲：《我国刑满释放人员重新犯罪率保持在8%左右低水平》，新华网2014年10月25日电。
② 数据来源：Fazel S, Wolf A, "A Systematic Review of Criminal Recidivism Rates Worldwide: Current Difficulties and Recommendations for Best Practice", Hernandez Montoya AR（ed），*PLOS ONE*, 2015, 10（6）:e0130390.
③ 因我国犯罪定义含有定量因素，故统计再次监禁率更有意义。

续表

国家	释放时间	期限（年）	再次监禁率（%）
以色列	2004	5	43
新西兰	2002—2003	0.5	18
		1	26
		2	37
		3	44
		4	49
		5	52
韩国	2002	3	24
美国	2005—2010	0.5	10
		1	17
		2	29
		3	36
		4	41
		5	45

2. 横向比较

要进行缓刑人再犯率横向比较并不是一件容易的事情，事实上以往的研究就出现了明显失误。比如有学者引用美英的再犯率指出，美国1991年近一半的缓刑人在考验期仍犯了新罪，近一半的缓刑人在监外考验期间就犯了新罪，英国1999年社区刑的平均重新犯罪率为58%，进而认为缓刑的再犯率比监禁刑的再犯率还要高！① 该文的比较研究至少存在4个失误或错误：第一，没有区分消极实效和积极实效，如果"进口人群"的再犯危险更

———

① 参见赵星：《缓刑制度研究》，载陈兴良主编：《刑事法评论》第18卷，北京大学出版社2016年版，第586页。

高,"出口人群"再犯率自然更高,这和缓刑规模、缓刑适用率高度相关。第二,缓刑、社区刑服刑人员再犯率和监禁刑释放人群再犯率不能直接进行比较。英国司法部专门针对再犯的报告指出,不推荐使用再犯率分类数据来比较每种判决(比如社区刑还是监禁刑)对再犯的影响,因为每种判决所适用人群在年龄、性别、犯罪生涯长短、前科次数等方面都各不相同。如果不对这些特征进行调整和控制,就不能确信地将再犯率的不同归因于裁判本身,因为它可能是前述不同特征导致的结果。① 第三,误导性引用。该文第586页脚注1引用的资料反映的主要是加州特别是 Alameda 和 Los Angeles 两个郡的情况,而且研究对象是重罪缓刑人。② 该文第586页脚注2更是直接忽略了假释人在枪支犯罪上的"贡献",引用材料的原文为"More than a quarter of all felons charged with gun crimes in 1992 were out on probation and parole"③。事实上笔者查阅到的美国1993年的统计数据表明,该年共有缓刑人1431915人,其中764768人成功完成缓刑,重新犯罪28054人,重新执行刑罚171640人。④ 也就是说,美国1993年缓刑人再犯率为1.96%,撤销缓刑重新执行刑罚率为11.99%。第四,没有注意各自国家"再犯率"统计口径的不同;没有注意各自国家"犯罪"定义的不同。该文第586页脚注3对英国再犯率的引用就犯了这个错误。(1)该文引用的报告明确指出,重新定罪率(Reconviction rates)未经调整,不能用于比较监禁和缓刑的效果(Unadjusted rates cannot therefore be used to…compare the effectiveness of prison with probation);(2)重新定罪包括社区刑开始日期之前实施犯罪的定

---

① Ministry of Justice, U K, "2013 Compendium of Re-offending Statistics and Analysis", 2013年7月11日, 见 https://www.gov.uk/government/statistics/2013-compendium-of-re-offend-ing-statistics-and-analysis。

② Petersilia J R, Turner S, Kahan J P, et al, *Granting Felons Probation:Public Risk and Alternatives*, Santa Monica:Rand Corporation, 1985.

③ DiIulio J J, "Reinventing Parole and Probation: A Lock-'em-up Hard-liner Makes the Case for Probation", *The Brookings Review*, 1997, 15(2), p.41.

④ Tracy L Snell, "Correctional Populations in the United States, 1993", 1995年10月1日, 见 http://www.bjs.gov/index.cfm?ty=pbdetail&iid=746.

罪（pseudo reconvictions）；（3）中英两国犯罪定义的差别应予注意，从该报告表中的9.5可以看到，重新定罪的人三分之一左右被处以罚款，三分之一被再次科处社区刑，真正撤销社区刑的只有十分之一左右；（4）重新定罪率的分母为同期缓刑人数，而不是全部缓刑人数。①

笔者认为，由于我国缓刑人再犯率计算方法与其他国家不一样，因此，不宜进行直接比较。本书之所以仍要讨论其他国家的缓刑（社区刑）再犯情况，一来在于了解他国情况，二来可以进行"间接比较"或不那么精确的"大致比较"。

美国作为世界头号缓刑大国，其联邦司法统计局每年同时提供缓刑人和假释人统计数据——假释人是经过监禁矫正进入社区的罪犯，而缓刑人主要是直接进入社区的罪犯，比较两者考察期内的再犯率在一定程度上还可以观察监禁刑的预防效果。自2000年以来，缓刑人因重新犯罪、违规或其他原因导致的重新监禁率（撤销缓刑再次监禁人数/当年全部在矫人员人数 * 100%）一直在4.5%—6.1%之间浮动，其中，2013年为5.4%，2014年为5%。就假释人而言，2013年的重新监禁率为9.3%；2014年的重新监禁率为9%，其中，2.8%是因为犯新罪而重新监禁，5.2%是因为撤销假释而重新监禁。②这里的重新监禁率与我国前述再犯率存在两个不同。首先是计算公式的分子不同。美国的重新监禁率包括因违反缓刑规定等原因而再次监禁的人，我国的仅计算了再次犯罪的人数。其次是计算公式的分母不同。美国的重新监禁率以当年全部在矫人员总数为分母，而我国是以全部社区矫正人员总数（含已解矫人员）为分母。为此，笔者又找到了三个州的缓刑人再犯罪率（犯新

---

① See Great Britain Home Office Research Development and Statistics Directorate, Information and Publications Group, United Kingdom, "Probation Statistics: England and Wales 2002", January 2004, https://webarchive.nationalarchives.gov.uk/20110218141312/http://rds.homeoffice.gov.uk/rds/pdfs2/probation2002.pdf.

② See Danielle Kaeble, Laura M Maruschak, Thomas P Bonczar, "Probation and Parole in the United States, 2014", 2015年11月19日，见 http://www.bjs.gov/index.cfm?ty=pbdetail&iid=5415。

罪人数／当年全部缓刑人数 ×100％）情况。[1] 此处计算再犯率的分子与我国的在形式上更加接近，但分母仍不同。

表 5-2　美国三个州缓刑人再犯情况（2007—2013）

州别 / 年份 类别	2007	2008	2009	2010	2011	2012	2013
Wisconsin 缓刑人口	53056	50273	47666	46540	46794	46689	47328
Wisconsin 新罪人数	632	639	549	616	548	511	588
Wisconsin 再犯率	1.19	1.27	1.15	1.32	1.17	1.09	1.24
Rhode Island 缓刑人口	25302	26201	25360	25049	24097	23546	22658
Rhode Island 新罪人数	993	823	860	754	713	867	940
Rhode Island 再犯率	3.92	3.14	3.39	3.01	2.96	3.68	4.15
North Carolina 缓刑人口	113376	113027	109820	107696	104095	98752	99089
North Carolina 新罪人数	3627	4053	4221	4168	4140	4131	3496
North Carolina 再犯率	3.20	3.59	3.84	3.87	3.98	4.18	3.53

　　可以看到，剔除因违规等导致的再次监禁人数后，三个州的纯粹再犯率都低于前述重新监禁率。其中，Wisconsin 州的再犯率最低，基本维持在 2％ 以下水平，Rhode Island 和 North Carolina 两州的再犯率基本维持在 4％ 以下。因此，如果考虑到美国的高缓刑率，我国社区矫正再犯率的对比优势就不明显了。以 2014 年为例，该年美国的缓刑率（每十万人口缓刑人数）为 1602 人，[2]

①　See Council of State Governments Justice Center, "Reducing Recidivism: States Deliver Results", 2014 年 6 月 12 日，见 https://csgjusticecenter.org/reentry/publications/reducing-recidivism-states-deliver-results/。

②　See Danielle Kaeble, Laura M Maruschak, Thomas P Bonczar, "Probation and Parole in the United States, 2014", 2015 年 11 月 19 日，见 http://www.bjs.gov/index.cfm?ty=pbdetail&iid=5415。

中国的缓刑率为52.5人，①美国缓刑率是中国的31倍。但美国缓刑人的重新犯罪率（按较高的4%计算）仅为我国社区矫正人员再犯率（按较低的0.16%算）的25倍（4/0.16）。

英国的社区刑罚种类繁多，并且分别在"社区康复公司"（Community Rehabilitation Companies, CRC，中低风险罪犯）和"国家缓刑服务"（National Probation Service, NPS，高风险罪犯）执行。表5-3和表5-4分别是CRC和NPS两个社区刑罚执行系统2015年第四季度同期罪犯社区刑罚开始一年内的再犯率。②可以看到，CRC系统再犯率主要分布在30%—40%区间，最高的为42.8%，最低的为25.1%；NPS系统的再犯率主要分布在20%—30%区间，最高的为30.8%，最低的为22.5%。需要注意的是，英国司法部的报告明确指出，两个系统的再犯率不能进行比较。如前所述，英国的再犯统计口径较为宽松，因此也不能轻易地认为其再犯率过高。

表5-3　CRC系统2015年第四季度同期罪犯再犯率

CRC名称	同期罪犯	再犯人数	再犯罪数	再犯率（%）	平均再犯罪数
Bedfordshire等	1269	406	1649	32.0	4.06
Bristol等	1138	404	1484	35.5	3.67
Cheshire等	2184	666	2152	30.5	3.23
Cumbria等	1050	331	1168	31.5	3.53
Derbyshire等	1773	562	2046	31.7	3.64
Dorset等	849	276	907	32.5	3.29
Durham Tees Valley	852	365	1843	42.8	5.05

① Correctional Statistics Asian and Pacific Conference of Correctional Administrators, http://www.apcca.org/uploads/34th_APCCA_Statistics_2014_OCT_2014.pdf.

② See Ministry of Justice, "Proven Reoffending Statistics Quarterly: January to December 2014", 2016年10月27日，见 https://www.gov.uk/government/statistics/proven-reoffending-statistics-quarterly-january-to-december-2014。

续表

CRC 名称	同期罪犯	再犯人数	再犯罪数	再犯率（%）	平均再犯罪数
Essex	688	218	798	31.7	3.66
Hampshire 等	743	239	869	32.2	3.64
Humberside 等	1169	458	1703	39.2	3.72
Kent 等	1409	447	1757	31.7	3.93
London	4126	1340	4324	32.5	3.23
Merseyside	1043	262	871	25.1	3.32
Norfolk & Suffolk	559	191	782	34.2	4.09
Northumbria	773	323	1384	41.8	4.28
South Yorkshire	850	347	1499	40.8	4.32
Staffordshire 等	2625	850	3282	32.4	3.86
Thames Valley	811	287	1186	35.4	4.13
Wales	2160	754	2635	34.9	3.49
Warwickshire 等	692	243	965	35.1	3.97
West Yorkshire	1331	453	1659	34.0	3.66

表5-4　NPS 系统 2015 年第四季度同期罪犯再犯率

NPS 分区	罪犯人数	再犯人数	再犯罪数	再犯率（%）	平均再犯罪数
London	1099	267	793	24.3	2.97
Midlands	1343	363	1124	27.0	3.10
North East	1635	478	1690	29.2	3.54
North West	1616	424	1314	26.2	3.10
South East and Eastern	1217	274	910	22.5	3.32
South West and South Central	1005	250	838	24.9	3.35
Wales	728	224	682	30.8	3.04

表5-5是西澳大利亚州（澳大利亚最大州）社区矫正（community corrections）解除后两年内再次进入矫正系统（corrective services，包含监禁和社区矫正）的比例（Rate of Return，回归率，相当于再犯率）。① 可以看到，该州社区矫正服刑人员的回归率一直呈下降趋势，2004—2005年度的回归率为24.5%，而2013—2014年度的回归率为12.8%，几乎下降了一半。2004—2014年，男犯的回归率一直高于女犯。2013—2014年度，男犯的回归率为13.9%，女犯的回归率为9.3%。

表5-5　西澳大利亚州社区矫正完成后两年内回归率

年份	回归率（%）		全部
	男性	女性	
2004—2005	25.7	20.0	24.5
2005—2006	25.1	21.1	24.2
2006—2007	25.4	20.3	24.2
2007—2008	26.0	19.1	24.4
2008—2009	26.6	19.1	24.9
2009—2010	24.8	18.8	23.4
2010—2011	23.5	15.8	21.7
2011—2012	18.2	13.9	17.2
2012—2013	14.1	9.5	13.0
2013—2014	13.9	9.3	12.8

---

① The Department of Corrective Services, Western Australia, "Recidivism trends in Western Australia with comparisons to national trends"，2014年10月16日，见 http://www.correctiveservices.wa.gov.au/_files/about-us/statistics-publications/statistics/DCS-recidivism-trends-WA-October2014.pdf。

（二）再犯结构

所谓再犯结构，通俗地说就是缓刑人再犯罪行的结构，包括罪名结构、轻重结构等。不过要详细统计再犯结构并不是一件容易的事情，需要司法统计部门提供非常详细的基础数据。甚至一些国家的官方机构都选择了更加简单便捷的方法——直接统计缓刑人再次实施的严重犯罪数量。如从 2008 年12 月 1 日起，英国开始统计列于 2003 刑事司法法案（Criminal Justice Act，2003）15a 的严重再犯（Serious Further Offences，SFOs）。这些严重再犯包括谋杀、非预谋杀人（manslaughter）、其他导致死亡的犯罪、强奸、插入式性侵（assault by penetration）、针对 13 岁以下儿童的性犯罪；这些犯罪的未遂行为也包括在内。只要缓刑人在监督考察期间或考察结束 28 个工作日内实施前述严重犯罪，司法机关就会将其纳入统计。表 5-6 是 2009 年以来英格兰和威尔士的严重再犯统计数据。① 可以看到，除了 2009—2010 年度有308 件，后续几年严重再犯定罪数量均在 300 件以下。英格兰和威尔士每年进入社区刑罚的人数在 10 万人以上，严重再犯的比例不到千分之三。

表 5-6 英格兰和威尔士严重再犯数量（2009—2015）

犯罪种类	2009/10	2010/11	2011/12	2012/13	2013/14	2014/15
谋杀	59	50	67	50	59	42
未遂谋杀	18	12	13	16	15	14
非预谋杀人	33	18	15	16	23	11
强奸/插入式性侵	75	103	76	90	80	90
危害生命目的的纵火	9	8	8	7	10	9
绑架、非法拘禁	19	2	14	16	19	21

① See Ministry of Justice, "Proven Reoffending Statistics Quarterly: January to December 2014", 2016 年 10 月 27 日，见 https://www.gov.uk/government/statistics/proven-reoffending-statistics-quarterly-january-to-december-2014。

续表

犯罪种类	2009/10	2010/11	2011/12	2012/13	2013/14	2014/15
未遂绑架	0	0	0	0	0	0
其他严重性犯罪和暴力犯罪	95	67	60	74	69	65
SFO 定罪合计	308	260	253	269	275	252
未达 SFO 标准合计	54	66	55	65	71	82
总计	362	326	308	334	346	334

我国司法机关和司法行政机关均未公布类似严重再犯数据，笔者只好通过中国裁判文书网来"管中窥豹"，搜索"极端案件"。这里所谓"极端"，是相对"没有再犯罪的危险"而言。笔者主要从两个方面界定：一是指性质极端恶劣，如故意杀人、强奸、抢劫、绑架、放火、爆炸、投放危险物质等七种严重暴力犯罪；① 二是新罪被判处十年有期徒刑以上刑罚。缓刑适用于"没有再犯罪的危险"的罪犯，但缓刑考验期内有一定比例的再犯实不可避免，这是可以接受的；不过如果缓刑人在缓刑考验期内实施极端犯罪，而且数量还不少的话，那么就很难说缓刑适用质量很高。令人遗憾的是，笔者很轻易地就找到了不少极端案件。笔者 2016 年 12 月 1 日的检索统计结果如下：

2012 年以后裁判的再犯故意杀人罪极端案共有 19 件，分别是：（2012）唐刑初字第 60 号、（2013）兴刑初字第 48 号、（2013）二七刑初字第 101 号、（2013）榆中法刑一初字第 00027 号、（2014）邢刑初字第 10 号、（2014）川刑终字第 62 号、（2014）辽刑初字第 1 号、（2014）六刑初字第 00007 号、（2014）抚刑一初字第 13 号、（2014）扬刑初字第 00009 号、（2014）菏刑一初字第 24 号、（2014）浙丽刑初字第 22 号、（2014）资刑初字第 28 号、（2015）

---

① 这七种犯罪可谓性质恶劣犯罪中最恶劣的。刑法第五十条第二款死缓限制减刑、第八十一条第二款不得假释的规定都涉及这七种犯罪。

庆刑一初字第 1 号、（2015）川刑终字第 135 号、（2016）豫 04 刑初 22 号、（2016）鲁 0831 刑初 56 号、（2016）苏 11 刑初 8 号、（2016）内 22 刑初 20 号。

2012 年以后裁判的再犯强奸罪极端案件分别是：（2014）四刑终字第 47 号、（2014）林刑初字第 223 号。

2012 年以后裁判的再犯绑架罪极端案件分别是：（2014）阜刑初字第 00063 号、（2013）浙温刑终字第 302 号、（2015）东刑初字第 428 号、（2014）泰高新刑初字第 18 号、（2014）解刑初字第 254 号。

2012 年以后裁判的再犯抢劫罪极端案件分别是：（2012）杭萧刑初字第 402 号、（2012）垦刑初字第 25 号、（2012）沂南刑初字第 352 号、（2012）宿中刑终字第 0098 号、（2013）玉中刑二终字第 42 号、（2013）靖刑初字第 236 号、（2013）奉法刑初字第 00317 号、"（2013）新刑初字第 514、530 号"、（2013）莘刑初字第 200 号、（2014）宣刑初字第 24 号、（2013）新刑初字第 480 号、（2014）思刑初字第 147 号、（2013）深中法刑二初字第 369 号、（2016）川 1424 刑初 4 号、（2014）黑刑二终字第 13 号、（2014）青刑初字第 40 号、（2014）振安刑初字第 00036 号、（2014）叠刑初字第 21 号、（2014）奎刑初字第 72 号、（2014）穗从法刑初字第 243 号、（2014）临河刑初字第 161 号、（2014）荣刑初字第 130 号、（2014）通法刑初字第 44 号、（2013）闵刑初字第 1580 号、（2014）渝二中法刑初字第 00040 号、（2014）东刑初字第 96 号、（2014）商睢少刑初字第 00114 号、（2014）湛赤法刑初字第 54 号、（2014）廊广刑初字第 138 号、（2014）黔六中刑二终字第 65 号、（2014）汾刑初字第 22 号、（2014）云刑初字第 1466 号、（2014）烟刑二初字第 11 号、（2014）原刑初字第 216 号、（2014）蒙刑初字第 55 号、（2014）岳刑初字第 442 号、（2014）杭建刑初字第 524 号、（2014）沧刑初字第 83 号、（2014）厦刑初字第 77 号、（2014）石刑初字第 373 号、（2014）穗中法刑二初字第 165 号、（2014）朝刑初字第 3679 号、（2014）浙绍刑初字第 100 号、（2014）榆中刑一终字第 00180 号、（2014）临渭刑初字第 00471 号、（2016）桂 0204 刑初 12 号、（2015）鄂十堰中刑终字第 00017 号……

　　继续列举已无必要。这些极端案件的数量说少也少（这和裁判文书上网比例也有关系），说多也多，因为即便出现一起都会造成巨大危害。更重要的是，从"没有再犯罪的危险"到实施极端案件，两者的对比过于强烈。极端案件的再次发生也许有偶然和外在因素，但是这么多极端案件发生，说明缓刑适用确实存在一定程度的偏差。这些案件的发生当然也不是法官们主动追求的结果，而这才更应该值得警醒。此外，极端案件的存在还提醒我们，即便裁判结果都是适用缓刑，但不同缓刑人的再犯危险还是存在差异，对不同再犯危险等级的缓刑人应该采取不同等级的监督考察措施；不同缓刑人的犯因性需要不一样（比如性犯罪和财产犯罪的犯因性需要完全不一样），因此应该采用不同的矫正、帮扶措施。当然这也说明，如果法官的缓刑宣告还附有具体的执行建议，缓刑执行的效果也可能会好得多。

　　总之，大量极端案件的存在提醒我们：即便我国缓刑人再犯率低，我国缓刑人的再犯结构也存在问题；我国缓刑适用效果可能没有想象的那么乐观，我们不能仅凭一个带有自我欺骗方式计算出来的极低的再犯率而沾沾自喜。因此，有必要对法官们的再犯危险判断进行更深入更微观的评估。

二、微观检验

（一）检验逻辑

　　在第四章，我们对再犯危险预测因子体系进行了探讨，并示范性地制订了再犯危险评估量表，建立了再犯危险预测模型。不过本部分并非要对具体罪犯进行再犯罪危险评估，而是要对法官们的再犯危险判断结果(缓刑裁判)进行"逆检验"。因此，我们不需要对每个罪犯的再犯危险性大小作出个别化判断，而只需评估整体趋势，即从整体上讲，法官们是不是着重考虑了广受认可的再犯罪危险预测因子。比如，我们在第四章提到，违法犯罪前科是最重要的再犯危险预测因子，那么反过来讲，被宣告缓刑的罪犯当中，有违法犯罪前科罪犯的缓刑适用比例应该显著小于没有违法犯罪前科的罪犯。再比如，我们在第四章发现，曾犯罪的人员、文化程度、自首、裁判年龄、性别、涉毒、外来人口犯罪、立功、曾劳教的人员是对再犯最具决定性的预测因子，那么在缓刑适用中，这些因子同样应该具有重要影响力。总之，第四章确立的再犯危险预测因子体系和发现的再犯危险模型就是本部分的检验标准。如果本部分的检验结果能够与第四章的预测因子体系吻合，就说明法官们的再犯危险判断较准确，缓刑适用质量较高。当然，本章的假设与第四章的假设恰恰相反。根据第四章确立的预测因子体系，我们大体可以提出如下假设：

故意犯罪的再犯危险更高，因此缓刑适用率更低；

有犯罪前科的人再犯危险更高，因此（与没有犯罪前科的人相比——均系相对而言，下略），有犯罪前科的人缓刑适用率更低；

有违法前科（行政和劳教前科）的人再犯危险更高，因此缓刑适用率更低；

年龄越大再犯危险越低，因此年龄与缓刑适用成正比；

无业失业人员、农民的再犯危险更高，因此缓刑适用率更低；

吸毒涉毒的再犯危险更高，因此缓刑适用率更低；

流动人口（外地人口）再犯危险更高，因此缓刑适用率更低；

经济困难的人（接受法律援助）再犯危险更高，因此缓刑适用率更低；

男性的再犯危险更高，因此缓刑适用率更低；

文化程度高的再犯危险更低，因此文化程度与缓刑适用成正比；

犯罪后自首的再犯危险更低，因此缓刑适用率更高；

防卫过当的再犯危险更低，因此缓刑适用率更高；

中止犯罪的再犯危险更低，因此缓刑适用率更高；

实施数罪的人再犯危险更高，因此缓刑适用率更低；

主犯的再犯危险更高，因此缓刑适用率更低；

共同犯罪的再犯危险更高，因此缓刑适用率更低。

另外需要说明的是，本部分检验要使用不同的子数据库。我国缓刑适用对象是被判处三年以下有期徒刑、拘役的罪犯，且累犯和犯罪集团的首要分子不得适用缓刑，另外考虑到 2011 年刑法修正案（八）修改了缓刑适用条件，故本部分检验样本库的范围为：2012 年以后裁判的、非累犯、非犯罪集团①案件、被判处三年以下有期徒刑和拘役的案件。符合这些要求的案例共有 500692 件。

（二）结果分析

1.再犯罪危险判断整体检验结果分析

X^2 检验发现以下变量与"是否适用缓刑"具有统计学意义上的相关性：过失（故意）、犯罪前科、曾被行政拘留、曾被劳教、裁判年龄、无业失业、农民、外来人口犯罪、涉毒、法律援助（经济状况）、性别、文化程度、自首、中止、防卫过当、数罪并罚、主犯（从犯）、共同犯罪。此外，我们还加入了一些干扰变量，以考察是否还有其他重要因素影响了缓刑适用。比如加入了涉及责任刑的"实刑刑期"等变量，涉及预防刑的"立功"等变量，涉及程序的"取保候审""逮捕""辩护种类"等变量，涉及个人情况的"聋哑盲""是否少数民族"等变量。笔者在此基础上进行了 Logistic 回归分析。采用"向后条件"法，步进概率"进入"与"删除"均设置为 0.00，得到模型 1（见表 5-7）。模型 1 共有 84379 个案例参与分析，综合预测准确

---

① 数据库没有犯罪集团首要分子信息，故将犯罪集团案件整体排除。

率为 84.4%，其中对非缓刑的准确率为 89.6%，对缓刑的准确率为 76.9%。模型的 Nagelkerke R^2 为 0.653，即由这 6 个变量组成的模型可以解释因变量 65.3% 的变化。总体来看，该模型表现良好。

表 5-7　模型 1 中的变量

		B	S.E,	Wals	df	Sig.	Exp（B）
	过失犯罪	1.596	.036	1998.848	1	.000	4.931
	取保候审	1.922	.019	10438.288	1	.000	6.833
	逮捕	−2.346	.019	15199.958	1	.000	.096
	曾犯罪的人员	−1.620	.042	1473.255	1	.000	.198
	涉毒	−2.453	.054	2085.677	1	.000	.086
	实刑刑期	.002	.000	2443.458	1	.000	1.002

在回归系数（B）一列，我们可以看到过失犯罪、取保候审、实刑刑期的回归系数为正数，表明与缓刑适用正相关；逮捕、曾犯罪的人员、涉毒的回归系数为负数，表明与缓刑适用负相关。也就是说，实施过失犯罪、被取保候审、实刑刑期越长的人更可能获得缓刑；被逮捕的人、曾犯罪的人、涉毒的人更不可能获得缓刑。

由于 B 系数为非标准化回归系数，我们还需要根据公式"标准化回归系数 = 非标准化回归系数 * 标准差 /1.8138"计算标准化回归系数。6 个变量的标准化回归系数按绝对值降序排列为：逮捕，−0.65；取保候审，0.52；涉毒，−0.38；实刑刑期，0.32；过失犯罪，0.26；犯罪前科，−0.25。

表格最后一列的 Exp（B）为优势比，表明自变量每增加一个单位，缓刑适用增加的倍数，即：过失犯罪人的缓刑适用可能性是故意犯罪人的 4.931 倍；取保候审罪犯缓刑适用可能性是未取保候审罪犯的 6.833 倍；实刑刑期每增加一天，缓刑适用可能性增加 0.002（1.002−1）倍；逮捕罪犯的缓刑适用可能性是未被逮捕罪犯的 0.096 倍；曾犯罪的人的缓刑适用可能性是无犯罪前科人的 0.198 倍；涉毒的人的缓刑适用可能性是未涉毒的人的 0.086

倍。显然,后三种人更不可能适用缓刑。应该说,除了实刑刑期这个变量,其余5个变量的表现都和我们的预期一致。

那么如何解读这个结果呢?

第一,6个变量可以大致分成三组:程序性因素组,逮捕和取保候审;预测因子组,涉毒、过失犯罪、犯罪前科;责任刑情节组,实刑刑期。出现了3个比较令人"意外"的变量:逮捕、取保候审、实刑刑期。特别是逮捕和取保候审,是所有变量中影响力最大的。说明审判程序前的程序性决定严重影响了缓刑适用。而实刑刑期更是出现了正相关,即实刑刑期越长,适用缓刑的可能性越大。这说明了两个问题:一是中国法官在缓刑适用中仍然考虑了责任刑因素,报应追求明显;二是责任刑考量与法官们坚持"犯罪情节较轻"的理念出现了矛盾,即反而是"犯罪情节较重"的罪犯更容易获得缓刑宣告。需要说明的是,我们在第四章也曾专门将"实刑刑期"这个变量放入再犯(累犯)预测方程,结果显示其回归系数为0,即实刑刑期及其代表的犯罪综合性轻重对是否累犯没有影响。

第二,相对而言,消极因子比积极因子发挥的作用更大,排在影响力第一位的就是"逮捕"这个消极因子。这说明法官们似乎坚持了"以不宣告缓刑为原则,以宣告缓刑为例外"的立场。因此,在可缓可不缓的情形下,法官更可能不宣告缓刑。

为了与第四章影响再犯的预测因子进行比较,我们又将第四章回归预测模型(见表4-6)里的变量加入,采用"进入"法分析,得到模型2。

表5-8　模型2中的变量

	B	S.E,	Wals	df	Sig.	Exp(B)
农民	−.181	.037	24.233	1	.000	.835
过失犯罪	1.253	.037	1131.679	1	.000	3.501
实刑刑期	.001	.000	1710.242	1	.000	1.001
无业失业	-.648	.038	290.513	1	.000	.523

续表

	B	S.E,	Wals	df	Sig.	Exp（B）
裁判年龄	.015	.001	239.259	1	.000	1.015
性别	.253	.037	47.060	1	.000	1.289
文化程度	.046	.003	172.184	1	.000	1.047
外来人口犯罪	−.421	.028	230.225	1	.000	.657
取保候审	1.767	.024	5582.461	1	.000	5.851
逮捕	−2.281	.026	7716.019	1	.000	.102
曾犯罪的人员	−1.560	.043	1298.630	1	.000	.210
自首	.572	.026	493.368	1	.000	1.772
立功	−.521	.087	35.605	1	.000	.594
涉毒	−2.298	.055	1743.666	1	.000	.100
常量	−.699	.075	87.153	1	.000	.497

模型 2 共有 84380 个案例参与分析，综合预测准确率为 85%，其中对非缓刑的准确率为 89.9%，对缓刑的准确率为 77.9%。模型的 Nagelkerke R^2 为 0.652，即由这 6 个变量组成的模型可以解释因变量 65.2% 的变化。与模型 1 相比，预测准确率变动不大。

我们同样计算了各变量的标准化回归系数，按绝对值降序排列为：逮捕，−0.63；取保候审，0.48；涉毒，−0.35；曾犯罪的人员，−0.25；过失犯罪，0.2；无业失业，−0.17；实刑刑期，0.16；自首，0.13；年龄，0.09；文化，0.09；外来人口犯罪，−0.07；农民，−0.05；性别，0.04；立功，−0.04。

用模型 2 与第四章的再犯预测模型比较可以发现：

第一，相同的预测因子均可进入方程，说明法官们的缓刑适用与再犯危险预测逻辑是暗合的。换句话说，从整体上讲，法官们的缓刑适用遵循了再犯危险预测的逻辑，尽管这多少有些无心插柳柳成荫。

第二，缓刑适用的影响因素增加了四个新面孔，即逮捕、取保候审、实刑刑期和过失犯罪。当然，过失犯罪也不算新面孔，因为我们在第四章只不过是单独分析了过失犯罪与再犯的影响。

第三,变量的影响力排序有所不同。如"涉毒"对再犯的影响力比较靠后,但对缓刑适用的影响力仅次于逮捕、取保候审,甚至超过了犯罪前科的影响力。这有可能说明法官们对涉毒罪犯极度不信任。此外,农民、文化程度等的影响力顺序也发生了变化。

表5-9　再犯预测模型与缓刑适用模型2比较

影响力排序	再犯预测	缓刑适用
1	曾犯罪	逮捕
2	无业失业	取保候审
3	农民	涉毒
4	文化程度	曾犯罪
5	年龄、自首	过失犯罪
6	性别	无业失业
7	外来人口	实刑刑期
8	涉毒	自首
9	立功	裁判年龄、文化程度
10		外来人口
11		农民
12		性别、立功

毫无疑问,中国法官不是根据本书第四章的预测因子体系来从事缓刑裁判的,但是他们"估堆儿"也好,"跟着感觉走"也好,至少从我们的对比分析来看,中国法官的缓刑裁量确实重点考虑了再犯罪危险预测因子,两者可以共享10个预测因子充分说明了一点。但是中国法官们的缓刑实践在三个方面可能仍存在值得改进之处:一是审前程序性决定过多地影响了缓刑适用,或者说制约了缓刑的适用;二是报应刑思想对缓刑适用影响较大;三是两个模型变量的影响力顺序并不完全一致,说明缓刑适用判断与

再犯危险之间可能存在偏差与等级失衡。因此，有必要进一步结合具体罪名进行分析。

2. 犯罪危险性检验结果分析

犯罪危险性检验的逻辑是，犯罪危险性（再犯可能性）更低的犯罪，缓刑适用率应该更高。于是，我们先在判处三年以下有期徒刑、拘役的案件中，将适用缓刑最多的犯罪挑选出来(以累积至缓刑犯总数的90%为界)，进而判断这些犯罪是不是主要属于犯罪危险性相对较低的犯罪，比如，是否属于过失犯罪、非暴力犯罪、非习性犯罪、非职业性犯罪。在此基础上，我们分别计算这些犯罪的缓刑适用率，观察犯罪危险性低的犯罪的缓刑适用率是否高于犯罪危险性高的犯罪。此外，我们还可以将缓刑适用率与累犯率、再犯率进行对比，观察累犯率、再犯率较高的犯罪缓刑适用率是不是更低。

从表5-10可以看出：

第一，故意犯罪远多于过失犯罪，但过失犯罪的适用率更高。35种犯罪中只有过失致人死亡罪、交通肇事罪、重大责任事故罪、失火罪属于过失犯罪，不过这4种过失犯罪的适用率都排在前十，过失致人死亡罪的适用率更是高达83.7%，排名第2。

第二，非暴力犯罪多于暴力犯罪，且非暴力犯罪的缓刑适用率更高，暴力犯罪的适用率更低。如虚开增值税专用发票、用于骗取出口退税、抵扣税款发票罪，交通肇事罪在适用数量和适用率上呈现了"双高"的特点。而暴力犯罪中的故意伤害罪虽然适用数量高居第1，但其适用率仅排第15；寻衅滋事罪的适用数量排名第4，适用率排第27。特别是整体上看，聚众斗殴罪、寻衅滋事罪、敲诈勒索罪、非法拘禁罪、抢劫罪这几种暴力性犯罪均集中在适用率的尾部，且除了聚众斗殴罪，适用率均低于本数据库的总适用率37.5%。

第三，非习性、非职业性犯罪与习性、职业性犯罪几乎平分秋色，不过习癖性、职业性犯罪的适用率明显较低。如盗窃罪的适用数量高居第 3，但适用率排名第 33；诈骗罪适用数量排名第 7，但适用率排名第 28。盗窃罪、诈骗罪都属于比较典型的习癖性、职业性犯罪。

第四，涉毒犯罪适用率极低。特别是走私、贩卖、运输、制造毒品罪，适用率只有 2.7%。考虑到毒品案件"以贩养吸"现象突出，且吸毒极易引发次生违法犯罪案件，毒品案件缓刑率极低就可以理解了。

第五，公职人员犯罪和针对公职人员的犯罪，缓刑适用情况对比鲜明。贪污罪、受贿罪的适用数量和适用率均较高，而妨害公务罪的适用数量和适用率则明显低了一个档次。

以上分析再次表明，法官们的再犯危险判断没有出现根本性偏离，但确实存在较大程度的偏差。比如本数据库的总缓刑适用率为 37.5%，但是在这个平均线上，我们可以看到聚众斗殴罪，非法制造、买卖、运输、邮寄、储存枪支、弹药、爆炸物罪是暴力犯罪，赌博罪，开设赌场罪，合同诈骗罪，引诱、容留、介绍卖淫罪等犯罪都是习癖性犯罪、职业性犯罪、高暗数犯罪。

表 5-10　缓刑适用数量、适用率分罪名排行榜

罪名	缓刑人数	缓刑人数排名	适用率（%）	适用率排名
虚开增值税专用发票、用于骗取出口退税、抵扣税款发票罪	8133	8	96.7	1
过失致人死亡罪	2324	23	83.7	2
滥伐林木罪	5274	13	83.5	3
贪污罪	3772	17	80.4	4
交通肇事罪	51086	2	78	5
重大责任事故罪	1620	32	77.3	6
销售假冒注册商标的商品罪	2587	22	76	7
受贿罪	2138	25	75.9	8

罪名	缓刑人数	缓刑人数排名	适用率（%）	适用率排名
失火罪	2136	26	75.5	9
非法制造、买卖、运输、邮寄、储存枪支、弹药、爆炸物罪	1782	29	72	10
信用卡诈骗罪	6899	9	65.7	11
假冒注册商标罪	1791	28	64.9	12
非法经营罪	5860	12	63.4	13
职务侵占罪	4838	14	59.8	14
故意伤害罪	61395	1	58.7	15
生产、销售假药罪	2231	24	55	16
非法持有、私藏枪支、弹药罪	2749	20	53.7	17
窝藏、包庇罪	1748	30	52.8	18
赌博罪	6883	10	52.6	19
故意毁坏财物罪	3425	18	50.9	20
开设赌场罪	15102	5	50.4	21
掩饰、隐瞒犯罪所得、犯罪所得收益罪	11424	6	49.1	22
生产、销售有毒、有害食品罪	1535	33	48.3	23
合同诈骗罪	1526	35	45.2	24
引诱、容留、介绍卖淫罪	2102	27	41.5	25
聚众斗殴罪	4401	15	39.2	26
寻衅滋事罪	18690	4	34.9	27
诈骗罪	10044	7	34.3	28
妨害公务罪	4274	16	33.4	29
敲诈勒索罪	3318	19	30.6	30
非法拘禁罪	6775	11	26.9	31

续表

罪名	缓刑人数	缓刑人数排名	适用率（%）	适用率排名
抢劫罪	2732	21	17.7	32
盗窃罪	38834	3	15	33
容留他人吸毒罪	1688	31	10.4	34
走私、贩卖、运输、制造毒品罪	1532	34	2.7	35

为了更直观地进行对比，我们将高缓刑适用率罪名与对应罪名的累犯率（完整排行榜参见"附录B　累犯（偏好）率排名"）进行了整理，结果见表5-11。

表5-11　缓刑适用率与累犯（再犯）率比较

罪名	缓刑适用率（%）	缓刑适用率等级	累犯（再犯）率（%）	累犯（再犯）率排名	等级差
虚开增值税专用发票、用于骗取出口退税、抵扣税款发票罪	96.7	5	0.2	5	0
过失致人死亡罪	83.7	5	0.1	5	0
滥伐林木罪	83.5	5	0.7	5	0
贪污罪	80.4	5	0.1	5	0
交通肇事罪	78	4	2.9	3	1
重大责任事故罪	77.3	4	1.6	4	0
销售假冒注册商标的商品罪	76	4	0.6	5	−1
受贿罪	75.9	4	0	5	−1
失火罪	75.5	4	1.1	4	0
非法制造、买卖、运输、邮寄、储存枪支、弹药、爆炸物罪	72	4	3.3	2	2
信用卡诈骗罪	65.7	4	3.2	2	2

罪名	缓刑适用率（%）	缓刑适用率等级	累犯（再犯）率（%）	累犯（再犯）率排名	等级差
假冒注册商标罪	64.9	4	0.8	5	−1
非法经营罪	63.4	4	1.7	4	0
职务侵占罪	59.8	3	1.1	4	−1
故意伤害罪	58.7	3	4.6	1	2
生产、销售假药罪	55	3	0.8	5	−2
非法持有、私藏枪支、弹药罪	53.7	3	7.3	1	2
窝藏、包庇罪	52.8	3	3.7	2	1
赌博罪	52.6	3	6.3	1	2
故意毁坏财物罪	50.9	3	5.4	1	2
开设赌场罪	50.4	3	5.7	1	2
掩饰、隐瞒犯罪所得、犯罪所得收益罪	49.1	3	5.2	1	2
生产、销售有毒、有害食品罪	48.3	3	0.5	5	−2
合同诈骗罪	45.2	3	4.9	1	2
引诱、容留、介绍卖淫罪	41.5	3	2.4	3	0
聚众斗殴罪	39.2	2	7	1	1
寻衅滋事罪	34.9	2	8.3	1	1
诈骗罪	34.3	2	8.4	1	1
妨害公务罪	33.4	2	2.8	3	−1
敲诈勒索罪	30.6	2	9	1	1
非法拘禁罪	26.9	2	6.2	1	1
抢劫罪	17.7	1	10.7	1	0
盗窃罪	15	1	20	1	0
容留他人吸毒罪	10.4	1	10.8	1	0
走私、贩卖、运输、制造毒品罪	2.7	1	16.1	1	0

表 5-11 中缓刑率每 20% 为一个等级，数值越大等级越高，共 5 级；因缓刑适用要求"没有再犯罪的危险"，故以累犯率小于 1% 为最优，定为 5 级；累犯率每增加 1% 减少 1 级，5% 以上均视为 1 级。等级差系缓刑适用率等级减去累犯（再犯）率等级之差。于是大致可以认为：等级差为 0 的，表明缓刑适用率高低和累犯率高低在等级上是均衡的；等级差为正数的，表明缓刑适用可能过宽，如合同诈骗罪、敲诈勒索罪等；等级差为负数的，表明缓刑适用可能过严，如妨害公务罪、职务侵占罪等。之所以说可能存在等级失衡，是因为缓刑适用存在刑事政策考量的余地。比如生产、销售假药罪，生产、销售有毒、有害食品罪的累犯率均非常低，但缓刑适用率却相对不高，这里面可能就蕴含了法官们从严处罚民生犯罪的刑事政策考量。不管怎么说，从表 5-11 大致可以看出，我国法官的缓刑适用存在不少个罪性的宽严失当问题，这就必然导致大范围的宽严失当，因为这些个罪都是缓刑适用数量最多的个罪。

综上，不管是整体检验还是基于犯罪危险性的检验都表明：一方面，法官们的再犯危险判断没有出现根本性偏离；另一方面，法官们的再犯危险判断并不精准，甚至可能存在较大范围的偏差与失衡。这个结果也印证了再犯结构部分的分析。

（三）缓刑潜规则与"安全量刑观"

前已述及，法官们的缓刑适用可能受到再犯可能性之外的其他因素的影响，其中最突出的就是受到强制措施决定的制约，或者说法官们表现出了对强制措施决定的依赖或顺从。有基层法官指出，基层法院"内部习惯"影响缓刑适用，其中就包括挂钩刑事强制措施。"罪犯被逮捕但符合缓刑条件也不适用缓刑而是羁押多长时间就判多长时间。如：某罪犯盗窃物品价值 2000 元，物品已追回发还失主，罪犯认罪态度较好，应该说符合适用缓刑的条件，但经过侦查、起诉到法院审判时罪犯已羁押在看守所 4 月余，法院判拘役 5 个月。而有些取保候审、盗窃数额更大的罪犯被判缓刑。"① 取保候审、逮捕居然比其他再犯罪危险预测因子作用更大，难道取保候审和逮捕的适用过程也是一种再犯罪危险预测过程？

本书在第三章已经指出，刑事诉讼强制措施的主要目的在于保障刑事诉讼顺利进行，"不致发生社会危险性"与"没有再犯罪的危险"确实存在部分重合的情形，但两者之异大于两者之同。被取保候审的人，可能属于罪行较轻的人，也可能属于再犯罪危险低的人，还可能属于其他情形；被逮捕的人，可能属于再犯罪危险高的人，也可能属于其他可能妨碍刑事诉讼顺利进行的人。这还只是规范分析的结论，司法实践中的情况还稍有不同。比如，针对修改刑事诉讼法逮捕条件的原因，立法机关负责人指出："实务部门和法律专家普遍认为，当前在逮捕方面存在的主要问题是捕人太多，羁押成为常态，实践中基本上是够罪即捕……"② 公安机关还将批捕人数作为考核标准，可捕可不捕的一律报捕，③ 也会导致逮捕的社会危害性审查与再犯罪危险判断貌合神离。此外，将嫌疑人逮捕，也方便侦查机关开展工作。在这种现状下，将取保候审、逮捕情况作为再犯罪危险的判断标准当然缺乏合理性，而且必然大大压缩缓刑的适用空间。

应该说这个道理法官们都懂，可"取保候审＝缓刑""逮捕＝实刑"的潜规则依然大行其道，原因何在？或许有司法潜见④ 的因素，但恐怕主要还在于控制裁判（者）风险的需要。应当说，缓刑司法领域的裁判风险确实存在。一方面，缓刑适用规则本身具有高度不确定性，这会让法官们对自己的判断"没底"；另一方面，一旦宣告缓刑，罪犯将被放在社区进行矫正，这

① 张春平：《基层法院缓刑适用问题研究——以江西省 F 县人民法院 2009—2014 年缓刑适用数据为例》，硕士学位论文，江西财经大学，2016 年。

② 黄太云：《刑事诉讼法修改释义》，《人民检察》2012 年第 8 期。

③ 参见徐坤：《捕后轻缓刑判决问题的分析与应对——以某基层检察院 2013 年度捕后已判决案件为例》，《法制博览》2014 年第 6 期（中）。

④ 参见白建军：《司法潜见对定罪过程的影响》，《中国社会科学》2013 年第 1 期。

会让法官感到风险更加不可控。因此，他们当然希望能降低裁判结果的不确定性，这在心理学上被称之为不确定性规避（Uncertainty Avoidance）。不确定性规避在任何社会、任何行业都是一种常见的现象。因为高度的不确定性会给人们带来无法忍受的焦虑，因此人们总会想方设法来规避，尽管这种不确定性不一定会带来实际的风险。① 正是降低不确定性的强烈需求，让侦检机关的强制措施决定成了最好的"救命稻草"。

首先，强制措施决定满足了法官们（潜意识里）寻找"确定性替代"的需要。虽然再犯罪危险预测不可能做到完全准确，从理论上讲法官如何评估都有道理，但在中国审判责任追究也具有不确定性，为了最大程度地降低自身裁判风险，法官们需要一个具有确定性的替代物。由于我国并无再犯罪危险评估工具，强制措施决定自然就成了最好的替代物，既具有确定性，又有一定的合理性、权威性。此外，"取保候审＝缓刑"事实上的制度化，也使得对缓刑的追求转变成了对取保候审的"投资"。② 而法官根据侦检机关的强制措施确定裁判案件，也就将权力寻租风险转移给了侦检机关。

其次，根据强制措施裁判也有利于维持"和谐工作关系"。在宪法架构上，法院自然有权独立裁判；但在现实的"政法关系"下，法院并不占优势。因此，当被告人被采取逮捕措施，即便法官认为该罪犯可以适用缓刑，给侦检机关几分"薄面"也是好处多多：既摆脱了应对诸如抗诉之类的繁琐事务，也不用担心在出现责任追究时陷入四面楚歌的境地。如有报告指出："在侦查、公诉阶段，犯罪嫌疑人一直处于羁押状态，经过案件审理阶段，被告人往往已被羁押了好几个月，如果法院对其处以缓刑，势必在社会上造成'几个月的牢白坐了'的错误认识，也可能使有的侦查机关及其工作人员对法院产生抱怨，认为他们辛苦抓人、法院轻松放人，因此而影响了侦查机关与审

---

① See Hofstede G, Hofstede G J, Minkov M, *Cultures and Organizations: Software of the Mind*, New York:McGraw-Hill, 2010，pp.189–191.
② 参见刘兴军：《取保候审判处缓刑案件实证调研报告》，《中国刑事法杂志》2011 年第 4 期。

判机关的工作配合关系。"[1]

寻找"确定性替代",是给自己找退路,转移权力寻租风险,增加心理安慰;维持良好工作关系,是为了避免别人给自己"穿小鞋",防止"职业报复"。总之,根据强制措施决定裁判实际上可以视为法官在面对不确定性时采取的风险控制策略,是"安全量刑观"的体现。

"安全量刑观"在缓刑适用领域体现得可谓淋漓尽致。首先是坚持报应至上,甚至是"双重报应"。由于我国刑法在缓刑前提条件里已经体现了报应因素,在缓刑实质条件里本无必要再次考量报应要素。但我国法官却普遍性地将"犯罪情节较轻"理解为罪行整体较轻,进而对社会危害性相对较高的罪犯不适用缓刑。这实际体现了他们谨小慎微的心理:罪行越轻,风险越小。至于预防必要性和责任出现背反时,法官们更是坚定地站在报应一边。[2] 其次是坚持"尽量不缓"原则。前述回归分析结果已经表明,法官们更倾向于"可缓可不缓的不缓"。或许他们觉得,将罪犯放在监狱里比放在社区里安全——即便在监狱里再犯罪,也与自己没有多大关系。最后是寻找"确定性替代"。如前所述,以侦检机关的强制措施决定作为缓刑适用的标准,既可以规避自身风险,还可以防止外部树敌,可谓进退自如。通过一份法院系统的内部报告,我们可以清晰地看到"安全量刑观"在缓刑司法领域的深入人心:[3]

> 不少法官和法院在缓刑适用时存在许多思想顾虑,担心适用缓刑特别是对故意犯罪(如故意伤害致人重伤)适用缓刑,会引来党委、政府和社会各界指责自己对犯罪打击不力;担心适用缓刑后因被告人再犯

---

[1] 中卫市中级人民法院课题组:《关于中卫市两级法院近三年来缓刑适用情况的调研报告》。

[2] 第三章提到的"受虐妇女案"调查结果即是明证。74 名刑事法官中有 51 名选择不会宣告缓刑,即约 69%的法官认为,如果罪犯的责任刑情节较重,即便再犯罪危险性极低,也不应适用缓刑。

[3] 中卫市中级人民法院课题组:《关于中卫市两级法院近三年来缓刑适用情况的调研报告》。

罪而追究法官个人的责任；担心适用缓刑会背上"不廉洁"的黑锅；担心对外地户籍或自报身份的被告人适用缓刑导致罪犯无法有效监管；等等。……因此，相当一部分法官出于自保考虑，在可适用缓刑时宁愿选择判处实刑以"避险"，而不想适用缓刑。

正是从这个意义上讲，我国的缓刑适用就不可能以再犯罪危险为唯一或最重要准绳，缓刑裁判结果就必然是罪行轻重、再犯罪危险、裁判风险综合作用的产物；甚至可以说，法官们更加重视和追求裁判风险的控制而不是再犯罪危险评估的精确。

（四）为缓刑制度注入确定性

1. 不确定性下的法官决策

在第三章考察"犯罪情节较轻"时我们发现：我国法官更倾向于从罪行整体轻重的角度来解读"犯罪情节较轻"这个实质条件要素，但是由于缺乏刚性约束，法官们往往又能轻易突破这个自设的限制，进而对大量减轻处罚至三年有期徒刑的罪犯适用缓刑——本章的检验结果再次证明了这一点，实刑刑期越长的反而更容易获得缓刑。又由于我国缓刑实质条件缺乏操作化，实践中也没有科学的再犯罪危险评估工具，法官们并不将再犯罪风险作为最重要和唯一的考量因素，而是要同时考虑自身裁判风险的规避。即由于再犯罪危险预测的不精准，且中国并未建立法官责任豁免机制，法官们不再追求"最优量刑"，而是追求"安全量刑"。

于是我们发现，中国缓刑司法就同时存在三个怪象：（1）"自己反对自己"。一方面坚持缓刑只适用于罪行整体较轻的罪犯，另一方面又对约20%罪行整体较重的罪犯（如果以2年有期徒刑为界的话）适用了缓刑。（2）关注裁判风险胜过再犯罪危险。缓刑适用的最重要的即便不是唯一的依据是再犯罪危险，然而实证检验表明，再犯罪危险仅仅是次要的决定因素，法官们将裁判风险控制放在了更优先的位置上。（3）冒险与保守并存。"自己反对自己"可谓"胆大妄为"，当属冒险；"安全量刑"则是谨小慎微，可谓保守。两者本应水火不容，却在缓刑司法领域联袂演出了。显然，根据缓刑制度的正当性根据、目的以及量刑原则，以法律人的思维来衡量，这三个现象都不正常。

该如何来理解这"三个怪象"呢？

关于不确定性下的决策行为，经济学家、心理学家们发展出了一系列理论，其中最著名的当属经济学家冯·诺依曼（Von Neumann）和摩根斯坦（Morgenstern）于 1944 年完善的期望效用理论（Expected Utility Theory）。该理论认为：风险状态下最终效用水平是由决策主体对各种可能出现的结果的加权估价后获得的，决策者谋求的是加权估价后形成的预期效用最大化。① 简单地讲，就是预期后果与概率乘积的大小，决定了决策者的选择。这个理论既可以解释缓刑领域的"自己反对自己"现象，也可以解释"安全量刑"现象。就前者而言，由于"自己反对自己"从形式上讲并不违法，法官仅仅因此而受到责任追究或不利影响的概率非常低，而"自己反对自己"却可能在金钱、人情、政治前途等方面得到可观收益，这显然是一种符合预期效用最大化的选择。就后者而言，尽量不宣告缓刑也是符合预期效用最大化原则的。由于宣告缓刑会带来一系列的不确定性结果，如缓刑犯再犯罪，党政领导指责打击犯罪不力，老百姓怀疑花钱买刑，等等，这既可能带来刑事、行政、纪律责任的追究，也可能导致包括职业前途、个人声誉、奖金等方面的丧失或减少。尽管这些不利影响发生的概率不大，但与不宣告缓刑肯定没有不利影响相比（因为罪犯即便在监狱里再次犯罪，法官也不会承担不利后果），宣告缓刑显然不是一个好的选择。

---

① 参见朱富强：《期望效用理论是现实生活的决策基础吗？——基于前景理论的反思》，《浙江工商大学学报》2013 年第 3 期。

不过用期望效用理论来解释冒险与保守并存就存在一定问题了。因为单从预期效用最大化的角度来衡量，法官们似乎都应该倾向于冒险才对；我们一般也会认为，在规则模糊的情况下，"浑水摸鱼"或"胆大妄为"的人会更多。退一步来说，在冒险还是保守上，法官们的集体偏好至少也应该保持稳定。然而事实并非如此。一方面，部分法官倾向于冒险——也包括同一法官在某些时候倾向于冒险，以至于从平均刑期上看，"犯罪情节较重"的罪犯更容易判处缓刑，足见冒险的破坏性（中性）之大；另一方面，"守规矩"的法官又是多数，大部分法官都遵守了"犯罪情节整体较轻"的理解，与此同时，"安全量刑"更是大行其道。显然，这些现象与期望效用理论的描述并不一致，而是出现了所谓"阿莱斯悖论"（Allais paradox）。[1] 正是针对期望效用理论在解释前述问题上的不足，心理学家卡尼曼（Kahneman）和特沃斯基（Tversky）于 1979 年提出了前景理论（Prospect Theory）。[2] 根据前景理论，人们在做事情时会有一个有意识或无意识的预期，这个预期就是一个参照点。参照点选择不同，就会导致不同决策。因此，从这个角度上讲，"自己反对自己"与"安全量刑"并存只不过是参照点选择不同导致的结果而已。此外，期望理论进一步发现，人们对于预期效用发生概率还存在一个再次的加权，即对较高的概率指派较小的权数，而对小概率则指派较大的权数。[3] 因此，利得情境下，个体在面对小概率时表现为风险追逐；而随着概率的增大，个人逐渐表现出风险规避占主导，即同等中高概率，权重函数比损失情境下要小。损失情境下，个体在面对小概率时表现为风险规避，即同等小概率，权重函数值比利得情境下要小；随着概率的增大，个体表现出风险追逐占主导。[4] 简言之，在

---

[1]　参见熊红涛：《简介阿莱斯悖论和期盼理论》，《台声·新视角》2005 年第 2 期。

[2]　See Kahneman D, Tversky A, "Prospect Theory: An Analysis of Decision under Risk", *Econometrica: Journal of the econometric society*, 1979, pp.263–291.

[3]　参见熊红涛：《简介阿莱斯悖论和期盼理论》，《台声·新视角》2005 年第 2 期。

[4]　参见施海燕、施放：《期望效用理论与前景理论之比较》，《统计与决策》2007 年第 11 期。

利得和损失情境下，决策者的风险偏好恰恰相反。这和缓刑司法的整体风格就吻合了。存在权力寻租，包括但不限于权钱交易时，属于利得情形；不存在权力寻租时，则属于损失情境——司法裁判不会给自己增加好处，反而可能带来损失。并且两种情形下，法官面临的均是小概率风险。于是在前一种情形体现为"自己反对自己"的风险追逐，在后一种情形则体现为"安全量刑"的风险规避。显然，前景理论完美地解释了冒险与保守并存的缓刑司法悖论。

总之，根据不确定性决策理论，我国缓刑司法领域的种种怪象，恰恰是法官们"理性"抉择的结果。换句话说，法律人认为不正常的司法现象，恰恰又是最正常的决策行为！这也就意味着，缓刑司法领域的不确定性不消除，这些怪象就会天天上演。因此，要让缓刑司法走上正轨，我们就必须给缓刑司法注入确定性。

2. 三个不确定性及其改善

在缓刑司法领域，存在三个不确定性。

一是缓刑适用规则的不确定性。如前所述，对于犯罪情节较轻的含义以及缓刑制度的正当性根据，立法和司法解释并未作出明文规定，而法官们就可能存在不同的认识，尽管实证检验表明法官们有比较统一的倾向性看法。更麻烦的是，"确实不致再危害社会"并没有一个具有操作性的评估工具，导致我国法官的再犯罪危险评估基本上还处于盲人摸象阶段。

二是裁判结果社会影响的不确定性。与其他刑事裁判不同，缓刑裁判不光直接影响罪犯本身，还会直接影响社区和社会的安全。一旦罪犯被宣告缓刑，将被置于社区之中进行矫正，因此，其对社会的影响就具有不确定性。这些影响包括：罪犯在缓刑期内再次违法犯罪，社区和社会利益两受其害；潜在犯罪分子没有受到威慑，犯罪形势恶化；民众不认可缓刑判决，对司法公正产生怀疑……

三是审判责任追究的不确定性。与其他法治国家不同，我国没有确立法官责任豁免制度，也未建立起规范的法官责任追究制度，目前甚至有强化法官责任追究的趋势，如建立了错案责任终身问责制。在这种局面下，尽管法官实际受追究的概率很低，但由于追责的条件和范围都是不确定的，司法系统难免风声鹤唳。特别是近年来发生了王桂荣案、刘德山案等几起追究法官刑事责任的争议案件，更是让法官们人人自危。

这三个不确定性中，审判责任追究的不确定性主要是整体司法制度导致的。目前有力的观点认为，其改革的方向应该是走出"裁判结果中心主义"，即只要法官没有违反职业伦理规范的行为，哪怕裁判结果造成了不利"社会影响"也不应追究法官的责任。[①] 倘能实现这项改革，审判责任追究的不确定性也就消失了。当然，在这项改革完成之前，羁押制度改革也十分必要。目前，我国的审前羁押十分普遍化，这确实对法官们适用缓刑造成了极大的制约。因此，"以不羁押为原则，以羁押为例外"的强制措施改革也有利于缓刑适用回归本色。

至于缓刑适用规则和裁判结果社会影响的不确定性，表面上是两个问题，但实际上缓刑适用规则的不确定性才是根源所在。因为如果缓刑适用规则是确定的，法官严格按照规则裁判就能实现"预期审判效用最大化"。因此，要让缓刑司法走上正轨，要让法官按照法律规定和司法规律来裁判案件，归根结底就是要让缓刑适用规则具有确定性。具体地说，一方面要正本清源，重新校准缓刑的正当化根据；另一方面，要实现实质条件的操作化。就校准缓刑正当化根据而言，就是要去掉"双重报应"的枷锁，坚持正当根据"两阶段论"：在前提条件阶段侧重考虑报应因素，在实质条件阶段侧重考察社会防卫因素、预防性因素。前文已经指出，这可以通过合理解释"犯罪情节较轻"来实现。就缓刑适用条件的操作化而言，就是要实现再犯罪危险评估的科学化、定量化、专门化。应该在实证研究的基础上，筛选出合适的再犯罪危险预测因子群，科学设置权重，反复试验，进而研制出适合我国

---

① 参见陈瑞华：《法官责任制度的三种模式》，《法学研究》2015 年第 4 期。

国情的再犯罪危险评估工具。本书第四章示范性研制的再犯危险评估量表、建立的再犯预测模型，就是这方面的努力之一。此外，还要整合缓刑执行力量，建立一支强有力的审前调查队伍，为法官们的缓刑裁量提供精准服务。总之，只有在缓刑正当化根据和再犯罪危险评估两方面发力，同时辅以法官责任制度的改革，缓刑司法领域的不确定性才会得到改善，缓刑司法的未来也才会更值得期待。

第六章　体系性思考与刑事政策考量

毫无疑问，实质要件是缓刑适用的最根本、最关键和最具决定性条件。实现实质要件的明确化、操作化，从根本上解决了缓刑适用的难题。但是，实质要件毕竟只是缓刑适用要件之一，正确适用缓刑还必须处理好实质要件与其他要件的关系；此外，缓刑适用同样需要进行刑事政策考量，实质要件要素本身也蕴含了刑事政策意义。因此，合法、合理地适用缓刑，还必须将实质要件放在体系性的框架下来加以审视，还必须进行刑事政策考量。

一、实质要件与缓刑适用体系

（一）实质要件的体系地位

如同犯罪论体系内部存在逻辑关系一样，缓刑适用体系内部也有一定的逻辑关系。但在以往，这个问题并未引起学者们的重视。他们在论述缓刑适用条件时，往往直接将几个要件、要素并列在一起，既未考虑各要件、要素之间是否存在先后、主次之分，也未考虑各要件、要素是否居于同一逻辑层面。最明显的表现就是，学者们都是在实质条件之后论述排除条件。[1] 如左

---

[1]　参见左坚卫：《缓刑制度的理论与实务》，中国人民公安大学出版社 2012 年版，第 60 页；屈耀伦：《我国缓刑制度的理论与实务》，中国政法大学出版社 2012 年版，第 123 页；王炳宽：《缓刑研究》，法律出版社 2008 年版，第 169 页。

坚卫教授将缓刑适用条件分为形式条件、实质条件和排除条件三种，并依次分三章展开论述——当然他也并未专门指出这三个条件存在前后次序。刑法在第七十二条先规定了实质条件，然后在第七十四条规定了排除条件，但这并不意味着缓刑适用体系一定要将排除条件放在实质条件之后。恰恰相反，排除条件必须放在实质条件之前，否则从逻辑上讲就不合理。排除条件是指第七十四条之规定："对于累犯和犯罪集团的首要分子，不适用缓刑。"这条规定的内容非常明确，即只要被告人被认定为累犯或犯罪集团的首要分子，就不能适用缓刑。而在定罪以及决定实刑的过程中，累犯、犯罪集团首要分子这类情节已经被考察过了。因此，应该先考察缓刑的排除条件，再考察缓刑的实质条件，否则就违背了缓刑适用的自然顺序，违反了思考经济性规律，不利于提高司法效率。原因有四：第一，累犯和犯罪集团首要分子的认定，主要是形式上的认定。特别是被告人是否属于累犯，认定比较简单。即便认定犯罪集团的首要分子可能需要涉及实体内容，也不会太复杂。而实质条件判断特别是再犯罪危险预测相对更复杂。第二，排除条件实质是一种立法推定。累犯和犯罪集团首要分子之所以被排除在外，当然是因为其再犯危险性更高。但这并不是根据特定案件得出的具体判断，而是立法事先、抽象性的一般规定，是刑事政策的法制化。也就是说，累犯和首要分子的判断，无需结合特定案件中罪犯人身危险性的具体情节进行。与之不同，非累犯的违法犯罪前科、一般主犯，事实上也会影响再犯危险性，但由于立法并未将其纳入排除条件，故需要结合具体案情、具体罪犯进行判断。第三，如果先考察实质条件，再考察排除条件，就会存在这种情形：费了九牛二虎之力对实质条件进行了考察，结果发现被告人属于累犯或犯罪集团的首要分子。如此一来，之前的实质条件考察就成了无用功。第四，先考察实质条件，后考察排除条件还可能导致体系冲突。有学者指出，年满七十五周岁的被告人，符合缓刑的其他条件，同时又构成累犯的，依照刑法第七十二条的规定，应当宣告缓刑，依照刑法第七十四条的规定，不得宣告缓刑。① 这种观点实际上就是颠倒实质条件与排除条件关系的结果。综上，正确而合理的做法只能是在实质条件之前考察排除条件。

此外，在以往的很多论著里，一般还在前提要件阶段讨论罪数（数罪并罚）、罪种问题。笔者认为，这也混淆了先后顺序。如果法律明确规定了罪种、罪数条件，那么其必然属于前提要件要素；但是我国刑法并未明确提出罪种、罪数条件，当然应由司法机关根据案件进行具体的实质判断。也就是说，如果法律明确规定了罪种、罪数条件，宜将它们纳入前提要件；如果法律没有规定罪种、罪数条件，自然应纳入实质要件。

笔者认为，根据刑法的规定，我国的缓刑要件体系可以分为前后衔接的三个要件：前提要件、实质要件、刑事政策要件。其中，前提要件又分为积极要件（刑种要件、刑期要件）和消极要件（排除要件）；实质要件包含犯罪情节、悔罪表现、再犯罪危险、社区影响四个要素；刑事政策要件既包含法定刑事政策（老、幼、孕）也包含非法定刑事政策（刑事政策作为要件的合法性将在后文论述）。

1.三个要件具有逻辑上的先后顺序。应该先考察前提要件，再考察实质要件，最后考察刑事政策要件。只有符合前提要件，才需要进行实质要件考察；满足实质条件后，再衡量刑事政策因素，最终决定是否适用缓刑。前提要件属于立法判断、抽象判断；实质要件和刑事政策要件是司法判断、具体判断。

2.三个要件的考察重点各有不同。前提要件主要追求合法性，只有符合前提条件的罪犯，才能适用缓刑；实质要件则主要追求合目的性，体现了对缓刑制度规范目的的追求，是缓刑适用的根本所在；刑事政策要件则追求妥当性、合情理性，让缓刑适用与个人生活环境、特殊情况、外界关系相适应。

3.三个要件追求的目的各有侧重。前提要件主要追求报应目的，即对于

① 参见赖正直：《细化缓刑适用条件的若干思考——〈刑法修正案（八）〉对缓刑适用条件的修改及其展开》，《时代法学》2011年第5期。

那些罪责较大的罪犯，法律明确规定不适用缓刑。当然，在前提条件里，也加入了预防要素，如明确排除累犯和犯罪集团首要分子。不过这个预防要素是形式性判断。实质要件主要追求社会防卫目的，即根据个别性要素，对罪犯再次犯罪、再次危害社区安全的情况进行实质性判断。刑事政策要素则追求报应与预防、惩罚与矫治、合法与合理之平衡。

4.三个要件内部也存在相应的逻辑关系。在前提要件内部，刑种条件、刑期条件是积极的前提要件；不是累犯、犯罪集团的首要分子则是消极的前提要件。在实质要件内部，犯罪情节、悔罪表现、再犯罪危险三个要素分别从罪中、罪后、罪人等方面共同支撑再犯罪危险性；社区影响则从社区的视角来考察罪犯是否不致再危害社会。前三个要素是主要要素，后一个要素是次要要素。在刑事政策要件内部，又可以区分法定的刑事政策要素和其他刑事政策要素。

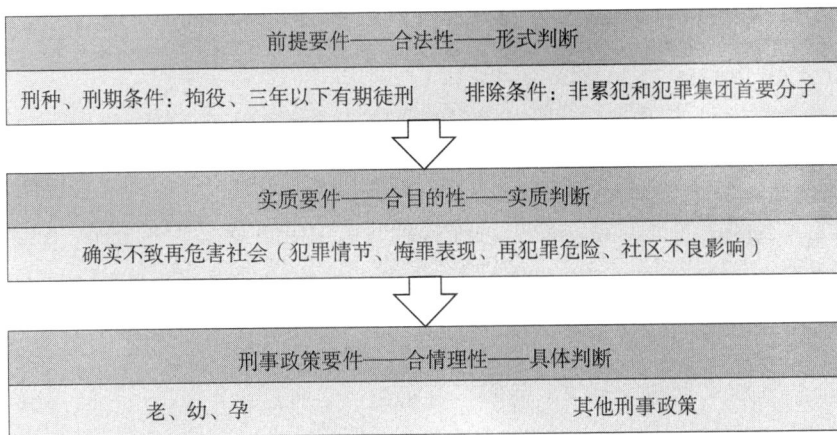

图 6-1　缓刑适用要件体系

（二）前提要件对实质要件的制约

叶良芳教授曾提出了"缓刑适用应受责任刑的制约"的命题。① 其中制

---

① 参见叶良芳：《缓刑适用应受责任刑的制约——以国内最大基金老鼠仓案为分析重点》，《法学》2014 年第 9 期。

约包括两个方面：对于判处法定宣告刑之上刑罚的罪犯，不得适用缓刑；对法定基准刑较高，因适用减轻处罚而降至法定宣告刑之下刑罚的罪犯，不得适用缓刑。笔者认为，这两个方面确实体现了责任刑对缓刑适用的制约，但是没有实际意义。这是因为第一个制约是立法制约，根据刑法规定，这种情况根本不符合缓刑适用积极要件，法官不可能直接违反这个规定去适用缓刑。至于第二个制约，则与刑法规定不符，因为减轻处罚至三年以下有期徒刑的罪犯，仍然属于"被判处拘役、三年以下有期徒刑的犯罪分子"。因此，在立法修改之前，这种主张只具有立法论意义。

那么从司法论上讲，责任刑制约缓刑有无实际意义呢？笔者认为是有意义的。在我国讲责任刑制约缓刑实际上就是讲实刑制约缓刑，就是讲前提要件制约实质要件。具体地说，可以从以下方面来理解：

第一，责任刑制约缓刑，前提要件制约实质要件，决定了法官的思考顺序。

前提要件里有一个不太引人注目的要素："犯罪分子"。刑法第七十二条既没有使用犯罪嫌疑人的称谓，也没有使用被告人的称谓，这确定无疑地告诉我们：缓刑适用的对象是罪犯。既然缓刑适用的对象是犯罪分子，那么，缓刑适用行为就应该发生在对象成为犯罪分子之后，即应该在实刑确定以后——严格地讲应该是实刑生效以后，宽泛地讲可以是实刑确定以后。也就是说，立法将实刑裁判和缓刑适用一刀两断，实刑裁判和缓刑适用自然分成了两个阶段。更进一步，应该在实刑确定以后再思考应否宣告缓刑，而不应该先考虑应否适用缓刑进而再量身定做实刑。据此，张明楷教授的一个观点就值得商榷。他指出，"如果对被告人判处较重的刑罚（超过 3 年徒刑），就不可能宣告缓刑。缓刑这一适用条件告诉法官，当被告人没有再犯罪的危险时，只要有可能判处 3 年以下有期徒刑，就不要判处更重的刑罚。否则，就会不当限制缓刑的适用。"[①] 这种做法显然属于"超前思维、逆序思维"，与

---

① 张明楷：《责任刑与预防刑》，北京大学出版社 2015 年版，第 395 页。

刑法规定不符。

这个问题显然不只是玩文字游戏，而是具有非常重要的实践意义。我们不妨以一起故意杀婴案 ① 为例来加以说明。该案案情非常简单：向某在学校女生宿舍厕所内产下一活男婴，因无法联系到男婴的父亲，且不想让同学知道此事，遂用黑色塑料袋搓成绳状后缠绕在该男婴的脖子上并用力拉扯致该男婴窒息死亡。该案构成故意杀人罪自无疑义。根据刑法的规定，如果要对向某宣告缓刑，正确的顺序是：根据犯罪情节决定实刑；如果实刑为三年以下有期徒刑，再考虑缓刑适用问题。然而从判决书体现的推理来看，法官明显采用了"超前思维、逆序思维"，进行了循环论证。

案例 5　向某故意杀人案

本院认为：被告人向某故意非法剥夺他人生命，情节较轻，其行为已构成故意杀人罪。……本案中，被告人向某系被害人的母亲，……从产生犯罪动机的心理分析，被告人剥夺孩子的生命的动机并不卑劣。从被告人的人身危险性角度分析，……被告人的再犯可能性极小。……综上，从本案被告人与被害人的特殊关系、被告人自身的特殊境遇及所处的特定环境看，该案有一定的特殊性，并不具有必然的可效仿性，被告人向某的行为从法律、道德上评价，当受法律惩处，但并非罪不可恕。从被告人犯罪后的表现看，悔罪态度真诚，愿意接受法律惩处，并取得被害人父亲谅解。故对被告人的杀人行为评价为情节较轻，并不影响刑法的惩罚与教育功能的实现。辩护人提出被告人向某系在校学生，犯罪系临时起意，系初犯，主观恶性小，案发后认罪态度好，取得被害人亲属谅解，请求从轻处罚的意见，经查，与本院审理查明的事实一致，本院予以采纳。结合被告人向某的犯罪情节、悔罪表现以及社区矫正机构

---

① （2015）怀鹤未刑初字第 4 号。

所作建议对被告人向某实行社区矫正的评估意见，且被告人向某系在校学生，其父母亦表示愿意加强对被告人向某的监管帮教，故可依法对被告人向某适用缓刑。

应该说，本案裁判文书说理不清，逻辑也十分混乱。刑法第二百三十二条规定，故意杀人"情节较轻的，处三年以上十年以下有期徒刑"。因此，故意杀婴案件要适用缓刑，实际上要具备三个"情节较轻"。一是"故意杀人情节较轻"（第二百三十二条），具备这个"情节较轻"，才能在三年以上十年以下有期徒刑范围内决定适用的刑罚；二是故意杀人"量刑情节较轻"（第六十二条、第六十三条），因为3—10年有期徒刑是一个很宽的法定刑幅度，如果不具备从轻、减轻处罚的情节，被告人就不可能被判处三年以下有期徒刑；三是缓刑适用条件的"犯罪情节较轻"（第七十二条），如果不具备较轻情节就不能宣告缓刑。三个"情节较轻"的内涵完全不同，且层层递进，然而我们从判决书看不出本案法官区分了这三个"情节较轻"。本案法官的逻辑恰恰是：因为被告人犯罪动机不卑劣，案件发生有社会、学校等外在原因，且被告人再犯罪可能性极小、一般预防的必要性也小，故可以将其行为评价为"杀人行为情节较轻"；因为"杀人行为情节较轻"且具备其他缓刑条件，所以可以宣告缓刑。本案法官不但混淆了三个"情节较轻"，而且遗漏了第二个"情节较轻"，还对"杀人行为情节较轻"和"再犯可能性低"进行了循环论证：论证"故意杀人情节较轻"时将被告人再犯可能性低作为理由；论证被告人再犯可能性低、适合宣告缓刑时又将被告人"故意杀人情节较轻"作为判断材料。超前思维、逆序思维、循环论证、重复评价在这个过程中体现得淋漓尽致。事实上在很多故意杀婴案件中，法官都先入为主地认定杀婴被告人再犯罪危险低，同时为了宣告缓刑，又在没有法律、法理和事实依据的情况下将该被告人认定为"故意杀人情节较轻"进而判处三年以下有期徒刑。这种做法完全颠倒了实刑适用和缓刑适用的先后顺序，可能导致缓刑宣告不当。

　　总之，根据刑法第七十二条的规定，在可能适用缓刑的案件中，法官的裁判行为可以分为两个阶段：裁判实刑阶段（同时也是前提要件判断阶段）和裁判缓刑阶段（主要是实质要件判断和刑事政策考量）。在裁判实刑阶段，法官既要考虑责任刑情节，也要考量预防刑情节。在裁判缓刑阶段，法官则主要考虑实质要件，考虑该罪犯是否"确实不致再危害社会"。也就是说，与其他案件不同，在涉及可能适用缓刑的案件中，法官要分两次考量预防性情节。① 但是毫无疑问，两次考量的内容不应该是一样的。简单地讲，第一次主要考量涉及刑罚量（判处有期徒刑还是拘役、刑期长短）的"预防刑情节"（可称之为"预防性情节Ⅰ"）；第二次主要考量是实际执行刑罚还是暂缓执行刑罚并进行社区矫正（实刑还是缓刑）的"社会防卫情节"（可称之为"预防性情节Ⅱ"）。②

　　根据刑法的规定，这两次预防性情节考量不在同一个阶段，故不能合二为一。因此，坚持责任刑制约缓刑，前提要件制约实质要件，法官就不能越过责任刑情节，直接考虑社会防卫情节；法官也不能先考虑社会防卫情节，再考虑责任刑情节。总之，责任刑制约缓刑，前提要件制约实质要件，意味着法官的考察顺序只能是：责任刑情节—预防性情节Ⅰ（预防刑情节）—预防性情节Ⅱ（社会防卫情节）。

责任刑情节	预防性情节Ⅰ	预防性情节Ⅱ

图 6-2　缓刑适用考察顺序

　　第二，责任刑制约缓刑，前提要件制约实质要件，意味着不能直接用社会防卫情节抵销责任刑情节。如前所述，实刑裁量和缓刑宣告是两个不同的法律适用阶段，各自判断的基底和目的都不一样。

---

①　预防性情节的范围要大于预防刑情节，因此可以作为上位概念。

②　当然，预防性情节Ⅰ和预防性情节Ⅱ可能存在交叉。但有些情节明显应纳入预防性情节Ⅱ，如婚姻状况、职业、家庭环境、居住条件、受教育程度等。这些情节不应影响刑罚量，但对缓刑适用、执行却至关重要。

第三，责任刑制约缓刑，前提要件制约实质要件，还意味着在实刑裁量阶段，责任刑情节的整体权重要大于预防刑情节的整体权重。坚持这一点，可以避免为了适用缓刑而量身定做实刑。叶良芳教授之所以提出"对法定基准刑较高，因适用减轻处罚而降至法定宣告刑之下刑罚的罪犯，不得适用缓刑"的主张，也是担心这一点。

笔者主张，我国在现阶段应坚持责任刑制约缓刑、前提要件制约实质要件原则。原因如下：

第一，刑法的要求。就缓刑刑期条件而言，全世界的立法例大致有两种模式：一种是有严格的刑期限制，比如德国（通常为 1 年以下自由刑）、法国（5 年以下自由刑）、瑞士（18 个月以下自由刑）、日本等国家；① 一种没有刑期限制，如英国、② 新西兰、③ 挪威 ④ 等国家，或者有宽泛的刑期限制，比如美国。⑤ 而刑期限制显然体现了立法和立法者的价值取向。"可以适用缓刑的自由刑期越长，表明立法者对报应之刑法目的放弃得越多，而对特殊预防之刑罚目的的追求越强烈；可以适用缓刑的自由刑刑期越短，表明立法者对报应之刑罚目的的越关注，而对以放弃报应为代价来追求特殊预防之目的的做法越谨慎。"⑥ 尽管论者没有区分预防刑情节和社会防卫情节，但道理确实如此。我国刑法将刑期限制在三年以下有期徒刑、拘

---

① 参见左坚卫：《缓刑制度的理论与实务》，中国人民公安大学出版社 2012 年版，第 48 页。

② See Department of Social Affairs, *Probation and Related Measures*, New York: United Nations, 1951, p.118.

③ See Department of Social Affairs, *Probation and Related Measures*, New York: United Nations, 1951, p.130.

④ See Department of Social Affairs, *Probation and Related Measures*, New York: United Nations, 1951, p.141.

⑤ 美国有 13 个州没有刑期限制，有 3 个州只排除死刑，有 7 个州排除死刑或终身监禁；有 21 个州排除特定的严重犯罪，有 2 个州排除 10 年以上自由刑，有 1 个州排除 5 年以上自由刑。更详细的介绍参见 Cosulich G, *Adult Probation Laws of the United States*, National Probation Association, 1940, p.22。

⑥ 左坚卫：《缓刑制度的理论与实务》，中国人民公安大学出版社 2012 年版，第 50 页。

役，这说明我国缓刑立法在责任刑和预防刑、惩罚和社会防卫的天平上稍微偏向责任和惩罚。因此，责任刑制约缓刑、前提要件制约实质要件实乃我国刑法的隐含规定。如前所述，美国在立法上没有确立这一原则，其司法实践中就会经常出现一些"闹剧"。特别是在罪责巨大但再犯危险低的情况下，法官宣告缓刑就容易引起民间舆论的巨大反弹。下面的案例就是一个很好的例子。

案例 6　蒙大拿乱伦案 ①

　　被告人多次强奸其 12 岁的女儿。被告人认罪后，控辩双方达成辩诉协议：检察官推荐判处其 100 年监禁，其中 75 年可以缓期执行。这意味着被告人须服刑 25 年。但是性犯罪评估专家评估后认为，被告人的再犯危险低。州地区法院法官 John McKeon 于是判处被告人 30 年监禁，但同时宣告缓刑，另处 60 天拘留。尽管法官对被告人宣布了超过 40 项缓刑监督要求（包括公开登记为性犯罪人，参加性犯罪人治疗，不得接触互联网，不能拥有电脑、淫秽物品、枪支，禁止单独接触 18 岁以下的人），公众依然要求弹劾该法官，剥夺其退休金。

　　第二，防止司法腐败。由于我国缓刑司法领域自由裁量余地较大，且没有规范的再犯罪危险评估，缓刑司法领域的人情案、关系案较多。因此，如果不确立责任刑对缓刑的制约原则，法官滥用权力的风险会进一步加大，特别是会导致实刑裁量和缓刑裁量逆序思维、循环支撑——之所以判缓刑，主

---

① See Ray Sanchez and Amanda Watts, "Montana Judge Defends 60-day Sentence in Child Incest Case"，2016 年 10 月 25 日，见 http://www.cnn.com/2016/10/19/us/montana-judge-incest-case-trnd/；"Montana Judge Faces Call For Impeachment after Incest Sentencing"，2016 年 10 月 20 日，见 https://www.npr.org/sections/thetwo-way/2016/10/20/498676414/montana-judge-faces-call-for-impeachment-after-incest-sentencing。

要因为实刑符合积极要件；实刑判得低，又是因为需要适用缓刑。

第三，与我国现阶段民众的接受度吻合。我国民众对缓刑的接受度较低，由于缺乏有效监管手段和措施，甚至司法工作人员也认为缓刑实际上是"一放了之"。如果对责任刑情节较重的罪犯适用缓刑，必然动摇民众对法治的信仰和对司法机关的信任，冲击民众的朴素正义感。近年来，在民意的驱动下，美欧各国的社区刑罚也不得不重新开始考虑报应、惩罚需求。①

需要注意的是，本书提倡的是责任刑制约缓刑、前提要件制约实质要件，而非提倡绝对报应主义、报应至上主义。所谓绝对报应主义则是：只考虑责任刑情节，或者预防刑情节考量权重几乎可以忽略不计。此外，报应至上主义还体现为对责任刑情节进行双重考量：裁量实刑时重点考量责任刑情节；裁量缓刑时再次考量责任刑情节。这种做法在实践中比较常见。我们认为，现阶段责任刑对缓刑的制约主要是要正确裁量实刑。只要法官正确地裁量了实刑，那么责任刑就实现了对缓刑适用的制约。法官在缓刑裁量阶段，不能再次考察责任刑情节，否则就沦为报应至上了。

与绝对报应主义、报应至上主义对应的就是预防至上主义。预防至上主义也有两种体现：一是颠倒实刑裁量与缓刑裁量的先后顺序，甚至为了适用缓刑量身定做实刑；二是片面地、孤立地考察预防性情节，进而无根据地对预防性情节给予过高权重。

总之，本书既不提倡报应至上，也不提倡预防至上。本书提倡的是责任刑制约缓刑、前提要件制约实质要件。简单地说，在实刑裁量过程中，只要不颠倒责任刑情节和预防性情节 I、预防性情节 II 的考察顺序，只要不颠倒责任刑情节与预防刑情节的权重，责任刑就实现了对缓刑适用的制约，前提要件就实现了对实质要件的制约。

---

① See Robinson G, McNeill F, Maruna S, "Punishment in Society: The Improbable Persistence of Probation and Other Community Sanctions and Measures", in *The SAGE Handbook of Punishment and Society*, Jonathan Simon & Richard Sparks（eds），London: SAGE Publications Ltd, 2012, p.321.

二、实质要件与刑事政策考量

（一）刑事政策考量的正当性

传统意义上的刑事政策有广义和狭义之分。狭义刑事政策是指国家运用刑法及其所规定的刑罚和类似措施，有效地组织反犯罪斗争的法律政策。广义刑事政策是指社会整体用来组织对犯罪的反应的各种方法的总和。[①] 简单地讲，刑事政策就是反犯罪的各种方法、手段、策略、政策的总和。从这个意义上讲，缓刑作为自由刑执行方法也好，作为自由刑替代措施也好，作为保安处分措施也好，都是刑事政策的产物。缓刑制度，不管是为了避免短期自由刑的流弊，还是为了体现刑罚人道化，抑或是"根据违反条件便执行刑罚的心理强制作用，促使犯人自觉地改造自新"，[②] 还是为了让罪犯更好地回归社会，自然属于针对犯罪和犯罪人的"合理而有效的反应"。在中国，缓刑制度往往也被认为属于"惩办与宽大相结合""宽严相济"刑事政策的体现。[③] 缓刑制度可谓刑事政策的宠儿。因此，缓刑适用理应自觉接受刑事政策的指引；缓刑适用的情况、效果，反过来也会影响刑事政策的进一步调整。

与此同时，在现代刑事法学里，刑事政策还可以作另外的理解。陈兴良教授在评价罗克辛的刑事政策思想时指出，"李斯特的刑事政策是一种实体性或本体论的刑事政策"，罗克辛的刑事政策概念是"一种价值性或者方法

[①] 参见梁根林：《刑事政策：立场与范畴》，法律出版社 2005 年版，第 4 页；《现代法治语境中的刑事政策》，《国家检察官学院学报》2008 年第 4 期。

[②] ［日］大谷实：《刑事政策学》，黎宏译，法律出版社 2000 年版，第 184 页。

[③] 参见吕俊玲：《宽严相济刑事政策视野下的缓刑制度》，硕士学位论文，华东政法大学，2008 年。

论的刑事政策"。① 即刑事政策也可以是一种方法论，是一种价值理念。刑事政策也因此对罪刑规范的解释具有了指导功能。② 就缓刑适用而言，同样需要遵循文明社会的各种刑法理念，遵从刑法明文规定的原则，遵守刑法明确或隐含确立的司法规则，以取得最优的刑罚效果、社会效果。特别地，当缓刑适用规则模糊不清时，当缓刑适用理念、政策、原则、规则存在冲突时，法官更应在刑事政策的视野下，妥当调和冲突，谨慎决定是否适用缓刑。因为"刑事政策的课题不能够或不允许进入教义学的方法中，从体系中得出的正确结论虽然是明确和稳定的，但是却无法保证合乎事实的结果。"③ 这就使得缓刑适用和刑事政策考量天然地融为了一体。

从理论上讲，在缓刑适用过程中，两种意义上的刑事政策都有发挥作用的空间。考虑到传统意义上的刑事政策已经在立法上被体现了，罗克辛意义上的刑事政策考量或许会更多一些。不过我国"刑事政策法制化"水平并不高，传统意义上的刑事政策考量也不应忽略。

尽管刑事政策考量具有理论上的合理性，但是我们依然不能回避另一个追问：在罪犯符合缓刑前提要件和实质要件的基础上进行刑事政策考量是否合法？是否对罪犯增加了额外的限制？笔者认为，刑事政策考量并未违反刑法的规定，也没有增加额外的限制。

首先，刑法为刑事政策考量留足了空间。刑法第七十二条规定，符合缓刑条件的，"可以宣告缓刑。""可以"一词体现了三层意思：（1）前提要件、实质要件只是适用缓刑的必要条件。（2）在罪犯符合前提要件、实质要件的基础上，法官可以行使自由裁量权，即既可以宣告缓刑，也可以不宣告缓刑。（3）缓刑宣告是法官的一项权力，而非罪犯的一项权利。总之，刑法之

---

① 陈兴良：《刑法教义学与刑事政策的关系：从李斯特鸿沟到罗克辛贯通》，《中外法学》2013 年第 5 期。

② 参见劳东燕：《罪刑规范的刑事政策分析——一个规范刑法学意义上的解读》，《中国法学》2011 年第 1 期。

③ ［德］罗克辛：《刑事政策与刑法体系》，蔡桂生译，中国人民大学出版社 2011 年版，第7 页。

所以赋予法官一定的自由裁量权，实际上就是要让法官进行个别化的思考，以发挥缓刑的最佳效益。这就是典型的刑事政策考量思维。

其次，缓刑规范体现了刑事政策要求。刑法第七十二条规定，在满足缓刑适用前提性条件和实质性条件的情况下，"对其中不满十八周岁的人、怀孕的妇女和已满七十五周岁的人，应当宣告缓刑"。为什么对这三类人应当宣告缓刑？是因为"考虑到不满十八周岁的人、怀孕的妇女和已满七十五周岁的人三类主体的特殊情况，从加强对未成年人、未出生婴儿保护的角度，基于人道主义对老年人从宽处理的角度"，[①]才增加此项规定。刑法如此规定只能理解为了体现怜幼恤老、刑法人道主义等刑事政策因素，因为没有证据表明这三类人的再犯危险特别低，而且这种类型化的规定也与缓刑作为处遇个别化手段不相协调。事实上如前文所述，未成年人犯罪后马上进入的是 19 岁至 25 岁的犯罪活跃期，"未成年罪犯"实际预示着再犯高峰期即将到来，与"没有再犯罪的危险"本身就是冲突的，而法律之所以作此规定，显然是为了体现对未成年人的"教育、感化、挽救"刑事政策。

最后，缓刑适用中进行刑事政策考量已有司法先例。笔者在对刑事法官的访谈中发现，基于刑事政策理由适用缓刑的做法大量存在。比如有一对夫妻实施了共同犯罪，虽然都符合缓刑适用的前提条件，但就再犯危险评判而言，法官却不敢确信他们都"没有再犯罪的危险"。不过法官考虑到夫妻双双在监狱服刑，会对其年幼子女的生活和健康成长造成不利影响，于是对妻子宣告了缓刑。在这个案件里，很难说妻子不具备缓刑适用的实质条件，也很难说妻子完全充足缓刑适用的实质条件，最终促使法官将天平偏向缓刑一边的却是对抚养子女这个刑事政策因素的考量。最高人民检察院于 2016 年 5 月 27 日公布的加强未成年人司法保护典型案例 10 与此有异曲同工之妙。

---

① 王尚新主编：《中华人民共和国刑法解读》，中国法制出版社 2011 年版，第 99 页。

案例 7 "典型案例 10"：

救助陷入困境的犯罪嫌疑人未成年子女

栗某、李某夫妇因涉嫌非法制造爆炸物罪被移送检察机关。检察机关发现，犯罪嫌疑人被刑事拘留后，家中正在上学的四个孩子无人照管，生活陷入困境；同时，依照刑法规定，二人均可能被判处有期徒刑，孩子将处于完全失管状态，生活无依，不但可能辍学，而且可能因为缺乏管教或者仇恨社会而滋生犯罪。基于此种情况，检察机关根据孩子母亲李某的犯罪情节和认罪悔罪态度，对其采取非羁押措施，并依法提出适用缓刑的量刑建议。最终，栗某被判处有期徒刑十一年，李某被判处有期徒刑三年，缓刑四年。

最高检察机关在"六一"儿童节前发布这个案例，并将其典型意义归纳为"救助陷入困境的犯罪嫌疑人未成年子女"，自然是从加强未成年人司法保护角度出发的。但从缓刑适用角度来讲，将其作为考量"扶幼"刑事政策的典型案例也非常贴切。

我国台湾地区的缓刑司法实践亦十分重视刑事政策考量。由于我国台湾地区"刑法"第 74 条将"认以暂不执行为适当者"规定为缓刑的实质要件，流于空洞，[①] 台湾地区"司法院"出台了《法院加强缓刑宣告实施要点》（院台厅刑一字第 0950024913 号）。该要点一方面将"无再犯之虞"填补为实质要件要素，另一方面则纳入了刑事政策考量。该要点第二条规定：

法院对符合"刑法"第七十四条及少年事件处理法第七十九条规定之被告，依其犯罪情节及犯后之态度，足信无再犯之虞，且有下列情形之一者，宜认为以暂不执行为适当，并予宣告缓刑：

---

① 参见林钰雄：《新刑法总则》，中国人民大学出版社 2009 年版，第 509 页。

（一）初犯。

（二）因过失犯罪。

（三）激于义愤而犯罪。

（四）非为私利而犯罪。

（五）自首或自白犯罪，且态度诚恳或因而查获其他共犯或重要物证。

（六）犯罪后因向被害人或其家属道歉，出具悔过书或给付合理赔偿，经被害人或其家属表示宥恕。

（七）犯罪后入营服役。

（八）现正就学中。

（九）身罹疾病必须长期医疗，显不适于受刑之执行。

（十）如受刑之执行，将使其家庭生活限于困境。

（十一）依法得免除其刑，唯以宣告刑罚为适当。

（十二）过境或暂时居留我国之外国人或居住国外之华侨。

可以看出，加入"无再犯之虞"在于填补实质要件，而后列举的十二项具体情形，则多出于刑事政策考量，特别是第（七）项以后的规定，与"再犯之虞"几无关系，但与刑事政策高度相关。

总之，缓刑适用的前提条件追求合法性，强调对缓刑适用对象范围的限制；缓刑适用的实质要件追求科学性，强调对再犯危险的甄别和社区矫正可行性的判断；而刑事政策考量则追求合情理性，强调缓刑适用的妥当和最佳刑罚、社会防卫效益的发挥。

至于在什么时候、哪个阶段进行刑事政策考量，不能一概而论。笔者认为，刑事政策考量主要是一种思维模式，但也可以是一个独立性的考察阶段。一方面，法官在判断前提要件、实质要件时，可以融入刑事政策考量。另一方面，刑事政策考量可以在实质要件判断之后进行，即在罪犯符合前提要件、实质要件的基础上，法官再做综合性的刑事政策考量，进而最终决定是否宣告缓刑。

刑事政策是否存在位阶？如果将刑事政策类型化，大致可以分为四大类：一是宏观性刑事政策，如"宽严相济"这类刑事政策；二是原则性刑事政策，如刑法规定的罪刑法定原则、刑法面前人人平等原则、罪责刑相适应原则等；三是法律、司法解释等确立起来的规则性刑事政策，如刑法第七十二条针对不满十八周岁的人、怀孕的妇女和已满七十五周岁的人确立的刑事政策；四是其他刑事政策，即前三种之外的刑事政策。笔者认为，刑事政策的特性就在于它的灵活性、超脱性，因此，一般来讲，刑事政策适用不应存在位阶性。在多个刑事政策存在冲突时，应由法官根据案件的具体情况，妥当进行刑事政策考量。但在"刑事政策规则化"的情形下，必须优先适用规则性刑事政策。换句话说，像刑法第七十二条针对未成年人、孕妇、老年人这样的规则性刑事政策在适用上具有优先性、绝对性。

（二）实质要件与刑事政策

应当说，影响缓刑适用的刑事政策非常多，我们无法进行完全列举。在本部分我们将主要从实质要件与刑事政策关系的角度讨论几项刑法明文或隐含规定的刑事政策。

1.刑事政策的实质要件化

刑法第七十二条规定，对于符合实质要件且属于不满十八周岁的人、怀孕的妇女或已满七十五周岁的人，应当宣告缓刑。这就让未成年人、孕妇、老年人实际上成了一个额外的实质要件要素。不过未成年人、孕妇、老年人优先适用缓刑的规定本质上仍是基于刑事政策的考虑。首先，立法目的表明这是一种刑事政策性规定。刑法修正案（八）的"草案说明"曾明确指出："根据宽严相济的刑事政策，在从严惩处严重犯罪的同时，应当进一步完善刑法中从宽处理的法律规定，以更好地体现中国特色社会主义刑法的文明和人道主义，促进社会和谐。"① 显然，立法者制定这一规则有明确的刑事政策追求。其次，不满十八周岁和已满七十五周岁的人在再犯危险上也是不同的。如前所述，一个人的犯罪生涯更可能在五十岁左右结束，因此，不满十八周岁的人再犯可能性显然更高。但是刑法将两者同等对待，显然有刑事政策上的考虑。因此，将这一规定理解为刑事政策是合适的，尽管其实际上相当于实质要件——刑事政策适用具有灵活性，而本规定则具有绝对性。

尽管关于老、幼、孕的刑事政策被规则化了，但这一规定还可延伸出另外的刑事政策内涵。具体地说，可以将哺乳自己婴儿的妇女、生活不能自理的人及其唯一扶养人与老、幼、孕同等对待。为什么要对这一规定进行扩张？至少有四个理由：

第一，从刑事一体化的视角讲，刑法体现的刑事政策与刑事诉讼法体现的刑事政策应当而且可以保持一致。刑事诉讼法第六十七条规定，犯罪嫌疑人、被告人"患有严重疾病、生活不能自理，怀孕或者正在哺乳自己婴儿的妇女，采取取保候审不致发生社会危险性的"，可以取保候审。第七十四条规定，犯罪嫌疑人、被告人符合逮捕条件且"（一）患有严重疾病、生活不能自理的；（二）怀孕或者正在哺乳自己婴儿的妇女；（三）系生活不能自理的人的唯一扶养人"，可以监视居住。第二百六十五条规定，被判处有期徒刑或者拘役的罪犯，"（一）有严重疾病需要保外就医的；（二）怀孕或者正在哺乳自己婴儿的妇女；（三）生活不能自理，适用暂予监外执行不致危害社会的"，可以暂予监外执行。不难看出，我国刑事诉讼法关于取保候审、监视居住、暂予监外执行的规定基本上是将这几类人同等对待的，并且"怀孕或者正在哺乳自己婴儿的妇女"还被相提并论。

---

① 《刑法修正案（草案）条文及草案说明》，2010 年 8 月 28 日，见 http://www.npc.gov.cn/huiyi/cwh/1116/2010-08/28/content_1593165.htm。

第二，从实质上讲，哺乳自己婴儿的妇女，患有严重疾病、生活不能自理的人及其唯一扶养人与老、幼、孕具有相似性。一方面，他们都不适宜被羁押、①监禁。这类人要么因自己的身体状况不适宜被羁押、监禁，要么是因为有需要扶养（含抚养、赡养）的人而不适宜被羁押、监禁。另一方面，他们都属于需要特别关怀的群体，尽管不一定属于弱势群体。

第三，符合缓刑适用的目的。如前所述，缓刑制度很重要的目的就在于通过各种教育、感化、挽救、康复措施，让罪犯成为守法公民。而对于需要特殊关怀的人群来说，轻缓化的处理本身就是非常好的感化手段，有利于他们改过自新。

第四，从法律传统、先例的角度讲，对他们从宽处理也是合适的。比如对生活不能自理的人的唯一扶养人适用缓刑，可以算作我国古代存留养亲思想的现代延续。中国古代的存留养亲是指被判处非"十恶"的死刑、流刑以及徒刑的人，因父母或祖父母年老或疾病致使生活难以自理，在其膝下无其他成年子孙侍养，又没有别的亲属照顾的境况下，将符合该条件的犯人有限制地暂不执行原判刑罚，而是允许通过相关程序"报奏上请"，待准许后存留犯罪人于家中奉养上述尊亲，至其尊亲终年去世后或家有进丁时，再执行或者改判原有刑罚的一项变通执行刑罚的制度。② 应当承认，两种制度的适用条件、程序、范围、旨趣是大不相同的，但就体现的人道主义精神而言却是一致的，且这种价值理念已植根于民族心理，具有较高的接受度。因此，将留存养亲的人道精神予以现代改造，作为缓刑适用刑事政策是可行的。前引我国台湾地区的缓刑实践亦可作为佐证。事实上这种做法在西方国家都有立法例。如美国模范刑法典第 7.01 条第（2）款（k）项将监禁会使亲属生活陷入困顿作为适用缓刑的考量因素。

综上，哺乳自己婴儿的妇女、患有严重疾病、生活不能自理的人及其

---

① 在国际上，审前羁押也被视为监禁，并且被计入监禁规模和监禁率。

② 参见顾化鹏：《存留养亲思想现代化刑事运用的可行性分析》，硕士学位论文，南京师范大学，2014 年，第 4 页。

唯一扶养人在满足缓刑前提要件、实质要件的情况下，法官宜参考刑法第七十二条关于未成年人、老年人、孕妇的刑事政策规定，将宣告缓刑作为最优先的选择。

2. 实质要件的刑事政策化

"宣告缓刑对所居住社区没有重大不良影响"不光是一个实质要件要素，还蕴含了丰富的刑事政策内涵。

（1）选择合适的社区执行缓刑

在司法实践中，不少司法机关将缓刑执行的社区片面地理解为罪犯户籍所在地的社区。这种理解进一步导致了两方面的错误做法。一是认为对户籍所在地所居住的社区有重大不良影响就不能宣告缓刑；二是导致一些外地罪犯更难被判处缓刑，因为司法机关往往认为外地罪犯执行缓刑存在交接、监管困难。① 前一种做法错误地理解了实质要件的规定，后一种做法还违反了平等适用刑法原则。为什么说这种理解是错误的呢？刑法已经给了我们答案。刑法第七十五条第（四）项规定："离开所居住的市、县或者迁居，应当报经考察机关批准"。既然允许迁居，就意味着缓刑考察期间可以更换执行地点；既然考察期间允许更换执行地点，缓刑尚未执行时自然也可以由法官根据具体情况决定合适的执行地点。如此看来，将"所居住的社区"理解为法官宣告缓刑时预计执行缓刑的社区更加符合刑法原意。当然，所居住的社区一般就是罪犯户籍所在地的社区，但也可能是经常居住地的社区，甚至还可能是专门为了更好地执行社区矫正而指定、安排的社区。实践中已有司法机关探索所谓"集中监管方式"，这种方式下所居住的社区就是法官指定的——选择一家社会责任心较强的企业，为判缓人员安排相应的工作，并指定辅导人，负责指导缓刑犯的工作、生活，随时掌握其思想动态，判缓人

---

① 参见郭文利、陆晓媛：《外地人缓刑适用状况的调查——以浙江省湖州市吴兴区人民法院刑事司法实践为样本》，《中国刑事法杂志》2009 年第 12 期。

员同工同酬，人身自由不受限制，但要随时向辅导人报告。① 在英国，也有针对少年犯的缓刑集体宿舍。因为有些少年犯放在社会上执行缓刑具有一定危险，于是将他们集中起来，由专人负责管教。缓刑集体宿舍是介于监禁刑和非监禁刑之间的一种比一般缓刑严格的刑罚处置措施。②

根据这样的解释进路，"宣告缓刑对所居住的社区没有重大不良影响"就蕴含了刑事政策意义。简单地讲，如果认为该罪犯在某个特定社区执行缓刑可能会对该社区造成重大不良影响，那么法官应该考虑更换甚至专门安排适合进行社区矫正的社区。法官不能仅仅因为不适宜在罪犯户籍所在地社区执行缓刑就拒绝宣告缓刑。据此，外地人不适宜判缓刑、没有监护人的罪犯不适宜判缓刑等实践做法都与这一刑事政策精神相违背。只有在没有任何社区适宜该罪犯执行缓刑且法院也无力安排"集中监督"的情形下，法官方得拒绝宣告缓刑。

（2）选择合适的时机宣告缓刑

笔者对刑事法官的调查发现，如果被害方强烈反对或者社区群众强烈反对，法官往往直接以"宣告缓刑对所居住的社区有重大不良影响"而拒绝适用缓刑。笔者认为，这种做法并不妥当，放纵了民意对司法活动的绑架。就被害方和社区的强烈反对而言，法官不能为图省事一律拒绝宣告缓刑，而应该认真查清反对的原因再作决断。如果反对确实出于对社区安宁的有根据的担心，那么法官应予以尊重；如果只是无理由的反对或者反对虽然有理，但并不构成阻却宣告缓刑的理由，法官仍应宣告缓刑。只不过为了避免司法决定和被害方、社区的直接对立，法官不必立即宣告缓刑，而应选择一个妥当的时机来宣告缓刑。一般来说，在案件审理初期，被害方的"报复"心理会比较激烈，但随着时间的流逝，特别是被告人真诚道歉，民事赔偿逐步到

---

① 参见郭文利、陆晓媛：《外地人缓刑适用状况的调查——以浙江省湖州市吴兴区人民法院刑事司法实践为样本》，《中国刑事法杂志》2009 年第 12 期。

② 参见王运生、严军兴：《英国刑事司法与替刑制度》，中国法制出版社 1999 年版，第120 页。

位，被害方的对立情绪会逐渐减弱直至消灭。在被害方对立情绪减弱的情况下宣告缓刑，显然比在对立情绪最激烈的时候宣告更为有利。

此外，择机宣告缓刑还有另外的好处。有些罪犯可能需要一段时间的监禁矫正才会消减再犯罪的危险。在这种情形下，择机宣告实际上就是暂时不宣告缓刑。当再犯危险评估表明对该罪犯不再实施监禁矫正也足以防范再犯罪的风险时，法官再宣告缓刑。这种做法与"震慑缓刑"（Shock Probation）制度 [1] 可谓异曲同工。

应该说，对于缓刑宣告的时间，现行法律并无明确规定。不过就刑法的表述而言，实刑宣告与缓刑宣告可以有一定的时间间隔。因为刑法规定，"对于被判处拘役、三年以下有期徒刑的犯罪分子，……可以宣告缓刑"。刑法使用的是"犯罪分子"而不是"被告人"，说明宣告缓刑针对的是已经进行实刑宣告的人——严格地说，应是实刑生效的人。只不过司法实践往往在宣告实刑的同时决定是否宣告缓刑，让人们误以为缓刑宣告与实刑宣告只能同时进行。从这个意义上讲，"宣告缓刑对所居住的社区有重大不良影响"也就包含了另一层含义：如果宣告实刑时有重大不良影响，则不应同时宣告缓刑；在执行一段时间的实刑后，重大不良影响消灭或者减弱为一般不良影响时，法官可以择机宣告缓刑。

（3）选择合适的措施管理风险

"宣告缓刑对所居住的社区没有重大不良影响"这个表述意味着：宣告缓刑对社区是可能有不良影响的。如前所述，尽管法律使用了"影响"这样一个抽象的词，但立法目的在于保护被害人、证人、社区等的合法利益。也就是说，有些缓刑人在社区执行缓刑可能给被害人、证人、社区等的一般性利益造成重大损害，或者对被害人、证人、社区等的重大利益造成损害；有些缓刑人在社区执行缓刑，可能给被害人、证人、社区等的一般性利益造成损害。据此，在这里又涉及一个利益衡量的问题：哪些利益是重大利益？什

---

[1]　参见周振杰：《美国的震慑缓刑制度及其借鉴》，《环球法律评论》2007 年第 1 期。

么样的损害算重大损害？不管怎么说，执行缓刑确实存在损害被害人、社区利益的可能。因此，法官在宣告缓刑的同时，必须考虑如何有效降低、管控缓刑人的风险。更进一步的，即便罪犯有可能造成重大不良影响，但是如果通过有效的风险管理措施能够避免这种风险，也可以宣告缓刑。总之，通过合理界定一般利益与重大利益、一般损害与重大损害、有无有效风险管控措施，该条规定就有了第三层刑事政策意蕴：一方面，法官宣告缓刑的同时要选择合适、有效的风险管控措施；另一方面，即便存在较大风险，只要存在有效的风险管理措施，也可宣告缓刑。这种解读既有利于维护社区的安全和秩序，也进一步软化了"没有再犯罪的危险"的机械和僵硬，有利于扩大缓刑适用空间。

我国刑法也为风险管控及其创新预留了很大空间。首先，刑法第七十二条第二款规定，"宣告缓刑，可以根据犯罪情况，同时禁止犯罪分子在缓刑考验期限内从事特定活动，进入特定区域、场所，接触特定的人"。通过量身定做禁止令，当有利于管控风险。其次，刑法第七十五条规定，被宣告缓刑的犯罪分子，应当遵守法律、行政法规，服从监督；按照考察机关的规定报告自己的活动情况；遵守考察机关关于会客的规定；离开所居住的市、县或者迁居，应当报经考察机关批准。这条规定的内容也非常丰富，司法机关和社区矫正机关都可以进行探索。最后，刑法第三十七条之一规定，"因利用职业便利实施犯罪，或者实施违背职业要求的特定义务的犯罪被判处刑罚的，人民法院可以根据犯罪情况和预防再犯罪的需要，禁止其自刑罚执行完毕之日或者假释之日起从事相关职业，期限为三年至五年。"这一规定从字面上看没有纳入缓刑考验期，但根据刑法的精神，宜将缓刑考验期纳入。总之，缓刑适用和执行融入风险管控思维和战略，必将进一步提高缓刑的适用质量和效益，更好地发挥其社会防卫功能。

其他国家的风险管控措施也值得我们借鉴。如前文提到的案例6，法官对被告人宣布了超过40项缓刑监督要求，包括公开登记为性犯罪人，参加性犯罪人治疗，不得接触互联网，不能拥有电脑、淫秽物品、武器，禁止单独接触 18 岁以下的人。以其中的性犯罪人登记为例，这意味着他的照片、犯罪信息、居住地址将在网络上公开；他的左邻右舍会得到风险警示；他不能居住在学校、儿童游乐场附近等。通过这些风险管控措施，缓刑人再犯罪和损害社区利益的风险当会显著降低。

附录 A 中国缓刑适用调查问卷

Q1 您好！我们是"中国缓刑适用研究"课题组。非常感谢您在百忙之中参与我们的调查。

本问卷旨在调查中国内地（即不含港澳台地区）缓刑适用情况以及刑事法律人对缓刑制度的看法。本问卷不涉及个人隐私，所收集信息仅用于学术研究，请放心作答。

所有题目没有对错之分，请按照您的看法、做法或所了解的情况回答即可。绝大部分题目为单项选择题，多项选择题会有特别提示；排序题有对应的序号可供选择；留有空格的地方需要您填入文字。

欢迎从事刑事侦查、刑事司法、刑事辩护、刑事执行、刑事立法、刑事法学研究等刑事相关工作的朋友参与我们的调查。

谢谢您的支持和建议！

Q2 您从事什么工作？
- 刑事侦查（2）
- 刑事检察（3）
- 刑事辩护（含法律援助）（4）
- 刑事审判（5）
- 刑事执行（含社区矫正）（6）
- 刑事立法（1）
- 刑事法学研究（7）
- 其他刑事相关工作（8）＿＿＿＿＿＿＿＿＿

Q3　您工作单位所在的地区是?

- 安徽（1）
- 北京（2）
- 重庆（3）
- 福建（4）
- 甘肃（5）
- 广东（6）
- 广西（7）
- 贵州（8）
- 海南（9）
- 河北（10）
- 黑龙江（11）
- 河南（12）
- 湖北（13）
- 湖南（14）
- 江苏（15）
- 江西（16）
- 吉林（17）
- 辽宁（18）
- 内蒙古（19）
- 宁夏（20）
- 青海（21）
- 山东（22）
- 上海（23）
- 山西（24）
- 陕西（25）
- 四川（26）

- 天津（27）
- 新疆（28）
- 西藏（29）
- 云南（30）
- 浙江（31）

Q4　2002—2013 年，我国被宣告缓刑的人数占全部被刑事被告人的比例在 20%—30% 之间。您认为这一比例

- 偏高（1）
- 适中（2）
- 偏低（3）

Q5　2005 年至 2009 年 6 月，全国被判决有罪的职务犯罪被告人中，判处免刑和缓刑的共占 69.7%。您觉得这一比例

- 太高了（1）
- 正常（2）

Q6　就您办理的案件而言，外地人更难获得缓刑判决？

- 是（1）
- 不是（2）

Q7　您认为外地人缓刑适用比例更低的原因是

- 宣判后不方便与执行机构对接，不利于监督考察（1）
- 其他（2）＿＿＿＿＿＿＿＿＿

Q8　2011 年的刑法修正案（八）对 1997 年刑法的缓刑适用实质条件作了修改，您觉得哪一规定更合理？

【1997 年的规定】对于被判处拘役、三年以下有期徒刑的犯罪分子，根据犯罪分子的犯罪情节和悔罪表现，适用缓刑确实不致再危害社会的，可以宣告缓刑。

【2011 年的规定】对于被判处拘役、三年以下有期徒刑的犯罪分子，同时符合下列条件的，可以宣告缓刑……：（一）犯罪情节较轻；（二）有悔罪表现；（三）没有再犯罪的危险；（四）宣告缓刑对所居住社区没有重大不良影响。

- 1997 年的规定（1）
- 2011 年的规定（2）
- 说不清楚（3）

Q9　您认为现行刑法的缓刑适用条件是否明确？
- 非常明确（1）
- 比较明确（2）
- 还行（5）
- 比较模糊（3）
- 非常模糊（4）

Q10　以下四个缓刑适用条件，就重要性程度而言，您认为其顺序为（1 最重要，2 次之，3 再次之，4 最不重要）
- 犯罪情节较轻（1）
- 有悔罪表现（2）
- 没有再犯罪的危险（3）
- 宣告缓刑对所居住的社区没有重大不良影响（4）

Q11　据您所知，我国法官适用缓刑的自由裁量权
- 偏大（1）

- 合适（2）
- 偏小（3）

Q12 被告人甲长期遭受丈夫虐待。某晚，甲的丈夫又将她打得皮开肉绽，并声称第二天会打死她。甲在丈夫睡觉时将其杀害。后甲被判处 3 年有期徒刑。假如您是法官，会对甲宣告缓刑吗？

- 会（1）
- 不会（2）

Q13 据您所知，在涉及缓刑的案件中，"人情案""关系案"

- 非常多（1）
- 很多（2）
- 有一些（7）
- 很少（3）
- 非常少（4）
- 不清楚（5）

Q14 被告人乙经常搞小偷小摸。某日，乙因扒窃一位老人 30 元钱被便衣民警当场抓获。后乙被判处拘役 3 个月。假如您是法官，会对乙宣告缓刑吗？

- 会（1）
- 不会（2）

Q15 就您办理的案件而言，被告人减轻处罚后才满足 3 年以下有期徒刑的前提条件，其获得缓刑判决的可能性是否会降低？

- 会降低（1）
- 不会降低（2）

Q16　就您办理的案件而言，被告人有犯罪前科，但并非累犯，其获得缓刑判决的可能性是否会降低？

- 会降低（1）
- 不会降低（2）

Q17　就您办理的案件而言，被告人犯有数罪，其获得缓刑判决的可能性是否会降低？

- 会降低（1）
- 不会降低（2）

Q18　就您办理的案件而言，故意犯罪被告人比过失犯罪被告人更难获得缓刑判决？

- 是（1）
- 不是（2）

Q19　就您办理的案件而言，暴力犯罪被告人比非暴力犯罪被告人更难获得缓刑判决？

- 是（1）
- 不是（2）

Q20　缓刑考察期间发现漏罪，数罪并罚后仍在 3 年以下，假如您是办案法官，还会继续对该罪犯宣告缓刑吗？

- 会（1）
- 不会（2）

Q21　缓刑考察期间发现新罪，数罪并罚后仍在 3 年以下，假如您是办案法官，还会继续对该罪犯宣告缓刑吗？

- 会（1）
- 不会（2）

Q22 被害方的态度会不会影响您（建议）适用缓刑？

- 会（1）
- 不会（2）

Q23 就您办理的案件而言，自首、立功会提高缓刑适用可能性吗？

- 会提高（1）
- 不会提高（2）

Q24 在宣告缓刑判决前，您会要求被告人先缴纳罚金吗？

- 会（1）
- 不会（2）

Q25 就您办理的案件而言，充分的民事赔偿会提高缓刑适用可能性吗？

- 会提高（1）
- 不会提高（2）

Q26 如果您的当事人有机会获得缓刑判决，您会建议或协助当事人【本题可多选】

- 主动认罪（1）
- 当庭赔礼道歉（2）
- 庭下争取被害方谅解（3）
- 及时赔偿损失（4）
- 及时退还赃款赃物（5）

- 积极缴纳罚金（6）
- 其他（7）＿＿＿＿＿＿＿＿＿＿＿

Q27　就您办理的案件而言，被逮捕的被告人获得缓刑判决的可能性会降低吗？

- 会降低（1）
- 不会降低（2）

Q28　就您办理的案件而言，如果社区或周围群众反对适用缓刑，您会怎么办？

- 不适用缓刑，尊重社区和群众意见（1）
- 该适用就适用，不受社区和群众意见的影响（3）

Q29　就您办理的案件而言，被取保候审的被告人更可能获得缓刑判决吗？

- 是（1）
- 不是（2）

Q30　就您了解的情况而言，缓刑犯再犯罪的情形

- 非常多（1）
- 比较多（2）
- 有一些（6）
- 比较少（3）
- 非常少（4）
- 不清楚（5）

Q31　您所在地区，宣告缓刑前会对被告人做背景调查吗？

- 会（1）
- 不会（2）
- 不清楚（3）

Q32　背景调查由哪个机构负责？【本题可多选】
- 法院（1）
- 检察院（2）
- 司法行政机关（社区矫正机关）（3）
- 侦查机关（4）
- 居民（村民）委员会（5）
- 其他组织（6）＿＿＿＿＿＿＿＿＿＿＿

Q33　据您所知，您所在地区宣告缓刑有无特别程序（如汇报程序、听证程序、审判委员会讨论等）？
- 没有（2）
- 有（4）
- 不清楚（1）

Q34　缓刑宣告特别程序是什么？【本题可多选】
- 向主管领导汇报（1）
- 审判委员会讨论（2）
- 缓刑听证会（3）
- 其他形式（4）＿＿＿＿＿＿＿＿＿＿＿

Q35　您认为在缓刑宣告前，有无必要对被告人进行人身危险性评估？
- 有必要（1）
- 没有必要（2）

Q36　总体而言，您觉得我国的缓刑司法

- 非常公正（1）

- 比较公正（2）

- 正常（6）

- 比较不公正（3）

- 非常不公正（4）

- 不清楚（5）

Q37　您认为拘役缓刑与管制刑有无实质性区别?

- 有（1）

- 没有（2）

Q38　据您所知，哪类案件【罪名】适用缓刑最多?

Q39　您认为我国缓刑领域存在的主要问题是什么?

附录 B　累犯（偏好）率排名

（根据本研究数据库 2012—2015 年裁判文书统计）

罪名	累犯率	排名
抢夺罪	23.00%	1
非法持有毒品罪	21.30%	2
盗窃罪	20.00%	3
招摇撞骗罪	16.50%	4
走私、贩卖、运输、制造毒品罪	16.10%	5
冒充军人招摇撞骗罪	15.30%	6
破坏电力设备罪	14.20%	7
强制猥亵、侮辱妇女罪	11.90%	8
脱逃罪	11.60%	9
非法侵入住宅罪	10.80%	10
容留他人吸毒罪	10.80%	11
抢劫罪	10.70%	12
窝藏、转移、隐瞒毒品、毒赃罪	10.70%	13
绑架罪	9.20%	14
敲诈勒索罪	9.00%	15
引诱、教唆、欺骗他人吸毒罪	9.00%	16
诬告陷害罪	8.90%	17
破坏易燃易爆设备罪	8.60%	18

罪名	累犯率	排名
诈骗罪	8.40%	19
寻衅滋事罪	8.30%	20
猥亵儿童罪	8.10%	21
传授犯罪方法罪	8.00%	22
强奸罪	7.70%	23
伪造、变造居民身份证罪	7.70%	24
持有、使用假币罪	7.60%	25
破坏广播电视设施、公用电信设施罪	7.40%	26
非法持有、私藏枪支、弹药罪	7.30%	27
非法携带枪支、弹药、管制刀具、危险物品危及公共安全罪	7.30%	28
聚众斗殴罪	7.00%	29
非法组织卖血罪	6.90%	30
以危险方法危害公共安全罪	6.80%	31
组织、领导、参加黑社会性质组织罪	6.80%	32
强迫交易罪	6.70%	33
破坏交通设施罪	6.30%	34
赌博罪	6.30%	35
非法拘禁罪	6.20%	36
窃取、收买、非法提供信用卡信息罪	6.20%	37
伪造货币罪	6.10%	38
编造、故意传播虚假恐怖信息罪	5.80%	39
伪造、倒卖伪造的有价票证罪	5.70%	40
组织、利用会道门、邪教组织、利用迷信破坏法律实施罪	5.70%	41
开设赌场罪	5.70%	42
故意毁坏财物罪	5.40%	43

续表

罪名	累犯率	排名
出售、购买、运输假币罪	5.30%	44
强迫卖淫罪	5.20%	45
掩饰、隐瞒犯罪所得、犯罪所得收益罪	5.20%	46
放火罪	5.10%	47
合同诈骗罪	4.90%	48
故意杀人罪	4.80%	49
票据诈骗罪	4.70%	50
运送他人偷越国（边）境罪	4.70%	51
伪造、变造金融票证罪	4.60%	52
故意伤害罪	4.60%	53
非法制造、出售非法制造的发票罪	4.50%	54
爆炸罪	4.00%	55
组织卖淫罪	4.00%	56
拐骗儿童罪	3.90%	57
窝藏、转移、收购、销售赃物罪	3.90%	58
窝藏、包庇罪	3.70%	59
非法制造、买卖、运输、邮寄、储存枪支、弹药、爆炸物罪	3.30%	60
侮辱罪	3.30%	61
妨害作证罪	3.30%	62
非法买卖制毒物品罪	3.30%	63
信用卡诈骗罪	3.20%	64
妨害信用卡管理罪	3.20%	65
伪造公司、企业、事业单位、人民团体印章罪	3.10%	66
组织淫秽表演罪	3.00%	67
伪造、变造、买卖国家机关公文、证件、印章罪	2.90%	68

罪名	累犯率	排名
破坏监管秩序罪	2.90%	69
走私废物罪	2.80%	70
妨害公务罪	2.80%	71
倒卖文物罪	2.80%	72
非法出售发票罪	2.70%	73
盗掘古文化遗址、古墓葬罪	2.50%	74
伪造、变造、买卖武装部队公文、证件、印章罪	2.50%	75
引诱、容留、介绍卖淫罪	2.40%	76
金融凭证诈骗罪	2.30%	77
帮助毁灭、伪造证据罪	2.30%	78
盗伐林木罪	2.30%	79
销售侵权复制品罪	2.10%	80
非法进行节育手术罪	2.10%	81
非法采矿罪	2.10%	82
协助组织卖淫罪	2.10%	83
非法采伐、毁坏国家重点保护植物罪	2.10%	84
生产、销售伪劣产品罪	2.00%	85
拐卖妇女、儿童罪	1.90%	86
侵占罪	1.90%	87
非法生产、销售间谍专用器材罪	1.90%	88
骗取出境证件罪	1.90%	89
贷款诈骗罪	1.80%	90
偷越国（边）境罪	1.80%	91
非法经营罪	1.70%	92

罪名	累犯率	排名
非法收购、运输、加工、出售国家重点保护植物、国家重点保护植物制品罪	1.70%	93
生产、销售不符合卫生标准的食品罪	1.60%	94
生产、销售伪劣农药、兽药、化肥、种子罪	1.60%	95
集资诈骗罪	1.50%	96
遗弃罪	1.50%	97
非法收购、运输、出售珍贵、濒危野生动物及其制品罪	1.50%	98
非法转让、倒卖土地使用权罪	1.40%	99
非法处置查封、扣押、冻结的财产罪	1.40%	100
组织他人偷越国（边）境罪	1.40%	101
重婚罪	1.30%	102
聚众扰乱公共场所秩序、交通秩序罪	1.30%	103
非法购买增值税专用发票、购买伪造的增值税专用发票罪	1.20%	104
虚报注册资本罪	1.10%	105
侵犯著作权罪	1.10%	106
倒卖车票、船票罪	1.10%	107
聚众哄抢罪	1.10%	108
职务侵占罪	1.10%	109
非法行医罪	1.10%	110
串通投标罪	1.00%	111
挪用资金罪	1.00%	112
伪证罪	1.00%	113
投放危险物资罪	0.90%	114
走私普通货物、物品罪	0.90%	115
破坏生产经营罪	0.90%	116
聚众冲击国家机关罪	0.90%	117

罪名	累犯率	排名
非法占用农用地罪	0.90%	118
骗取贷款、票据承兑、金融票证罪	0.90%	119
生产、销售假药罪	0.80%	120
虚假出资、抽逃出资罪	0.80%	121
假冒注册商标罪	0.80%	122
非法制造、销售非法制造的注册商标标识罪	0.80%	123
聚众扰乱社会秩序罪	0.80%	124
滥伐林木罪	0.70%	125
行贿罪	0.70%	126
帮助犯罪分子逃避处罚罪	0.70%	127
非法制造、买卖、运输、储存危险物质罪	0.60%	128
保险诈骗罪	0.60%	129
销售假冒注册商标的商品罪	0.60%	130
生产、销售有毒、有害食品罪	0.50%	131
过失致人重伤罪	0.40%	132
非国家工作人员受贿罪	0.40%	133
非法吸收公众存款罪	0.30%	134
拒不执行判决、裁定罪	0.30%	135
非法狩猎罪	0.30%	136
传播淫秽物品罪	0.30%	137
对非国家工作人员行贿罪	0.30%	138
虚开增值税专用发票、用于骗取出口退税、抵扣税款发票罪	0.20%	139
制作、复制、出版、贩卖、传播淫秽物品牟利罪	0.20%	140
过失致人死亡罪	0.10%	141
贪污罪	0.10%	142

罪名	累犯率	排名
挪用公款罪	0.10%	143
走私珍贵动物、珍贵动物制品罪	0.00%	144
隐匿、故意销毁会计凭证、会计账簿、财务会计报告罪	0.00%	145
公司、企业人员受贿罪	0.00%	146
违法发放贷款罪	0.00%	147
偷税罪	0.00%	148
侵犯商业秘密罪	0.00%	149
提供虚假证明文件罪	0.00%	150
收买被拐卖的妇女、儿童罪	0.00%	151
非法获取国家秘密罪	0.00%	152
破坏计算机信息系统罪	0.00%	153
盗掘古人类化石、古脊椎动物化石罪	0.00%	154
非法捕捞水产罪	0.00%	155
非法猎捕、杀害珍贵、濒危野生动物罪	0.00%	156
非法收购、运输盗伐、滥伐的林木罪	0.00%	157
非法种植毒品原植物罪	0.00%	158
受贿罪	0.00%	159
单位受贿罪	0.00%	160
对单位行贿罪	0.00%	161
介绍贿赂罪	0.00%	162
单位行贿罪	0.00%	163
巨额财产来源不明罪	0.00%	164
私分国有资产罪	0.00%	165
滥用职权罪	0.00%	166
徇私枉法罪	0.00%	167

参考文献

（以著作责任者姓名拼音排序）

一、中文著作

白建军：《罪刑均衡实证研究》，法律出版社 2004 年版。

白建军：《关系犯罪学》，中国人民大学出版社 2014 年版。

白建军：《法律实证研究方法》，北京大学出版社 2014 年版。

陈伟：《人身危险性研究》，法律出版社 2010 年版。

陈兴良：《刑法适用总论》，法律出版社 1999 年版。

陈兴良：《教义刑法学》，中国人民大学出版社 2010 年版。

储槐植：《刑事一体化与关系刑法论》，北京大学出版社 1997 年版。

高铭暄主编：《刑法学原理》（第 2 卷）， 中国人民大学出版社 1993 年版。

高铭暄主编：《刑法学原理》（第 3 卷）， 中国人民大学出版社 1993 年版。

高铭暄、马克昌主编：《刑法学》，北京大学出版社 2014 年版。

黄兴瑞：《人身危险性的评估与控制》，群众出版社 2004 年版。

梁根林：《刑事政策：立场与范畴》，法律出版社 2005 年版。

梁根林：《刑事制裁：方式与选择》，法律出版社 2006 年版。

林山田：《刑罚学》，（中国台湾）商务印书馆 1983 年版。

林山田：《刑法通论》（上册），北京大学出版社 2012 年版。

林钰雄：《新刑法总则》，中国人民大学出版社 2009 年版。

刘强编著：《美国社区矫正的理论与实务》，中国人民公安大学出版社 2003 年版。

马皑、滨田寿美男主编：《中日法律心理学的课题与共同可能性》，中国

247

政法大学出版社 2015 年版。

马克昌主编:《近代西方刑法学说史》,中国人民公安大学出版社 2008 年版。

屈耀伦:《我国缓刑制度的理论与实务》,中国政法大学出版社 2012 年版。

王炳宽:《缓刑研究》,法律出版社 2008 年版。

王尚新主编:《中华人民共和国刑法解读》,中国法制出版社 2011 年版。

王世洲:《现代刑法学(总论)》,北京大学出版社 2011 年版。

王运生、严军兴:《英国刑事司法与替刑制度》,中国法制出版社 1999 年版。

文姬:《人身危险性评估方法研究》,中国政法大学出版社 2014 年版。

翁腾环:《世界刑法保安处分比较学》,商务印书馆 2014 年版。

吴宗宪:《西方犯罪学史》,警官教育出版社 1997 年版。

徐久生:《保安处分新论》,中国方正出版社 2006 年版。

徐久生、庄敬华译:《德国刑法典》,中国方正出版社 2004 年版。

袁方主编:《社会研究方法教程》,北京大学出版社 1997 年版。

翟中东:《国际视域下的重新犯罪防治政策》,北京大学出版社 2010 年版。

张甘妹:《犯罪学原论》,(中国台湾)汉林出版社 1976 年版。

张甘妹:《再犯预测之研究》,(中国台湾)法务通讯杂志社 1987 年版。

张明楷:《责任刑与预防刑》,北京大学出版社 2015 年版。

张明楷:《刑法学》,法律出版社 2016 年版。

张文、刘艳红、甘怡群:《人格刑法导论》,法律出版社 2005 年版。

赵秉志主编:《刑法总论》,中国人民大学出版社 2007 年版。

赵秉志主编:《刑法修正案(八)理解与适用》,中国法制出版社 2011 年版。

左坚卫:《缓刑制度比较研究》,中国人民公安大学出版社 2004 年版。

左坚卫:《缓刑制度的理论与实务》,中国人民公安大学出版社2012年版。

二、中文译作

[德] 拉德布鲁赫:《法学导论》,米健译,中国大百科全书出版社1997年版。

[德] 李斯特:《德国刑法教科书》,徐久生译,法律出版社2000年版。

[德] 李斯特:《论犯罪、刑罚与刑事政策》,徐久生译,北京大学出版社2016年版。

[德] 罗克辛:《德国刑法学总论》(第1卷),王世洲译,法律出版社2005年版。

[德] 罗克辛:《刑事政策与刑法体系》,蔡桂生译,中国人民大学出版社2011年版。

[德] 耶塞克、魏根特:《德国刑法教科书(总论)》,徐久生译,中国法制出版社2001年版。

[美] 默顿:《社会理论和社会结构》,唐少杰、齐心等译,译林出版社2008年版。

[日] 大谷实:《刑事政策学》,黎宏译,法律出版社2000年版。

[意] 贝卡利亚:《论犯罪与刑罚》,黄风译,中国方正出版社2003年版。

[意] 龙勃罗梭:《犯罪人论》,黄风译,中国法制出版社2000年版。

[英] 边沁:《道德与立法原理导论》,时殷弘译,商务印书馆2000年版。

[英] 霍林:《罪犯评估和治疗必备手册》,郑红丽译,中国轻工业出版社2006年版。

三、中文论文

白建军:《司法潜见对定罪过程的影响》,《中国社会科学》2013年第1期。

白建军:《大数据对法学研究的些许影响》,《中外法学》2015年第1期。

车浩：《从李昌奎案看"邻里纠纷"与"手段残忍"的涵义》，《法学》2011 年第 8 期。

车浩：《"扒窃"入刑：贴身禁忌与行为人刑法》，《中国法学》2013 年第 1 期。

陈和华：《犯罪人的适应性非理性及其防控》，《政法论丛》2012 年第 4 期。

陈娜：《社区服刑人员悔罪程度及影响因素实证研究——基于上海的问卷调查》，《法学论坛》2016 年第 5 期。

陈瑞华：《法官责任制度的三种模式》，《法学研究》2015 年第 4 期。

陈兴良：《禁止重复评价研究》，《现代法学》1994 年第 1 期。

陈兴良：《社会危害性理论——一个反思性检讨》，《法学研究》2000 年第 1 期。

陈兴良：《人格刑法学：以犯罪论体系为视角的分析》，《华东政法大学学报》2009 年第 6 期。

陈兴良：《故意杀人罪的手段残忍及其死刑裁量——以刑事指导案例为对象的研究》，《法学研究》2013 年第 4 期。

陈兴良：《刑法教义学与刑事政策的关系：从李斯特鸿沟到罗克辛贯通》，《中外法学》2013 年第 5 期。

陈银珠：《论美国刑法中的要素分析法及其启示》，《中国刑事法杂志》2011 年第 6 期。

陈云松、范晓光：《社会学定量分析中的内生性问题——测量社会互动的因果效应研究综述》，《社会》2010 年第 4 期。

敦宁：《缓刑适用的规范化进路——以制度完善为中心的理论探讨》，《法治研究》2014 年第 9 期。

樊文：《犯罪控制的惩罚主义及其效果》，《法学研究》2011 年第 3 期。

冯全：《中国缓刑制度研究》，博士学位论文，中国政法大学，2009 年。

郭文利、陆晓媛：《外地人缓刑适用状况的调查——以浙江省湖州市吴兴区人民法院刑事司法实践为样本》，《中国刑事法杂志》2009 年第 12 期。

顾化鹏：《存留养亲思想现代化刑事运用的可行性分析》，硕士学位论文，南京师范大学，2014 年。

何川：《罪犯危险性评估研究综述》，《河北北方学院学报》2014 年第 2 期。

胡仕勇、叶海波：《操作化流程及其在社会研究中的应用探讨》，《武汉理工大学学报（社会科学版）》2003 年第 5 期。

黄太云：《刑事诉讼法修改释义》，《人民检察》2012 年第 8 期。

黄兴瑞、孔一、曾赟：《再犯预测研究——对浙江罪犯再犯可能性的实证分析》，《犯罪与改造研究》2004 年第 8 期。

江溯：《无需量刑指南：德国量刑制度的经验与启示》，《法律科学》2015 年第 4 期。

康树华：《新社会防卫论评析》，《当代法学》1991 年第 4 期。

孔一：《再犯预测基本概念辨析与选样方法评价》，《江苏警官学院学报》2005 年第 6 期。

孔一：《社区矫正人员再犯风险评估量表研究》，《犯罪与改造研究》2012 年第 7 期。

孔一：《再犯风险评估中的几个基本问题》，《河南警察学院学报》2016 年第 2 期。

孔一、黄兴瑞：《刑释人员再犯风险评估量表（RRAI）研究》，《中国刑事法杂志》2011 年第 10 期。

赖正直：《细化缓刑适用条件的若干思考——〈刑法修正案（八）〉对缓刑适用条件的修改及其展开》，《时代法学》2011 年第 5 期。

劳东燕：《罪刑规范的刑事政策分析——一个规范刑法学意义上的解读》，《中国法学》2011 年第 1 期。

劳东燕：《风险社会与变动中的刑法理论》，《中外法学》2014 年第 1 期。

李光勇：《社区矫正人员重新犯罪风险评估与预防——基于上海市三个区的问卷调查》，《中国人民公安大学学报》2013 年第 5 期。

李开胜：《"再犯罪的危险"罪刑观念问题研究——从缓刑宣告条件切

入》，硕士学位论文，华东政法大学，2016年。

梁根林：《保安处分制度的中国命运——兼论劳动教养的出路》，《中外法学》2001年第6期。

梁根林：《现代法治语境中的刑事政策》，《国家检察官学院学报》2008年第4期。

刘仁文：《劳教制度的改革方向应为保安处分》，《法学》2013年第2期。

刘兴军：《取保候审判处缓刑案件实证调研报告》，《中国刑事法杂志》2011年第4期。

刘延和：《缓刑适用实证研究》，《中国刑事法杂志》2007年第3期。

卢建平：《社会防卫思想》，载《刑法论丛》第1卷，法律出版社1998年版。

罗金寿、王东：《论贫困对犯罪的正效应——以城市贫困人口犯罪为视角的犯罪学分析》，《四川警官高等专科学校学报》2005年第4期。

吕俊玲：《宽严相济刑事政策视野下的缓刑制度》，硕士学位论文，华东政法大学，2008年。

麻泽芝、丁泽芸：《相对丧失论——中国流动人口犯罪的一种可能解释》，《法学研究》1999年第6期。

上海市再犯预测量表研究课题组：《刑释人员再犯预测量表的研制》，《福建公安高等专科学校学报》1999年第4期。

商小平、陆铮宏：《经济发达地区缓刑人员在缓刑期间重新犯罪防控刍议——以H市X区缓刑人员的矫正工作为视角》，《法治研究》2014年第11期。

佘博通：《我国缓刑适用研究》，博士学位论文，吉林大学，2014年。

沈宗灵：《比较法学的方法论》，《法制与社会发展》1996年第3期。

施海燕、施放：《期望效用理论与前景理论之比较》，《统计与决策》2007年第11期。

时延安：《保安处分的刑事法律化——论刑法典规定保安性措施的必要

性及类型》，《中国人民大学学报》2013 年第 2 期。

苏明月：《日本保护观察制度的品格与功能》，《厦门大学法律评论》第十四辑，厦门大学出版社 2007 年版。

孙智超：《故意杀人罪中的"手段残忍"研究》，《刑事法评论》2014 年第 2 期。

王利荣：《案外情节与人身危险性》，《现代法学》2006 年第 4 期。

王秋良、李泽龙：《缓刑适用的立法完善》，《法学》1996 年第 4 期。

王世洲：《现代刑罚目的理论与中国的选择》，《法学研究》2003 年第 3 期。

王玮：《对刑法修正后我国缓刑适用条件之理解》，《山东审判》2012 年第 4 期。

吴铎：《论生涯犯罪人及其防治对策》，硕士学位论文，南昌大学，2009 年。

邬庆祥：《刑释人员人身危险性的测评研究》，《心理科学》2005 年第 1 期。

肖扬宇：《从"人身危险"到"人身风险"——刑事禁止令的理论进路与制度基点》，《中国人民公安大学学报》2013 年第 2 期。

许疏影：《社区矫正人员再犯风险评估工具实证研究》，《河南警察学院学报》2014 年第 4 期。

许疏影：《社区矫正人员重新犯罪调查报告——以浙江省为例》，《青少年犯罪问题》2015 年第 1 期。

叶良芳：《缓刑适用应受责任刑的制约——以国内最大基金老鼠仓案为分析重点》，《法学》2014 年第 9 期。

于世忠、张影：《惯犯及其矫治》，《中国犯罪学研究会第十五届学术研讨会论文集（第一辑）》。

喻伟：《缓刑制度与刑事政策》，《法学评论》1992 年第 3 期。

袁博、聂慧苹：《论"特别残忍手段"——以〈刑法修正案（八）〉新增条款为研究视角》，《中国检察官》2015 年第 2 期。

袁华锋：《海南一中院辖区基层法院缓刑适用及执行情况的调研》，《特区法坛》2015 年第 10 期。

员智凯、孙祥麟:《城市化进程中农民工犯罪率趋高的社会学透视》,《西北大学学报(哲学社会科学版)》2010 年第 6 期。

曾赟:《服刑人员刑满释放前重新犯罪风险预测研究》,《法学评论》2011 年第 6 期。

曾赟:《论再犯罪危险的审查判断标准》,《清华法学》2012 年第 1 期。

翟中东:《危险评估与控制——新刑罚学的主张》,《法律科学》2010 年第 4 期。

翟中东:《假释适用中的再犯罪危险评估》,《中国刑事法杂志》2011 年第 11 期。

翟中东:《缓刑适用中的再犯罪危险评估》,《河南警察学院学报》2012 年第 2 期。

翟中东、孙霞:《罪犯危险评估的几个基本问题》,《中国监狱学刊》2016 年第 3 期。

张保刚:《激情犯罪刑罚与立法的经济学分析》,《河北法学》2013 年第 11 期。

张春平:《基层法院缓刑适用问题研究——以江西省 F 县人民法院 2009—2014 年缓刑适用数据为例》,硕士学位论文,江西财经大学,2016 年。

张吉喜:《统计学方法在评估"逮捕必要性"中的运用》,《广东社会科学》2014 年第 6 期。

张文:《行为刑法危机与人格刑法构想》,《井冈山大学学报》2014 年第 5 期。

张小天:《论操作化》,《社会学研究》1994 年第 1 期。

赵冠男:《德国保安处分制度研究》,硕士学位论文,湖南师范大学,2011 年。

赵环:《从"关闭病院"到"社区康复"——美国精神卫生领域"去机构化运动"反思及启示》,《社会福利》2009 年第 7 期。

赵星:《缓刑制度研究》,载陈兴良主编:《刑事法评论》第 18 卷,北京大学出版社 2006 年版。

赵绪明：《论罪犯考核制度的法定化走向》，硕士学位论文，华中师范大学，2008 年。

郑高键：《缓刑的正当性理论根据》，《政法学刊》2006 年第 2 期。

郑玉双：《犯罪的本质与刑罚的证成：基于共同善的重构》，《比较法研究》2016 年第 5 期。

周光权：《论量刑上的禁止不利评价原则》，《政治与法律》2013 年第 1 期。

周光权：《价值判断与中国刑法学知识转型》，《中国社会科学》2013 年第 4 期。

周振杰：《美国的震慑缓刑制度及其借鉴》，《环球法律评论》2007 年第 1 期。

朱富强：《期望效用理论是现实生活的决策基础吗？——基于前景理论的反思》，《浙江工商大学学报》2013 年第 3 期。

四、英文著作

Abadinsky H, *Probation and Parole: Theory and Practice*, New Jersey: Pearson & Prentice-Hall, 2009.

Augustus J, *A Report of the Labors of John Augustus: First Probation Officer, 1784-1859*, Kentucky:American Probation and Parole Association, 1984.

Berk R, *Criminal Justice Forecasts of Risk: AMachine Learning Approach*, New York:Springer Science & Business Media, 2012.

Bentham J, *An Introduction to the Principles of Morals and Legislation*, Kitchener:Batoche Books, 2000.

Blackburn R, *The Psychology of Criminal Conduct: Theory, Research and Practice*, Kentucky:John Wiley & Sons, 1993.

Clark G F, *History of the Temperance Reform in Massachusetts, 1813-1883*, Boston:Clarke & Carruth, 1888.

Cosulich G, *Adult Probation Laws of the United States*, New York:National Probation Association, 1940.

Georgia Zara, David P Farrington, *Criminal Recidivism: Explanation, Prediction and Prevention*, New York:Routledge, 2016.

Glueck S, Glueck E T, *500 Criminal Careers*, New York:AA Knopf, 1930.

Glueck S, Glueck E T, *Predicting Delinquency and Crime*, Cambridge: Harvard University Press, 1967.

Hamai, Koichi, et al (eds), *Probation Round the World*, New York: Routledge, 2005.

Hofstede G, Hofstede G J, Minkov M, *Cultures and Organizations: Software of the Mind*, New York:McGraw-Hill, 2010.

Hollin, Clive R (ed), *The Essential Handbook of Offender Assessment and Treatment*, West Sussex:John Wiley & Sons, 2005.

Joel Samaha, *Criminal Procedure*, Boston:Wadsworth, 2012.

Joshua Dressler, Alan C Michaels, *Understanding Criminal Procedure* (Volume 1:Investigation), New Providence:LexisNexis, 2013.

Marc Ancel, *Social defence : A Modern Approach to Criminal Problems*, London: Routledge & Kegan Paul, 1965.

Massachusetts Temperance Society, *Report of the Board of Counsel to the Massachusetts Society for the Suppression of Intemperance*, Boston:Printed by Sewell Phelps, 1820.

Michael Bohlander, *The German Criminal Code: A Modern English Translation*, Oxford & Portland:Hart Publishing, 2008.

Morris N, Tonry M, *Between Prison and Probation: Intermediate Punishments in a Rational Sentencing System*, Oxford:Oxford University Press, 1991.

Petersilia J R, Turner S, Kahan J P, et al, *Granting Felons Probation:Public*

Risk and Alternatives, Santa Monica:Rand Corporation, 1985.

Piquero A R, Farrington D P, Blumstein A, *Key Issues in Criminal Career Research: New Analyses of the Cambridge Study in Delinquent Development*, Cambridge:Cambridge University Press, 2007.

Robinson G, Crow I D, *Offender Rehabilitation: Theory, Research and Practice*, London:Sage, 2009.

Shapiro D L, Noe A M, *Risk Assessment: Origins, Evolution and Implications for Practice*, Cham:Springer, 2015.

Department of Social Affairs, *Probation and Related Measures*, New York:United Nations, 1951.

Vanstone M, *Supervising Offenders in the Community: A History of Probation Theory and Practice*, Aldershot:Ashgate Publishing, 2007.

Van Zyl Smit D, *Handbook of Basic Principles and Promising Practices on Alternatives to Imprisonment*, New York:United Nations, 2007.

五、英文论文

Andersen S H, Andersen L H, Skov P E, "Effect of Marriage and Spousal Criminality on Recidivism", *Journal of Marriage and Family*, 2015, 77 (2).

Bales W D, Piquero A R, "Assessing the Impact of Imprisonment on Recidivism", *Journal of Experimental Criminology*, 2012, 8 (1).

Becker G S, "Crime and Punishment: An Economic Approach", *Journal of Political Economy*, 1968, 76 (2).

Berk R A, Bleich J, "Statistical Procedures for Forecasting Criminal Behavior", *Criminology & Public Policy,* 2013, 12 (3).

Berk R A, Bleich J, "Forecasts of Violence to Inform Sentencing Decisions", *Journal of Quantitative Criminology,* 2014, 30 (1).

Bonta J, Andrews D A, "Risk-Need-Responsivity Model for Offender

Assessment and Rehabilitation", *Rehabilitation*, 2007, 6.

Breiman L, "Random Forests", *Machine Learning*, 2001, 45 (1).

DiIulio J J, "Reinventing Parole and Probation: A Lock-' em-up Hard-liner Makes the Case for Probation", *The Brookings Review*, 1997, 15 (2).

Farrington D P, "Age and Crime", *Crime and Justice*, 1986.

Farrington D P, "Implications of Criminal Career Research for the Prevention of Offending", *Journal of Adolescence*, 1990, 13 (2).

Fazel S, Wolf A, "A Systematic Review of Criminal Recidivism Rates Worldwide: Current Difficulties and Recommendations for Best Practice", Hernandez Montoya AR (ed), *PLOS ONE*, 2015, 10 (6).

Feeley M M, Simon J, "The New Penology: Notes on the Emerging Strategy of Corrections and Its Implications", *Criminology*, 1992, 30 (4).

Friedman J H, "Stochastic Gradient Boosting", *Computational Statistics & Data Analysis*, 2002, 38 (4).

Garland D, "The Limits of the Sovereign State Strategies of Crime Control in Contemporary Society", *British Journal of Criminology*, 1996, 36 (4).

Gendreau P, Little T, Goggin C, "A Meta-analysis of the Predictors of Adult Offender Recidivism: What Works!", *Criminology*, 1996, 34 (4).

Glueck S, Glueck E T, "Predictability in the Administration of Criminal Justice", *42 Harv. L. Rev.297*, 1928.

Hall J, "Drunkenness as a Criminal Offense", *Journal of Criminal Law and Criminology*, 1941, 32 (3).

Harrison L, Gfroerer J, "The Intersection of Drug Use and Criminal Behavior: Results from the National Household Survey on Drug Abuse", *Crime & Delinquency*, 1992, 38 (4).

Henry B, Caspi A, Moffitt T E, et al, "Staying in School Protects Boys with Poor Self-regulation in Childhood from Later Crime: A Longitudinal Study",

International Journal of Behavioral Development, 1999, 23 (4).

Hirschi T, Gottfredson M, "Age and the Explanation of Crime", *American Journal of Sociology*, 1983.

Kahneman D, Tversky A, "Prospect Theory: An Analysis of Decision under Risk", *Econometrica: Journal of the Econometric Society*, 1979.

Lochner L, Moretti E, "The Effect of Education on Crime: Evidence from Prison Inmates, Arrests, and Self-reports", *The American Economic Review*, 2004, 94 (1).

MacKenzie D L, "First Do No Harm: A Look at Correctional Policies and Programs Today", *Journal of Experimental Criminology*, 2013, 9 (1).

Merton R K, "Social Structure and Anomie", *American Sociological Review*, 1938, 3 (5).

Moreland D W, "John Augustus and His Successors", *YB*, 1941.

Myers S L, "Estimating the Economic Model of Crime: Employment Versus Punishment Effects", *The Quarterly Journal of Economics*, 1983, 98 (1).

Nagin D S, Cullen F T, Jonson C L, "Imprisonment and Reoffending", *Crime and Justice*, 2009, 38 (1).

Nussbaum D, "Recommending Probation and Parole", in *The Handbook of Forensic Psychology*, Irving B Weiner&Allen K. Hess (eds), New Jersey:John Wiley & Sons, 2006.

Panzarella R, "Theory and Practice of Probation on Bail in the Report of John Augustus", *Fed. Probation*, 2002, 66.

Raine A, Brennan P, Mednick B, et al, "High Rates of Violence, Crime, Academic Problems, and Behavioral Problems in Males with Both Early Neuromotor Deficits and Unstable Family Environments", *Archives of General Psychiatry*, 1996, 53 (6).

Remington M J, "Lessard v. Schmidt and Its Implications for Involuntary

Civil Commitment in Wisconsin", *Marq. L. Rev.*, 1973, 57.

Robinson G, McNeill F, Maruna S, "Punishment in Society: The Improbable Persistence of Probation and Other Community Sanctions and Measures", in *The SAGE Handbook of Punishment and Society,* Jonathan Simon & Richard Sparks (eds), London:SAGE Publications Ltd, 2012.

Robinson, Paul H, and Grall Jane A, "Element Analysis in Defining Criminal Liability: The Model Penal Code and Beyond", *Stanford Law Review,* 1983, 35 (4).

Sampson R J, Laub J H, Wimer C, "Does Marriage Reduce Crime? A Counterfactual Approach to Within-individual Causal Effects", *Criminology,* 2006, 44 (3).

Schuessler K F, "Parole Prediction: Its History and Status", *J. Crim. L. Criminology & Police Sci.,* 1954, 45.

Shaffer D K, Kelly B, Lieberman J D, "An Exemplar-based Approach to Risk Assessment: Validating the Risk Management Systems Instrument", *Criminal Justice Policy Review,* 2011, 22 (2).

Sykes G M, Matza D, "Techniques of Neutralization: A Theory of Delinquency", *American Sociological Review,* 1957, 22 (6).

Testa M, West S G, "Civil Commitment in the United States", *Psychiatry,* 2010, 7 (10).

Uggen C, "Work as a Turning Point in the Life Course of Criminals: A Duration Model of Age, Employment, and Recidivism", *American Sociological Review,* 2000, 65 (4).

Van Schellen M, Apel R, Nieuwbeerta P, "'Because You're Mine, I Walk the Line'? Marriage, Spousal Criminality, and Criminal Offending Over the Life Course", *Journal of Quantitative Criminology,* 2012, 28 (4).

Weihofen H, "Institutional Treatment of Persons Acquitted by Reason of

Insanity", *Tex. L. Rev.,* 1959, 38.

Yoshikawa H, "Prevention as Cumulative Protection: Effects of Early Family Support and Education on Chronic Delinquency and Its Risks", *Psychological Bulletin,* 1994, 115（1）.